청소년을 위한

한국철학사

청소년을 위한

한국철학사

단군신화에서 현대 철학 까지

김윤경 지음

두리미디어
DURIMEDIA

들어가는 말 : 한국 철학은 살아 있다

"한국에도 정말 철학이 있는 거야? 다 남의 것 아니야?"

몇 해 전 서양 철학을 전공하는 사람에게서 처음 이 질문을 들었을 때, 필자는 귀를 의심했습니다. 너무나 적나라한 질문이기에 답을 하기 이전에 먼저 말문이 막혔었지요. 마음속으로 화도 났지만, 그게 바로 현실이었습니다. '그래, 어떻게 답을 했어?' 그 답이 궁금해서 속으로 이렇게 묻는 독자도 있을 것입니다. 제 답은 너무나 명쾌하게도 "그럼! 당연하지!"였습니다.

이 세상에 남의 생각을 가지고 '내' 생각이라고 하는 사람이 있을까요? 다른 사람이 그 자신의 문제를 가지고 고민하고 답을 내린 것을 그대로 옮겨 무턱대고 자기에게 맞춰 고민하는 사람은 아마 없을 것입니다. 생각이 잘 이어지지 않을 테고 재미도 없을 것입니다. 남의 문제가 내 문제와 같거나 남이 문제를 푸는 과정이 내 문제를 푸는 데 도움이 된다면 그것의 일부를 배워서 활용하는 것은 가능하겠지요. 아니, 가능하기만 한 게 아니라 유익할 것입니다.

그런데 '남의 것을 활용하는 것'과 '완전한 남의 것'인 것은 다릅니다. "남의 것 아니야?"라는 질문은 사실 "남의 사유를 활용한 것 아니야?"로 바꾸어야 합니다. 또 이 질문 속에는 '남의 사유를 활용한 것은 내 철학이 아니다.'라는 생각이 담겨 있습니다. 하지만 '내 철학'이란 내 문제를 스스로 고민하고 처리한 결과지, 혼자만의 생각이 아닙니다. 그러니까 정말 단순하게 말해서 '우리에게 외래에서 수용된 철학이 많아서 사실상 우리 철학은 없다.'는 생각은 '우리가 고추를 수입해 왔기 때문에 고추장은 우리 것이 아니다.'라는 생각과 같은 것입니다. 우리에게는 이 '고추장'과 같은 철학들이 많습니다. 그리고 많은 사람들이 바라는 대로 우리 땅에서 나는 원료로 만든 순수 '백김치' 같은 철학도 있습니다. 우리가 잘 모를 뿐이지요.

　우리의 조상들은 정말 진지하게 우리 자신의 삶과 죽음에 대해서 고민해 왔습니다. 몸과 마음을 단련한 결과가 그들의 철학 속에 고스란히 녹아 있는데, 그것을 찾아내서 되새기고 오늘의 문제를 푸는 데 활용하는 것은 어렵습니다. 왜냐하면 우리에게는 너무나 큰 단절이 있었기 때문이지요. 길 잃은 아이가 제 부모를 찾듯 우리는 우리의 뿌리와 철학을 찾아야 합니다. 우리가 살아가고 또 살아가야 할 이 땅에서 잘사는 지혜를 가장 많이 쌓아 둔 조상을 찾아 먼저 배우고, 그 다음에 이웃의 지혜도 활용해서 우리대로 살아야 합니다. 그러려면 작은 것부터라도 우리 자신을 알아 나가려는 노력이 필요합니다.

　이 책은 우리 청소년들에게 지금까지 알려진 우리 조상들의 철학을 전반적으로 소개하기 위해 쓰였습니다. 그렇기 때문에 새로운 것보다는 기존의 연구 성과들을 알기 쉽게 정리하는 데 주목하였습니다.

　현재 우리가 중국이라고 부르는 땅에서 많은 사상들이 나왔지만, 과거에는 지금의 중국이라는 개념도 없었고 한 문화권 안에서의 철학과 문화 교류에 국경이란 무의미한 것이었습니다. 따라서 고대에 발생한 사상들일수록 연원을 밝히기가 어렵습니다. 또 그 전모를 알아내기엔 자료도 부족합니다. 천 년, 이천 년 혹은 그 이상의 간극은 과거를 이해하는 데 또 다른 장애물이 됩니다. 우리의 철학을 논할 때, 고대 철학부터 속 시원하게 문을 열지 못하는 이유는 바로 여기에 있습니다. 고대에 관한 자료는 아무리 작은 것이라도 소홀히 할 수 없습니다. 그런 의미에서 우리의 '신화'는 가뭄에 단비와 같은 존재입니다.

그런 이유로 1장에서는 신화의 무게를 설명하고 신화 속에 나타난 우리 조상의 정신을 정리해 보았습니다. 그리고 이런 정신을 연결 고리로 해서 우리 고유의 사상이 삼국 시대 이후로 어떻게 이어져 갔는가를 시대 순으로 살펴보았습니다.

2장의 삼국 시대와 3장의 통일 시대, 그리고 4장의 고려 시대는 우리 역사에서 아주 긴 시간이었지만, 그것을 알 수 있는 자료가 부족하기 때문에 다소 짧게 정리 되었습니다.

그러나 5장의 조선 시대는 바로 앞선 시대였기 때문에 비교적 알려진 바가 많아 서 세 부분으로 나누어 서술했습니다. 식민지 시대까지 합하면 거의 네 부분이라 고 할 수 있겠네요. 철학사의 내용 안배가 이렇게 불균형한 것은 조상들의 철학이 우리에게 알려진 바가 불균형하기 때문입니다. 결코 더 중요하고 덜 중요하고의 차이가 아니라, 많이 알려지고 많이 알려지지 못한 것의 차이지요.

마지막 현대 부분은 필자 자신이 현대를 살고 있어서 자세히 설명하기가 어려 웠습니다. 하지만 말 그대로, 있었던 것을 전반적으로 소개하는 것이 이 책의 목적 이었기에 큰 틀에서 간략하게나마 설명했습니다.

우리에게는 아직도 발굴해 내야 할 것이 많습니다. 그러면서 우리 철학의 전체 적인 조망을 계속해서 새롭게 해 나가는 작업이 필요합니다. 이런 작업은 현재와 미래의 연구자들이 할 일입니다. 이 책을 읽고 나서 머릿속에 한국 철학에 대한 그 림을 그려 보고 철학적 사명감을 갖는 사람이 생긴다면, 필자에게는 큰 영광이 될

것입니다. 한국 철학의 연구자인 필자 자신도 이 책을 쓰는 과정이 학습의 자세를 가다듬는 중요한 계기가 되었습니다.

우리 철학을 고민했던 수많은 선배 연구자들의 연구 결과를 한자리에 다 풀어 놓으려 했지만 여기저기 빠진 부분이 있습니다. 펜을 놓는 마지막 순간까지 고쳐 쓰고 싶은 대목도 있었지만, 시간을 많이 들인다고 해서 완전하게 할 수 있는 문제 는 아니라는 은사님의 말씀을 되새기면서 이제 이 글을 세상에 내놓습니다. 끝으 로 이 책이 나오기까지 옆에서 묵묵히 도와주신 가족들과 출판사 관계자 분들께 감사드립니다.

2007년 여름, 명륜동에서

김 윤 경

차례

제5부 성리학적 이상 사회를 추구한 조선 시대

제6부 저항과 자각의 철학을 낳은 일제강점기 시대

1

한국 고대 철학의 뿌리

‘붉은 악마’의 깃발을 본 적이 있나요? 국제적인 축구 경기 때마다 등장하는 대한민국 축구 응원단 ‘붉은 악마’의 깃발에는 도깨비 형상이 그려져 있습니다. 붉은 악마는 이 무시무시한 도깨비 형상을 통해서 우리 축구단의 용맹을 과시하곤 하지요. 그런데 이 도깨비는 무엇을 형상화한 것일까요? 그것은 바로 신화 속의 인물 ‘치우’입니다.

《사기》와 《산해경》을 비롯한 중국 역사 기록에 따르면, 치우蚩尤는 지금의 산동성 일대에 거주하던 ‘구려九黎’라는 신족의 군주로서 한족의 시조인 황제와 전쟁을 펼쳤던 영웅이라고 합니다. 치우는 황제와의 전투에서 황제에게 수없는 패배를 안겨준 두려운 존재였으나 탁록 전투에서 황제에게 패하고 죽임을 당했다고 하지요. 또 치우는 형제가 많았는데, 그들은 모두 구리로 된 머리에 쇠로 된 이마를 하고 돌과 모래를 밥으로 먹었다고 합니다. 생김새는 여덟 개의 팔다리에 둘 이상의 머리를 지녔다고도 하고, 사람의 몸과 소의 발굽에 네 개의 눈과 여섯 개의 손을 지녔다고도

치우(좌)와 황제 캐릭터
치우(동이계)는 황제(화하계)의 패권주의에 맞서 탁록 대전을 벌인다.

하며, 또 귀밑털이 칼날과 같고 머리에는 뿔이 돋았다고 하기도 합니다. 그런데 이것은 중국이 황제의 정당성을 확보할 목적으로 동이계 종족인 치우를 폄하시킨 이야기일 가능성이 큽니다. 그만큼 치우가 강하고 두려운 존재였다고도 볼 수 있겠죠. 반면에 우리 기록인 《환단고기桓檀古記》에서 치우는 배달국의 천황으로 철기를 이용한 무기 제작과 군사 전략에 뛰어난 인물이

환단고기

한단고기라고도 한다. 위서僞書 시비에 휘말려 있는 문헌이다. 그러나 《환단고기》에 담긴 천문 기록을 첨단 기술로 분석해 보면, 대부분 정확하고 이 정확도는 중국이나 일본 문헌에 비해 상당히 높다는 연구 결과가 있다.

며, 황제에게 도전을 받았지만 황제와의 수없는 전쟁에서 결코 패한 적이 없는 것으로 나옵니다. 《환단고기》가 물론 고대의 공식적인 역사 기록으로 인정받은 것은 아닙니다. 하지만 역사라는 것이 자국의 이익에 따라 다른 관점에서 서술되고 심한 경우에는 사실과 다른 기록까지도 있었다는 점을 감안하면, 어느 쪽이 사실이든 간에 이런 차이는 충분히 있을 수 있습니다.

이 글은 운초 계연수 선생이 《삼성기》(상·하)·《단군세기》·《북부여기》·《태백일사》 등 네 권의 책을 합본하여 직접 쓴 친필 '환단고기'다.

치우의 형상인 도깨비상은 은나라 때에 귀신이나 사악한 기운을 쫓아내는 의미로 청동기에 새겨졌고 고구려와 백제와 신라를 비롯한 우리의 고대 왕릉에도 수호신의 의미로 조각되었습니다. 또 중국에서는 대대로 전쟁신으로 추앙받게 되어 한나라의 고조인 유방劉邦(기원전 247~195)은 치우의 힘을 빌리기 위해 치우에게 극진한 제사를 드렸다고 합니다.

이처럼 신화에는 문자로 기록된 것 이외에도 기록되지 않은 채로 구전되어 오면서 변형된 것도 많이 있습니다. 어찌 보면 우리 인간의 사유 방식을 문자로 풀어 서술한 것보다 더 방대하다고 할 수 있습니다. 신화 속에 숨어 있는 인간의 사유 방식과 그 내용을 읽어 내는 작업은 매우 중요하고 오랜 공이 들어가야 하는 일입니다.

가장 오래된 철학, '신화'에 대해 좀더 알아볼까요?

01 신화, 가장 오래된 철학

난 도깨비가 아니라 치우예요!

    사실 치우에 관한 이야기 중에 어디까지가 사실이었는지를 지금으로서는 단정 지을 수 없고, 당시 사람들이 치우에 관한 이야기를 어느 정도까지 믿었는지는 알 수 없습니다. 하지만 치우에 관한 신화를 통해 당시 사람들이 소망했던 것이 무엇이었고, 어떤 사유를 했는지를 추론해 내는 문제는 굉장히 중요합니다. 또 이 신화가 오늘날까지 위력을 발휘하고 있는 것을 보면 지금 우리들의 마음이 어떠한가도 헤아려 볼 수 있겠지요.

    과거 조상들이 치우를 통해 강력한 힘과 기개를 갖고 해롭거나 두려운 것을 물리치고자 하는 바람을 가졌다는 것은 확실합니다. 지금의 우리는 여기서 한발 더 나아가서 동이족인 치우의 힘과 권위를 통해서 우리 민족의 자존심을 지키고 우리 자신의 결속을 다지고자 합니다. 그러니까 붉은 악마와 그 상징물의 밑바닥에는 우리의 정체성과 주체성에 대한 고민이 깔려 있는 것입니다. 치우는 그 물음에 대한 신화적 대안이겠지요. 과거뿐만 아니라 오늘날까지도 신화를 자기 민족의 정체성

녹유 귀면와
나쁜 귀신을 쫓기 위해 도깨비 얼굴을 새겨 장식한 사래 끝에 붙이는 기와(국립경주박물관 소장)

삼족오
고대 신화에 나오는, 태양 안에서 산다는 세 발 달린 상상의 까마귀

과 연관시키는 사례는 많습니다. 건국신화가 대부분 그렇습니다. 일본이 건국신화의 상징인 삼족오三足烏를 일본 축구팀을 상징하는 표식으로 만들었다는 것은 잘 알려진 사실입니다.

신화는 단지 꾸며진 이야기가 아니라 신화를 구성하는 집단의 성스러운 역사에 대한 기록이고, 자연과 인간에 대한 총체적인 이해와 사유를 담고 있는 것입니다. 신화가 전부 사실은 아니지만 결코 사실과 무관하지 않습니다. 신화는 사실과 세계의 본질에 대한 설명입니다. 이런 의미에서 신화를 인류의 원천적인 사유, 가장 오래된 철학이라고 정의할 수 있을 것입니다.

그동안 잘 알려지지 않았지만, 문자화되지 않은 우리의 구전 신화 중에는 자연에 관한 신화가 있습니다. 자연 신화는 천지와 인간의 생성에 관한 신화로, 천지개벽 신화와 창세 신화를 말하지요. 천지개벽 신화는 무가巫歌* 속에 들어 있는 경우가 많습니다. 우리나라의 무속 의례 중에 '큰 굿'이라는 대규모의 행식行式이 있는데, 여기서 신神에게 기원하는 사람(기주祈主)의 자격을 노래하는 대목이 있습니다. 기주가 신에게 비는 행식을 하기 위해 정성을 다해 신을 맞이하려고 갖은 애를

무가
무당의 노래. 무가의 내용은 종교·역사 및 구비문학·고대문학 등을 연구하는 데 빼놓을 수 없는 요소가 되고 있다. 굿의 성격에 따라, 그리고 무당의 성격 및 신관神觀·우주관 등에 따라서도 달라진다.

썼으며 신의 은총을 받을 만한 내력 있고 좋은 땅(길지吉地)에 산다는 것을 밝히는 것이지요. 신에게 무언가 해 주기를 요구하면서도 신 앞에서 한없이 낮은 존재가 되는 것이 아니라, 뚜렷한 근본이 있는 어엿한 존재임을 알려 주는 것입니다. 이 대목을 '치국治國잡기*'라고 하는데, 치국잡기의 가장 첫머리에 창세에 관한 신화가 들어갑니다. 근래의 치국잡기는 간략해져서 이 부분이 빠져 있는 경우가 많아 과거의 모든 경우에 창세 신화가 들어가 있었는지는 확인할 길이 없습니다. 다만, 제주도와 함경도 지역에서 채록된 무가에 남아 있는 것을 토대로 치국잡기를 창세 신화로 시작했을 것이라고 추측해 볼 수 있는 것입니다. 여기서 제주도의 김쌍돌이라는 무녀에게서 채록한 창세 신화를 간단히 살펴보겠습니다.

▶ 제주도의 박수
무당은 여자의 수가 월등하게 많은데, 남자 무당인 박수가 굿을 할 때에는 대개 치마를 입고 여장을 한다. 다만 제주도에서는 남복을 그대로 입는다.

하늘과 땅이 생길 적에 미륵님이 나오시니 하늘과 땅이 서로 붙어 떨어지지 않고 하늘은 복개 꼭지처럼 도드라지고 땅은 네 귀에 구리 기둥을 세우고 그때 해도 둘이요, 달도 둘이요, 달 하나 띄어서 북두칠성 남두칠성 마련하고, 해 하나 띄어서 큰 별을 마련하고, 잔별은 백성의 직성별을 마련하고, 큰 별은 임금과 대신 별을 마련하고. …… 미륵님 세월에는 생식을 잡수시어 불 안 넣고 생 낟알을 잡수시고 말두리로 잡숫고 이래서는 못할러라. …… 물메또기 잡아내어 …… 여봐라 풀매똑아, 물의 근본·불의 근본 아느냐? 풀메또기 말하기를 밤이면 이슬 받아먹고 낮이면 햇발 받아먹고 사는 짐승이 어찌 알까? …… 풀개고리(개구리)를 불러 물어보시오. …… 풀개고리 말하기를, …… 나보다 두 번 세 번 더 번지 본 생쥐를 잡아다 물어보시오. …… 쥐 말이 나를 무슨 공을 세워 주시겠습니까? 미륵님 말이 너를 천하의 두지를 차지하라 한즉 쥐 말이 금덕산에 들어가서 한 짝은 차돌이요, 한 짝은 시우쇠요, 툭툭 치니 불이 났소. 소아산 들어가니 샘이 솔솔 나와 물의 근본, 미륵님 물·불의 근본 알았으니 인간 말하여 보자.

옛날 옛적에 미륵님이 한쪽 손에 은쟁반 들고 한쪽 손에 금쟁반 들고 하늘에 비니 하늘에서 벌기 떨어져 금 쟁반에도 다섯이요, 은 쟁반에도 다섯이라. 그 벌기 자라서 금벌기는 사내 되고 은벌기는 계집으로 마련하고 금벌기·은벌기 자라서 부부를 마련하여 세상 사람이 나였어라. 미륵님 세월에는 말 두리 잡숫고 인간 세월이 태평하니 그랬는데, 석가님이 나와서 이 세월을 뺏으려고 하니 미륵님 말씀이 아직은 내 세월이지 네 세월은 못 된다. 석가님 말씀이 미륵님 세월은 다 갔다, 인제는 내 세월을 만들겠다. 미륵님 말씀이 너 세월 알겠거든 너와 나와 내기 시행하자…….

동해 중에 금병에 금줄 달고 은병에 금줄 달고 내 병의 줄이 끊어지면 너 세월이 되고 너 병의 줄이 끊어지면 너 세월 아직 아니라.

▶ 미륵보살입상

미륵보살은 내세에 성불하여 사바세계에 나타나서 중생을 제도한다는 사보살 중 하나다(충청도 대조사 소재).

동해 중에 석가 줄이 끊어졌다. 석가님이 항의하여 또 내기 시행 한 번 더 하자…….

너와 나의 한 방에서 누워서 모란꼬치 모랑모랑 피어서 내 무릎에 올라오면 내 세월이오, 너 무릎에 올라가면 너 세월이라. 석가는 도둑 심세를 먹고 반잠 자고 미륵님은 찬잠을 잤다. 미륵님 무릎 위에 모란꽃이 피어올랐소. 아, 석가가 중등사리로 꺾어다가 저 무릎에 꽂았다. 측측하고 더러운 석가야, 내 무릎에 꺾어 꽂혔으니 꽃이 피어 열흘이 못 가고 심어 십 년이 못 가리라.

미륵님이 석가의 성화를 받기 싫어 석가에게 세월을 주기로 마련하고 너 세월 될라치면 쩍이마다 솟대 서고 너 세월이 될라치면 가문마다 기생 나고 가문마다 과부 나고 가문마다 무당 나고 가문마다 역적 나고 가문마다 백정 나고 너 세월이 될라치면 세월이 그런즉 말세가 된다. 그러던 삼일 만에 삼천 중에 일천 거사 나와서 미륵님이 그적에 도망하여 석가님이 중이랑 데리고 찾아 떠나서야 산중에 들어가니 노루사슴이 있어 그 노루를 잡아내어 그 고기를 삼천 곳을 끼워서 이 산중의 노목老木을 꺾어 내어 그 고기를 구워 먹어라. 삼천 중에 둘이 일어나며 고기를 땅에 떨어뜨리고 나는 성인이 되겠다고 그 고기를 먹지 않으니 그 중들이 죽어 산마다 바위 되고 산마다 솔나무 되고……

　다른 나라의 신화에서는 세상의 모든 사물과 현상을 신이 창조했다고 합니다. 유태족은 천지간의 모든 것이 천신의 창조라고 하고 중국에서는 반고라는 거인의 시체에서 해·달·바위·풀·나무·벌레·우레·바람 등 모든 자연물이 생겨났다고 합니다. 또 유럽에서도 거인의 시체에서 대지·바다·산·숲 등이 화생化生했다고 하지요. 그런데, 앞에서 살펴본 바와 같이 우리의 신화 속에서 자연물은 조물주에 의한 창조가 아니라 스스로 이루어진 것입니다. 하늘과 땅이 본래 하나로 뭉쳐 있다가 떨어지고 해·달·별 등이 저절로 이루어집니다. 그리고 미륵이라는 존재는 절대적 신이 아니라, 저절로 이루어진 세상을 신이한 능력으로 다스리는 자로 나옵니다. 물과 불의 근본도 알지 못하지요. 그래서 풀메뚜기·개구리·생쥐와 같은 미물에게 물어서 알아내고, 그 답도 누가 어떻게 만들었다는 것이 아니라 어떻게 하니까 생겨났다는 자생自生의 의미를 담고 있습니다. 인간이 생겨나는 것도 신들의 관계에서 태어나는 것이 아니라, 미륵이 기도하자 하늘에서 벌레가 떨어지고 그 벌레가 성장하여 곧 인간이 되는 것으로 설명하고 있습니다.

　여타의 신화와는 다른, 우리 자연 신화의 독창성이 바로 여기에 있습니다. 초월자의 의지대로 자연과 인간이 생기고 초월자의 뜻에 어긋나면 벌을 받는 등의 내용은 우리 신화에서는 찾아볼 수 없습니다. 석가가 미륵에게 인간 세상을 달라 하고 내기에서 미륵을 속였어도 미륵은 "너의 세상은 말세일 것이다."라고 저주의 말을 남기고 떠났을 뿐이지요. 우리의 자연 신화는 이 밖에도 몇 가지가 더 있습니다. 하지만, 창세에 관한 부분은 대개 이와 비슷합니다.

다른 신화라면, 인간 세상이 다시 한 번 태어나는 이야기가 담긴 홍수 신화가 있습니다. 홍수 신화는 다른 나라에도 있는데, 보통 인간이 죄를 지어 그에 대한 벌로 하늘에서 큰비가 내리는 것으로 나옵니다. 그런데, 우리의 홍수 신화에서는 홍수의 원인에 대해서는 아무 얘기도 하지 않습니다. 홍수가 어떻게 일어나고 그 속에서 새로운 인류가 어떻게 생기게 되는지만 나오지요. 우리의 홍수 신화에는 두 가지 유형이 있습니다. 하나는 두 남매가 살아남아 하늘의 뜻으로 결합하여 새 인류의 시조가 되었다는 설입니다. 그리고 다른 하나는 선녀와 나무신의 정기에서 태어난 목도령이 높은 산봉우리에서 살아남은 여자와 결혼하여 인류의 시조가 된다는 것입니다.

그중에서 목도령 신화를 살펴보자면, 큰 홍수가 나자 목도령은 산봉우리에 도착하기 전에 아버지인 나무를 타고 떠내려가다가 개미와 모기 같은 벌레를 구했습니다. 그리고 한 남자를 구했지요. 아버지인 나무는 반대했지만, 목도령의 부탁으로 남자를 구했습니다. 그런데 이 남자가 나중에 경쟁자가 되어 목도령을 난처하게 만듭니다. 산봉우리에는 한 노파와 두 처자가 있었는데, 한 명만 노파의 친딸이었습니다. 노파는 두 처자와 두 청년이 장성하자 이들을 부부로 맺어 주려고 했는데, 두 청년 모두 친딸이 아닌 수양녀는 좋아하지 않았습니다. 목도령이 구해 준 청년은 목도령을 어려움에 처하게 했지만, 개미의 도움으로 어려움을 이겨내고 노파의 인정을 받았습니다. 그리고 마지막에 노파가 두 처자를 각각 방에 들이고 청년들을 방에 들어가게 했는데, 모기가 목도령에게 귀띔을 해주어 친딸의 방으로 들어갔고 그들 사이에서 현재의 인류가 나왔다고 합니다.

우리의 홍수 신화에서는 현재의 인류가 자연의 도움, 혹은 시조가 고난을 이겨내는 결과에서 태어났다고 합니다. 하늘의 벌과는 거리가 멀

지요. 앞서 살펴본 자연 신화에서 세상이 혼란해진 것은 사람의 죄가
아니라 석가가 세상을 다스리는 시대가 그렇다는 내용이 있었습니다.
이것과 연결해 본다면, 홍수가 일어난 원인은 시대가 그래서였고 다만
인간은 이 어려움을 잘 극복했다는 내용으로 정리해 볼 수 있습니다.
우리의 신화에서 자연은 자생하는 것이고 인간 세상이란 신이 원하는
긍정적인 곳이었습니다.

02 우리 민족의 기원을 노래한 단군신화

    문자로 기록된 우리 신화 중에서 가장 오래되고 비중 있는 신화는 역시 '단군신화'입니다. 단군신화는 우리나라의 기원에 관한 신화이고 그 속에는 신화를 만든 주인공인 우리 조상의 사상적 형태가 녹아 있기 때문에 고대 사상 연구의 중요한 자료가 됩니다.

    단군신화를 전해 주는 문헌에는 고려 시대의 것으로서 《삼국유사三國遺史》와 《제왕운기帝王韻紀》가 있고, 조선 초기의 것으로 《응제시應製詩》와 《세종실록世宗實錄》〈지리지地理志〉 등이 있으며, 또 《신증동국여지승람新增東國輿地勝覽》·《동국사략東國史略》·《증보문헌비고增補文獻備考》 등이 있습니다. 그 밖에 저자가 확실하지 않은 《단기고사檀奇古史》·《규원사화揆園史話》·《환단고기桓檀古記》·《조선단군세기朝鮮檀君世紀》 등이 있습니다.

    이 중에서 단군신화의 원형이 가장 잘 드러나 있으면서 동시에 가장 먼저 단군신화를 한국사의 체계 속에 넣은 문헌은 바로 《삼국유사》와 《제왕운기》입니다. 조선 시대의 기록은 대부분 이 두 문헌을 인용한 것

▶ 솟대
신단수는 하늘과 땅을 연결하는 우주수다. 솟대도 신단수의 다른 형태로 볼 수 있다. 솟대 위의 새는 하늘과 인간을 이어 주는 영혼의 전도사인데, 이와 같은 신앙은 바이칼을 비롯한 시베리안 계통의 샤머니즘에서 공통적으로 발견된다.

이거나 이것을 변형한 것이지요.

우리에게 잘 알려진 단군신화의 내용은 《삼국유사》〈기이편紀異篇〉에 나오는 것입니다. 삼국유사에서는 이렇게 전합니다.

《위서魏書》에 말하였다. 지금으로부터 2천 년 전에 단군왕검檀君王儉이 있어 아사달에 도읍을 정하여 나라를 열고 국호를 조선이라 하니 요堯와 같은 시기다.

《고기古記》에 말하였다. 옛날에 환인桓因*의 여러 아들(서자庶子) 가운데 환웅桓雄이 있었는데 자주 하늘 아래에 뜻을 두어 인간 세상을 구하기를 탐하였다. 아버지가 아들의 뜻을 알고 아래로 삼위태백을 내려보니 '인간을 널리 이롭게 할 만하였다(홍익인간弘益人間)'. 이에 천부인天符印 세 개를 주어 다스리라고 보냈다. 환웅이 무리 삼천을 거느리고 태백산 꼭대기 신단수神檀樹 아래에 내려와 신시神市라 이르니, 이가 곧 환웅천왕桓雄天王이다. 바람(풍백風伯)과 비(우사雨師)와 구름(운사雲師)을 거느리고 곡식·수명·질병·형벌·선악을 주관하고 무릇 인간의 360여 가지 일을 주관하며 '세상을 이치로 다스렸다(재세이화在世理化)'.

그때에 한 곰과 한 호랑이가 있어 같은 굴에 살았는데 항상 신웅에게 기도하여 '사람이 되기를 원하였다(원화위인願化爲人)'. 이때 신이 영험한 쑥 한 움큼과 마늘 스무 개를 주며 "너희가 이것을 먹고 햇빛을 백일간 보지 않으면 곧 사람의 형상을 얻을 것이다."라고 말하였다. 곰과 호랑이가 그것을 얻어먹으면서 금기하기를 삼칠일

환인

일찍이 육당 최남선은 '환인'이 '하늘님'이라는 우리말을 한자로 쓴 것이라고 하였다. 우리말과 같은 접착밀어에 속하는 수메르어에서도 '환인'과 음이 비슷한 '안인ANEN'의 뜻이 하늘님이라고 한다. 보통 '환'은 '한'과 '붉'의 의미로 풀이되는데, '한'은 '크다', '많다', '높다', '넓다', '하늘' 등을 의미하고 '붉'은 말 그대로 '환하다', '빛나다', '밝다'는 것이다. 또 '환桓'을 파자해서 풀이해 보면 하늘과 땅(二)에 난 나무(木) 사이로 해가 비치는 광경이 된다. 그런 의미에서 '환인'은 태양 숭배나 광명 사상을 상징하는 표현이라고 할 수 있다.

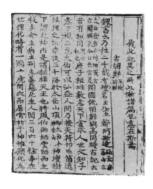

◀ 《삼국유사》의 고조선 부분
단군신화를 소개한 기록으로는 가장 오래된 것이다. 《삼국유사》의 저자인 고려 후기의 일연은 위만조선과 구별하기 위해 고조선이라는 제목을 달았다. 그러나 지금은 이성계가 세운 조선과 구별하는 의미로 고조선이라는 명칭을 쓴다.

되는 날에 곰은 여자의 몸을 얻었으나 호랑이는 금기하지 못하여 사람의 몸을 얻지 못하였다.

인간이 된 웅녀는 더불어 혼인할 자가 없는 까닭에 매번 단수 아래에서 아이 갖기를 빌고 또 빌었다. 환웅이 이에 잠깐 (인간의 몸으로) 변하여 그녀와 혼인하여 아들을 낳았으니, 단군왕검이라 불렀다. 요가 즉위한 지 50년인 경인庚寅년에 평양성에 도읍하고 비로소 조선이라 일컫고 도읍을 백악산 아사달에 옮겼는데 그곳을 궁弓, 홀산忽山, 또는 금미달今彌達이라고도 하며 1500년 동안 나라를 다스렸다. 주周의 무왕武王이 즉위한 을묘己卯년에 기자를 조선에 봉하매, 단군은 장당경藏唐京으로 옮겼다가 후에 아사달로 돌아와 숨어서 산신이 되니, 이때 그의 나이가 1908세였다.

하지만 《제왕운기》에 나오는 단군신화는 이것과 내용이 약간 다릅니다. 《삼국유사》에서의 환웅천왕이 《제왕운기》에서는 '단웅천왕檀雄天王'으로 나오고, 또 《삼국유사》에서는 우리가 흔히 알고 있는 대로 곰이 통과의례를 통해 환웅과 결혼하여 단군을 낳은 것으로 되어 있지만, 《제왕운기》에서는 단웅천왕의 손녀가 약을 먹고 사람으로 변해 단수신과 결혼하여 단군을 낳은 것으로 되어 있습니다. 그 밖에도 단군의 재위 기간이 500년 정도 차이가 나며, 단군신화에 대한 각각의 주를 보면 단군 조선의 위치나 연대 문제를 다르게 추론할 수 있는 여지가 있습니다. 하지만 이런 부분은 고고학적 자료와 다른 여러 문헌들을 토대로 앞으로 더 연구되어야 할 문제입니다.

여기서는 우리에게 가장 잘 알려져 있고 가장 많은 영향을 미친 《삼

제왕운기
《제왕운기》는 민간신앙적 입장에서 이전부터 전승되어 온 단군신화를 그대로 수록하고 있고, 그 개국 연대도 《삼국유사》와는 달리 중국과 대등하게 인식하고 있다. 《제왕운기》와 《삼국유사》가 상고사 인식에 차이를 보이는 이유는 참고한 사료가 다르기 때문이다. 《삼국유사》는 상고사를 서술하는 데 우리 문헌도 참고하였지만, 동시에 《후한서後漢書》·《당서唐書》·《위지魏志》와 같은 중국 역사 기록을 더 많이 참조하였다. 그러나 《제왕운기》는 단군과 삼한에 관한 기록은 전적으로 《단군본기檀君本記》·《동명본기東明本記》와 같은 우리의 고기류古記類에 의존하고 있다.

국유사》의 단군신화에 대해서 생각해 보기로 하겠습니다.

단군신화는 환인에서 환웅으로 이어지는 '시조신화'와 단군이 고조선을 세우는 '건국신화'라는 이중 구조로 되어 있습니다. 그런데 우리는 왜 이 신화를 단군신화라고만 부를까요? 《삼국유사》가 쓰이기 이전에도 환인과 환웅의 이야기를 주요 골자로 하는 시조신화가 분명히 존재했을 것이고, 그것이 문헌으로든 제의의 형식으로든 전승되었을 것입니다. 하지만 그 저자는 국가의 기원에 초점을 맞추고, 단군의 뿌리인 환인과 환웅을 하늘에 있는 존재로 설명하는 것만으로도 그 신성성을 드러내기에 충분하다고 여겼습니다. 여기서 우리는 하늘 숭배 사상, 내지는 하늘의 뜻에 따라 나라를 다스리는 천명天命 사상을 엿볼 수 있습니다. 이 점은 환웅이 천부인*으로써 그 통치 기준을 삼았다는 사실에서 더 명확하게 드러납니다. 이것은 권력이나 군대의 힘이나 형식적인 법률 등으로 나라를 다스리는 것이 아니라, 하늘의 성질과 꼭 맞는[天符] 것으로 통치하라는 것입니다. 다시 말하면, 인간 속에 내재한 천성에 맞도록 통치하라는 것으로 볼 수 있습니다. 또 전능한 존재와 한 국가의 왕이 혈연관계로 이어지는 것은 상제와 천자를 엄격히 구분하는 중국의 경우와 다릅니다. 중국의 상제와 천자는 혈연적으로 연결되지 않고, 상제가 덕德 있는 자에게 천명을 내려 천자를 옹립합니다. 때문에 중국에서는 하늘에 제사하는 원구圓丘와 혈연적 조상에 제사하는 종묘가 따로 구분됩니다. 반면에 부여·고구려·신라와 같은 우리의 고대 국가에서는 조상 제사의 연장선상에서 제천의 례를 거행했습니다. 이것은 모두 단군신화로부터 이어받은, 국가의 시조가 하늘의 자손이라는 관념 때문입니다.

환웅은 하늘나라보다는 '삼위태백三危太伯', 즉 인간의 세계를 선망했으며, 스스로 사람이 되기도 했습니다. 곰과 호랑이 또한 사람이 되

다뉴세문경
국보 제141호. 우리나라 금석 병용 시대金石竝用時代의 유물인 구리 거울. 끈을 끼워 잡는 유鈕가 두 개 이상 있고, 뒷면에는 톱날 모양의 가는 복합선의 무늬가 있다. 경주 입실리와 평안남도 대동군 반천리 등지에서 출토되었다.

천부인
천부인의 해석에 대해서는 여러 가지 설이 있다. 일설에서는 환웅이 대동한 신神으로 보기도 하고, 또 제정일치 사회의 임금이 전유한 신물神物로 보기도 하는데, 같은 신물로 보더라도 그 종류가 조금씩 다르다. 우선 신으로 보는 경우는 천부인을 신화 속에 나오는 풍백風伯·우사雨師·운사雲師와 일치시키는 것이다. 또 신물로 보는 경우에는 천부인이 청동기 시대 사제司祭 임금의 전유물로서 동북아시아 일대와 한반도 전반에 걸쳐 발굴되는 청동거울·청동방울·청동검이라는 설, 그리고 무속에서 신성한 권능의 징표로 간주되는 거울·방울·칼 혹은 방울 대신 관冠이나 북이 천부인이었다는 설 등이 있다.

기를 희망하였고 마침내 곰은 사람이 되고 맙니다. 이러한 것은 신도 동물도 모두가 인간을 동경하고 인간이 되기를 원했다는 사실을 말해 주는 것입니다. 여기에 사람의 가치에 대한 절대적 신념과 인간을 중심에 두려는 사고방식이 잘 나타나 있습니다. 그것은 신의 존재를 중요시 하지 않는다거나 인간이 모든 존재에 우선한다는 의미는 아닙니다. 서구의 인간중심주의* 사상과는 다르지요. 단군신화의 사상은 신을 외경하지 않는 것은 아니지만, 초월적인 신 앞에서 무조건 복종하는 존재로서 인간을 규정하거나 인간의 목적으로서 신앙을 설정하지 않는 사상인 것입니다. 여기서 신은 명령하는 자나 인간의 창조자로서의 신이 아니라, 인간의 협조자인 신입니다. 환웅이 세상을 부러워한 것이나 웅녀가 사람으로 변하여 단군을 낳게 된 것이나, 모두 신이 중심이 아니라 인간이 중심이라는 사상을 내포합니다.

이러한 사상은 또 삶의 중심인 인간을 사랑해야 한다는 사상과 직결됩니다. 하느님까지도 사람을 부러워했다면 이 속에 인간 지존 사상이 숨어 있는 것이고, 그렇다면 인간을 신처럼 공경해야 한다는 사고와도 연결해 볼 수 있습니다. '홍익인간弘益人間'이 바로 이러한 사상의 표현이지요. 홍익인간은 곧 사람 하나하나, 어떤 사람에게든 최대의 사랑을 베풀어야 한다는 인애仁愛의 사상이며, 지상에서 사랑과 평화를 실현하고자 하는 신념을 내포합니다. 환인과 환웅, 그리고 환웅과 곰 사이에는 인격적인 신뢰와 동정과 사랑만이 있었을 뿐, 갈등이나 오해나 증오 같은 것은 찾아볼 수 없습니다. 이것은 또한 상호 투쟁과 정복으로 점철되어 있는 여타의 서구 신화와 차별되는 점이라 할 수 있습니다.

또 이러한 인간중심적 사상은 신중심주의와는 달리 미래보다 현실, 내세보다는 현세를 더 중시하는 현세 존중의 사상으로 연결될 수밖에 없습니다. 인간이 신의 구원을 받기 위해서 신의 세계로 가는 것이 아니라, 도리어 신이 인간을 위해서 인간 세계로 강림합니다. 단군신화에서 하느님은, 인간을 위해서 인간 세계로 강림하여 더불어 살고 끝내 천상의 세계로 돌아가지 않고 인간 세계에 삽니다. 환웅은 인간을 현실 세계에서 초월하여 다른 세계로 인도해 주거나 내세에 있어서의 구원을 해 주는 것이 아니라, 현실의 생활을 원조해 주고 보호해 주는 현실의 신입니다. 환웅이 그랬던 것처럼, 단군도 죽은 후 천상 세계로 가지 않고 아사달산에 은거하여 이 세상에서 살며 이 세상을 보호했습니다. 이런 점에서 단군신화는 형이상학적 물음에 답하는 성격의 신화가 아니고 지극히 현실적인 인간의 삶의 방식에 관한 실천적 · 당위론적인 성격의 신화라고 할 수 있습니다.

단군신화의 중요한 상징 중 하나는 단군이 환웅과 곰의 결합에 의해서 태어났다는 것입니다. 여기서 단군은 하늘天과 땅地, 양陽과 음陰, 신神과 짐승獸의 양극적인 것이 융합하여 새로운 존재로서 나타난 사람입니다. 이러한 사람으로서의 단군의 존재가 상징하는 것은 '조화와 융합'입니다. 환웅이 하늘의 질서를 상징하는 것이라면, 곰은 땅의 질서를 상징하는 것이니, 하늘과 땅이라는 양대 질서를 화합하고 포괄하는 것이 바로 단군입니다. 환웅도 천상 세계에서 자유로이 하림下臨했고, 천상 세계의 질서를 인간 세계에서 그대로 실현했으니 그것이 곧 '신시神市'입니다. 그가 천상 세계에서 갖고 온 천부인 3개와 풍백 · 우사 · 운사 등의 천상 세계에서 데리고 온 여러 신들이 행한 일은 모두 천상 세계의 질서와 인간 세계(지상 세계)의 질서와의 조화를 이룩하고자 한 것입니다.

《삼국유사》와 《제왕운기》의 서술 동기는 몽고족에 대한 한민족의 자각심과 주체 의식의 확립을 위한 것이라는 견해가 학계에서 보편적으로 적용됩니다. 또 단군신화 자체가 국가가 위기에 처했을 때든, 문화 중흥기일 때든 민족의 구심점이 되어온 것이 사실입니다.

그러나 이러한 민족의식에 입각한 저술 동기가 있다고 해서 《삼국유

3
단군신화에서 천부인 · 삼위태백 · 풍백 · 우사 · 운사 · 무리 3000 등 3이라는 수가 자주 등장하는데, 여기서 3은 완성과 종합을 의미한다. 원래 3, 9, 81처럼 3수 분화에 의미를 두는 것은 북방 수렵민족의 샤먼적 세계관에서 비롯되었다고 한다. 반면 농경민족의 전통에서는 2, 4, 8, 64와 같은 2수 분화를 중시한다. 일례로, 동이족 고유의 신성한 상징으로 알려진 삼족오는 고구려 고분벽화에 나타나지만, 중국계 유물에서는 찾아볼 수 없다고 한다. 이런 맥락에서 천지인 삼재 사상이나 삼신 사상은 수렵민족의 사유에 뿌리를 두고, 음양 사상은 농경민족의 사유에 뿌리를 둔다는 설이 있다. 그리고 이들이 혼합되어 현재 우리가 알고 있는 전통문화가 구성되었다고 한다.

사》와 《제왕운기》를 비롯한 고대와 관련된 문헌이 감정적인 상태에서 아무런 고증이나 증거 없이 쓰였다고 볼 수는 없습니다. 앞에서 설명했듯이 《삼국유사》와 《제왕운기》가 서술상 약간의 차이가 있다는 점에서 완벽하다고 볼 수는 없을 것입니다.

하지만 현대에 중국 갑골문에 대한 연구가 활발해지면서 위서로 여겨졌던 많은 문헌들이 진서로 드러나고, 아울러 우리 고문헌에 대한 설득력도 커지고 있습니다. 중국의 문헌은 다분히 중국 중심적이기 때문에 어떤 측면에서는 우리나라의 역사적 사실과 사상에 대해서는 오히려 왜곡되는 부분이 많다고 할 수 있습니다. 그런데도 일각에서는 중국의 문헌에 의존하여 한국의 고대 역사와 사상을 논하려는 흐름도 있었습니다. 중요한 것은 그 문헌 자체가 가지고 있는 진실성이겠으나, 문헌을 대하는 태도에서 확실한 입증이 되기 전에 어떤 선입견을 갖는다면 큰 문제가 아닐 수 없습니다. 한국의 고대 사상을 고문헌에서 풀어내는 과정은 좀더 종합적이고 분명한 태도로 문헌을 대하는 마음에서 좌우됩니다. 한국의 고대 문헌과 여러 사료들을 대하는 좀더 적극적인 자세를 가져야만 우리 사상의 주체성을 확립하고, 또 그것을 바탕으로 해서 다른 외래 사상에 의탁하지 않으면서 현재와 미래를 투영할수 있는 안목이 생길 것입니다.

03 우리의 현묘한 도, 풍류도

단군 사상과 맥을 같이하는 우리의 고유 사상으로는 '풍류도'를 들수 있습니다. 고운孤雲 최치원崔致遠(857~?)은 풍류도에 대해서 난랑비* 서문에 다음과 같이 적고 있습니다.

난랑비

신라의 화랑인 난랑鸞郎의 비석이다. 난랑비문은 최치원이 지었는데, 전문은 전해지지 않고 일부만이 《삼국사기》의 신라본기 진흥왕 37년조 기사에 인용되어 있다.

> 우리나라에 현묘한 도[玄妙之道]가 있으니 풍류風流라 한다. 그 풍류도를 설치한 근원은 선사仙史에 자세히 기록되어 있다. (그 풍류도는) 실로 3교를 포함하고 있고, 모든 생명체와 접촉하여 그것들을 감화한다. 또한 집에 들어가면 어버이에게 효도하고 밖에 나아가면 나라에 충성하는 이것은 공자의 가르침이요, 무위無爲로 일하고 행동하면서 말만 앞세우지 않음은 노자의 가르침이요, 모든 악행을 짓지 않고 모든 선행을 받드니 이것은 석가세존의 교화다.

가나다라...
마바사아...

'풍류도를 설치한 근원이 있다는 선사'라는 기록은 지금 남아 있지도 않고 그것이 무엇인지도 알 수 없습니다. 하지만 최치원의 기록과 다른 여러 문헌의 내용을 비교해 보면 '풍류도'의 전체적 맥락을 어느 정도 짐작할 수 있습니다.

최치원의 글을 문자 그대로 해석하면 풍류도는 유·불·도 삼교를 포함하고 있고, 뭇 중생, 즉 모든 생명체와 접하여 그들을 변화시키는 현묘한 도입니다. 유교·불교·도교를 모두 포함하고 있다는 말이 이들을 뒤이어 조화시켰다거나 통일시켰다는 의미는 아닙니다. 이것은 유교와 불교와 도교의 정신을 모두 아울러서 하나로 승화시킬 수 있는 우리만의 고유한 사상이 내려왔다는 것을 의미합니다. 또 이렇게 다른 것을 하나로 하는 원리가 된다는 측면에서 '현묘'라고 했다고 볼 수도 있습니다.

이런 바탕 위에서 유교도 하고 불교도 하고 도교도 하는 궁극적인 목적은 바로 접화군생接化群生, 즉 생명의 교화 내지 감화에 있다는 것입니다. 여기서 생명은 '군생'이라고 한 만큼 정신적인 것과 물질적인 것, 그리고 도덕적인 모든 것을 가리키는 말일 것이고, 인간은 만나는 모든 것을 생기 있게 하고 남과 나의 공동 번영을 일구어 가는 주체로 등장합니다.

단군신화에서 홍익인간과 재세이화는 인간계를 널리 유익하게 하여 세상을 도리로써 교화한다는 뜻입니다. 광개토대왕릉비에는 "세자 유류왕儒留王에게 고명하시기를 도리로써 세상을 다스리라."는 기록이 있습니다. 또 《삼국유사》에 신라 시조인 혁거세 탄생에 관한 기록을 보면 "천지가 진동하고 해와 달이 밝아서 그를 혁거세왕赫居世王이라고 일컬었다. 아마도 방언일 것이다. 혹은 불거내왕弗炬內王이라고도 하니, 그 뜻은 광명한 이치로써 세상을 다스린다는 것이다."라고 되어 있습니다. 조선 시대의 〈용비어천가龍飛御天歌〉에도 "꿈에 신인神人이 스스로 하늘에서 하강하여 태조에게 금척金尺을 주며 말하기를, 공公

은 문무文武가 겸전兼全하니 백성이 따르기를 원하므로 이 금척을 가지고 나라를 바로하리라.”라고 하여 단군의 천부인에 상응하는 ‘금척’이라는 이치적 기준으로 세상을 다스린다는 표현이 나옵니다. 이와 같은 예들은 모두 생명 교화를 궁극적인 목적에 두는 풍류도와 일맥상통하는 것입니다. 또 여기에서, 다스리는 이치와 교화의 기준이 되는 ‘리理’, ‘광명光明’, ‘금金’, ‘현묘한 도玄妙之道’는 공명公明한 진리와 도

밝음의 숭배

단군신화에서 환桓의 의미 분석을 통해 ‘밝음’을 숭상하는 사고를 읽을 수 있었던 것처럼 앞서 제시한 기록 속에서도 이런 맥락을 추론할 수 있다. 최남선은 단군신화에 나오는 삼위태백三危太白에서의 태백太白과 우리나라의 산 이름에 밝음을 뜻하는 백白자가 많이 들어간다는 점 등에서 ‘밝음’을 숭상하는 우리 고유의 사유를 유추했다. 이런 분석은 더 나아가서는 우리 한민족의 근원적인 생명 체험과 생명 이해를 ‘한’ 사상이라는 개념으로 규정하는 흐름과도 연결된다. 일각에서는 이 ‘한’ 사상이 풍류도라고 한다. 대표적으로 《한국 생명 사상의 뿌리》에서는 ‘한’을 다음과 같이 설명했다.

‘한’은 한국적 생명관으로 전체와 하나의 역동적 일원론이며 포용적·낙관적·동화적 사고다. ‘한’은 선과 악, 삶과 죽음을 대립적으로 보지 않고 상대적으로 보며 우주적 요소들과 생명 작용의 묘합인 생명 현실을 충실히 반영한다. …… ‘한’ 사상은 외래 종교와 사상을 흡수 동화하면서 한민족의 종교와 사상을 형성하는 원리가 되어, 원효의 원융무애圓融無碍·화쟁和諍 사상으로 표출되고, 의천과 지눌의 교선일여敎禪一如 사상으로 이어진다. …… 그러나 ‘한’ 사상은 송 대 유학의 유입 이후로부터 조선 말까지 그 왕성한 흐름이 끊어지고 기고봉·이율곡·정다산 등에 의해 명맥만 유지된다. 그러다가 대종교·동학·증산교·원불교 등의 민중 종교를 통해 되살아나며, 현대에는 함석헌과 김지하 등의 생명 사상으로 이어진다.

◀ 연등회를 즐기는 사람들
시월초파일의 모습이다. 대부분 흰옷을 입고 있는데, 이것은 태양과 빛을 숭상하여 흰빛을 신성하게 여기는 풍속에서 비롯된다.

리를 숭상하는 사상으로 해석할 수 있습니다.

또한, 접화군생에서 화化는 도덕적이고 이성적인 것뿐만 아니라, 모든 생명의 감성적이고 정서적인 화합을 모두 포함하는 것으로 볼 수 있습니다. 이런 의미에서 고구려의 동맹, 동예의 무천, 부여의 영고와 같은 제사들이 하늘과 조상 숭배와 더불어, 음주가무라는 놀이를 통해서 하늘·땅·사람의 결속과 일체감을 다졌다는 점은 시사하는 바가 큽니다. 《후한서》〈동이열전〉에 보면 다음과 같은 기록이 나옵니다.

섣달에 하늘에 제사를 지내는데 큰 모임이 날마다 이어지며, 마시고 먹고 노래하고 춤추는데(음주가무飮酒歌舞) 이름하여 영고迎鼓라고 한다. 이때에 형옥을 끊고 죄수를 풀어 주기도 한다. 군사를 일으킬 일이 있을 때 또한 하늘에 제사 지낸다.

귀신과 사직과 영성에 제사 드리기를 좋아하는데 10월이 되면 하늘에 제사 지내는 큰 모임을 가지니, 이름하여 동맹東盟이라 한다.

항상 10월이 되면 하늘에 제사 지냄에 밤낮으로 술을 마시며 노래하고 춤추는데 그것을 이름하여 무천舞天이라 한다.

항상 5월에 밭갈이가 끝나면 귀신에 제사 지내는데 밤낮으로 술자리를 가지며 무리로 모여 노래하고 춤춘다. 춤은 여러 사람이 서로 따르며 땅을 밟는데 박자가 있었다. 10월에 농사가 끝나면 또한 다시 이와 같이 하였다.

고대 사회에서 이런 국중 대회와 의식*은 모두 종교적인 의미를 지닌 것이지만, 그와 함께 신바람을 불러일으키는 놀이였습니다. 또 필요에 따라 노동이나 군가軍歌 등을 위하여 단결을 고취하는 회맹會盟의 성격도 지녔습니다.

그리하여 국난의 시기에는 제의를 통해 강한 응집력을 발휘하기도 했던 것입니다. 《고려왕조실록》에는 "선풍仙風을 숭상하라. 근래 들어와 팔관회가 그 격을 잃고 옛 풍속이 점점 쇠퇴해지니, 지금부터 가산이 풍족한 양반 자제를 뽑아 선가로 정하여 고풍에 의거하여 사람과 하늘과 천지자연이 함께 기뻐하게 하라."는 기록이 있습니다.

최치원이 풍류도를 말한 것은 〈난랑비서〉, 즉 난랑이라는 화랑의 비문에서였습니다. 그러니까 그 화랑을 추모하면서 나온 말인데, 여기서 풍류도라는 것이 화랑들이 수련하던 도라는 것을 알 수 있습니다. 화랑도에 관한 기록을 보면 "도의道義로써 갈고 닦고 서로 노래로써 즐기며 자연과 벗하기 위하여 먼 곳이라도 마다하지 않는다." 하고 그 밖에 선仙이라는 표현도 많이 나옵니다. 화랑의 수련은 도의를 닦는 이성적인 인격 도야의 측면과 신명을 돋우는 신바람이 동시에 병행되었다고 볼 수 있습니다. 그야말로 접화군생의 구체적인 실천이라고 할 수 있겠지요.

이러한 풍류 정신은 조선 시대에 들어서면서 잘 드러나지 않게 됩니다. 단재 신채호는 《조선 역사상 일천 년 이래 제일대 사건朝鮮歷史上一千年以來第一大事件》에서 낭가郎家가 유가에 밀려나면서 단군 정신을 숭상하는 풍류 정신이 역사의 뒤안길에 숨게 되었다고 지적합니다. 역사의 전면에 드러나는 정치적 측면에서 보면 부인할 수 없는 사실입니다. 하지만 서민들의 풍속이나 선인들의 수련과 사상적 성향 속에 풍류의 근본 정신이 녹아 있습니다. 신명을 돋우는 신바람이라는 부분은 사상사적 측면에서 시대에 따라 무시되었다고 볼 수도 있겠지만, 생명과

국중 대회와 의식
고대 국가의 제천 행사는 집단 굿의 원형이라고 할 수 있다. 이 집단 굿을 통해 풍성한 수확이나 공동체의 안녕을 빌고 신의 의사를 물은 것인데, 이때 행해진 음주가무는 무속의 특징인 '푸는' 의식이나 '놀이'의 기능과 연관된다.

영육쌍전
정신과 육체를 모두 온전하게 단련
한다는 뜻

원융회통
원만하여 막힘이 없고 한데 통하여
아무 구별이 없다는 뜻

돈오점수
단박에 깨치고 서서히 닦는다는 의미

인간을 사랑하고 조화를 추구하는 기본 정신은 시대를 관통하고 있습니다. 화랑의 영육쌍전靈肉雙全[*], 원효의 원융회통圓融會通[*], 의천의 선교합일禪敎合一, 지눌의 돈오점수頓悟漸修[*], 율곡의 이기지묘理氣之妙 등 주관과 객관, 이상과 현실, 개체와 전체의 조화, 아울러 조선 유학의 인성론 탐구와 근대 동학의 인내천 사상 등이 모두 여기에 해당한다고 할 수 있습니다.

쉬어가기

✖ 신화를 역사로 바꾸려는 중국의 의도

중국 역사의 기원은 보통 삼황오제三皇五帝부터라고 한다. 그런데, 삼황오제는 전설이나 신화 속에 등장하는 인물로 이들이 누구인가는 한마디로 확실하지가 않다. 여기에는 여러 가지 설이 있다. 우선 삼황 하나만 살펴보더라도, 《사기》에서는 천황天皇·지황地皇·태황泰皇이라고 했고, 《주례》와 《장자》에서는 복희·신농·황제黃帝라고 했다. 가장 일반적으로는 복희·신농·황제를 삼황으로 보는 것이다. 전설에 의하면, 복희는 역易의 팔괘八卦·문자·혼인 제도를 가르쳐 주고 그물을 만들어 물고기를 잡는 법과 가축을 키우는 법을 알려 주었다고 한다. 복희는 생황笙篁이라는 악기를 만든 여왜女媧라는 신과 부부인데, 둘은 모두 사람의 머리에 뱀의 몸을 가졌고 항상 서로의 꼬리가 뒤엉켜진 모습으로 그려졌다. 또 신농은 머리가 소, 몸이 사람이었다고 전해진다. 신농은 사람들에게 농사짓는 법을 가르쳐 주었으며 100가지 약초를 만들었고 시장을 만들어 물물 교환하는 법을 가르쳐 주었다고 한다. 삼황은 대부분 고대에 생겨난 생활 원리를 설명해 주는 역할을 했다. 수인도 역시 불의 사용법을 알려준 신이라고 한다.

그런데 황제는 조금 다르다. 황제는 한 번은 염제의 자손, 또 한 번은 치우와 싸워 크게 이겨 중원을 장악했다고 한다. 오늘날 중국 사람들은 자신들을 이런 황제의 자손이

복희의 상
복희는 거북이 등껍질 모양을 살피다가 팔괘를 발견했다고 한다.

라 부른다. 황제를 자기 민족의 시조로 여기는 것이다. 이런 현상은, 사실은 지금으로부터 2000년 전에 의도된 것이었다. 사마천司馬遷(기원전 145~기원전 85)은 《사기》〈오제본기五帝本紀〉에 황제·전욱고양顓頊高陽·곡고신嚳高辛·요堯·순舜을 오제五帝라고 기록하면서 중국 민족의 계통을 하나로 정리하고자 하였다. 당시는 춘추전국 시대를 통일한 한나라 시대이고 중국의 전성기였다. 하나된 중국을 만들고 통일된 체제를 유지하기 위해서는 역사의 계보를 정리해서 통일 의식으로 무장할 필요가 있었던 것이다. 사마천 이전에 공자는 요와 순을 전설의 성왕으로 삼고 그 이전에 대해서는 언급하지 않았다. 그런데, 사마천이 황제를 비롯한 여러 신화를 중국 역사에 삽입한 것이다.

또 사마천이 쓴 《사기》에는 본래 삼황에 대한 이야기가 없었다. 사마천은 황제를 위시로 한 오제로부터 중국 역사가 시작된 것이라 하였다. 현재 《사기》에 기록되어 있는 삼황은 당나라의 사마정司馬貞이 추가한 내용이다. 사마정 이후로 삼황오제가 중국 역사의 기원으로 인정된 것이다. 이는 후대에 생겨난 신화가 앞선 시기의 역사 속에 편입된 것이다. 공자 이전, 주나라 대의 가장 오래된 성현은 우禹였다. 우는 순임금 다음의 성왕이라고 한다. 그러니까 옛 기록에서 인물들이 출현한 시기는 '우→요·순→황제→삼황→반고'다. 그런데, 관념상으로 가장 오래된 인물은 '반고→삼황→황제→요·순→우'다. 이처럼 후대로 갈수록 더 오래된 인물이 출현한 것은 이들이 실존 인물이 아니라 나중에 창작된 것이라는 증거가 된다. 원시 신화를 합리적이고 역사적으로 해석하는 데 그치지 않고 신화 자체를 역사화한 것이다. 중국에서는 이미 1920년대에 이런 사실에 대해 문제를 제기한 학자들이 있었다. 이들을 의고학파疑古學派라고 한다. 의고학파는 민족이 하나의 갈래에서 나왔다는 것과 지역이 줄곧 하나로 통일되었다는 것, 그리고 고사의 인물들이 실재했으며 고대가 황금 시기였다는 관념을 비판했다. 이 때문에 당시에 큰 논쟁이 있었다. 그렇다면 현대의 중국학자들은 어떨까?

현대의 중국학자들은 대부분 의고학파를 비판한다. 중국은 세계적으로 사회주의 체제가 붕괴된 이후 소련처럼 분열되는 것을 우려하고 있다. 개방과 자유주의의 물결 속에서 지금의 영토와 체제를 유지하기 위해서는 한나라 대와 마찬가지로 통일 의식이 필요하다. 그래서 중국의 역사를 끌어올리고 고대 역사의 계보를 통일하여 중국의 문명 자체를 이집트 문명에 버금가는 것으로 만들려고 한다. 중국은 이미 1996년에 하夏나라와 상商나라 · 주周나라의 연대를 확정하는 하 · 상 · 주 단대공정斷代工程의 작업을 끝마쳤다. 그리고 2003년부터는 중화문명탐원공정中華文明探源工程에 착수하여 허난성과 산시성 등 한족의 원류인 화하족華夏族의 중심 활동 지역을 네 곳으로 선정해 놓고 발굴 작업을 하고 있다. 그리하여 최근에는 4100년 전의 천문대 터를 발견했다고 하며, 황제 헌원의 궁전 유적지를 발굴하고 같은 곳에서 황제가 팔진병법을 만들었음을 기록한 비석이 발견되었다는 보도를 했다.

중국인들은 전설의 인물이었던 황제를 비롯한 삼황오제를 역사적으로 실존했던 인물로 재창조하고 있다. 전해 오는 삼황오제가 확실히 누구인지도 모르면서 말이다. 중국의 동북공정이나 고구려사 왜곡은 사실 중국 문명을 세계에서 유일무이한 최고 수준의 것으로 만들려는 작업의 일환이었던 것이다.

황제 헌원과 용의 미스터리
사람들은 황제 헌원이 용을 타고 산시성 황링黃陵현(연안 아래 황허 상류)에 도착했다고 믿는다.

2

고유 사상과 외래 사상이
조화를 이룬 삼국 시대

고조선이 멸한 이후부터 삼국 시대까지는 진·읍루·옥

저·동예·삼한 등 무수히 많은 나라들이 만주와 한반도에서 성립되었다가 다시 사라져 갔습니다. 그 이후로, 부여가 고구려에 항복한 494년까지는 부여·신라·고구려·백제·가야의 오국 시대였습니다. 그리고 가야가 신라에게 멸망하는 562년까지는 사국 시대였습니다. 이 시기들을 통칭해서 열국 시대라고 하지요. 삼국만이 존재했던 시대는 562년부터 백제와 고구려가 신라에 멸망하는 668년까지 약 100년간이었습니다. 열국 시대의 기록은 당시의 철학 사상을 정리할 수 있을 만큼, 충분하지가 않습니다. 그중 백제·고구려·신라 삼국의 역사가 길고 통일 시대의 기반이 되었기 때문에, 이들 삼국 사상의 전반적인 흐름 정도를 정리해 볼 수 있습니다. 4세기 이후부터 삼국은 활발한 국제 교류를 통해 다양한 문화와 사상을 받아들였습니다. 각 나라마다 차이는 있지만 대체로 유교와 불교와 도교가 혼용된 문화가 지속되었습니다.

4세기 초까지는 삼국 간의 충돌이나 접촉이 거의 없었습니다. 그러다가 4세기 중반 이후로 삼국이 정복 국가로 성장하고 체제를 정비하면서 삼국 간의 충돌이 발생하게 되었습니다. 그리고 한반도에서 한강 유역을 지배하는 나라가 어디냐에 따라 삼국의 패권이 달라졌지요.

삼국 간의 첫 충돌은 백제와 고구려의 전쟁이었습니다. 이 두 나라는 일찍부터 대외적인 팽창 정책을 폈습니다. 백제는 근초고왕 대에 전라도 남해안까지 영토를 확장하고 낙동강 유역에도 진출하여 가야의 여러 나라에 영향력을 미쳤습니다. 또 북쪽으로 진출하기 위해서 남쪽의 신라와는 우호 관계를 맺었지요. 이 무렵 고구려는 평양 지역을 거점으로 하면서 랴오둥遼東 지역으로 진출하려고 하였지만, 전연前燕에 의해 저지당했습니다. 그래서 남쪽으로 진출 방향을 돌렸습니다. 이 과정에서 백제와 고구려의 충돌은 불가피한 것이었습니다. 백제와 고구려의 첫 싸움에서는 백제가 승리하였습니다. 이때 백제는 중국의 산둥 반도와 발해 연안, 한반도 해안과 일본 열도로 이어지는 동아시아의 해상 무역권을 차지하고 요서 지방에도 진출하는 등 전성기를 누렸습니다. 백제는 일본에 대해서도 문화적인 면에서 지대한 영향을 미쳤지요. 그러나 4세기말 아신왕 대에 고구려 광개토 대왕의 강력한 군사력 앞에 항복하면서 삼국의 주도권은 고구려로 넘어가게 되었습니다. 광개토 대왕은 백제·일본·가야 연합군의 공격에도 굴하지 않고 계속 성장하였고 이들이 신라를 침입했을 때 구원군이 돼 주기도 했습니다. 그러면서 신라의 내정에 간섭했지요. 신라는 고구려의 간섭에서 벗어나기 위해 백제와 동맹하고 고구려에 맞섰지만, 고구려의 기세를 막아내지 못했습니다. 백제도 고구려 장수왕에게 한성을 함락당하여 수도를 웅진으로 천도하였습니다. 이때 고구려는 밖으로는 만주와 한반도에 이르는 영토를 개척하고 안으로는 국가 체제를 정비하여 동북아시아의 패자가 되었습니다. 고구려는 신라와 백제를 고구려의 속민으로 여겼고 고구려를 중심으로 보는 천하관을 가지고 있었습니다.

그러나 이로부터 한 세기가 지나자, 고구려는 안으로는 왕위 계승을 둘러싼 귀족들 간의 싸움으로 국론이 분열되고 밖으로는 북방에서 새로 일어난 돌궐의 위협에 직면하게 되었습니다. 자연히 남방을 돌볼 겨를이 없었지요. 때마침 남방에서는 삼국 중 가장 뒤떨어졌던 신라가 국가 체제를 정비하고 불교를 공인하여 사상계를 통일하는 등 새로운 강국으로 등장하였습니다. 신라는 백제와 연합하여 한강 일대를 차지했습니다. 그리고 다시 백제를 공격하여 한강 유역에서 입지를 굳혔습니다. 신라는 가야국도 정복하여 곡창 지대와 해상 무역의 중심지를 손에 넣어 국제무대에서 새로운 중심 국가가 되었습니다. 고구려와 백제의 대항은 계속되었지만, 불국토 佛國土 사상과 화랑 정신으로 무장한 신라를 당할 수는 없었습니다. 결국 신라는 당과 연합 전선을 구축하여 백제와 고구려를 차례로 정복하고 당과의 대결에서도 승리하여 통일 왕조를 이루었습니다.

01 우리는 하늘의 자손이라는 고유 의식

삼국
고구려 : 기원전 37~668
백제 : 기원전 18~660
신라 : 기원전 57~935

고구려·백제·신라 삼국*은 모두 천손족으로서의 신화를 가지고 있습니다. 이것은 물론 단군신화의 천손天孫 의식을 계승하고 있는 것이지요. 《삼국유사》〈기이〉편에 고구려와 신라 시조에 관한 신화가 나옵니다. 먼저 고구려의 고주몽 신화를 살펴봅시다.

이에 앞서 북부여왕 해부루解夫婁는 이미 동부여로 피하였다. 부루가 죽자 금와金蛙가 왕위를 이었다. 이 무렵, 한 여자를 태백산 남쪽 우발수에서 만났다. 물어보았더니 대답하길, "나는 하백河伯의 딸 유화柳花입니다. 여러 동생들과 놀러 나왔을 때 한 남자가 스스로 하느님의 아들인 해모수라고 부른다면서, 나를 웅신산 아래 압록 근처로 유인하여 아내로 삼고 가더니 돌아오지 않았습니다. 부모는 저를 중매인 없이 남을 따라갔다고 책망한 끝에 여기로 귀양 보낸 것입니다."라고 하였다.

금와는 이를 이상히 여겨 어두운 방에 가두어 두었다. 햇빛이 그

에게 비추어서, 몸을 이끌어 피하여도 또 해그림자가 따라서 비치더니, 그로 인해 크기가 다섯 되는 됨직한 '알'을 낳았다. 왕이 버렸더니 개와 돼지도 다 안 먹고, 길에 버려도 소와 말이 피하고, 들에 버리니 새와 짐승은 덮어 감싸주었다. 왕이 쪼개려 하였으나 깰 수가 없어 그 어미에게 돌려주었다. 어미가 그것을 감싸 따뜻한 곳에 두었더니 한 아이가 껍질을 깨고 나왔다. 골격과 모습이 대단히 기이하였다. 나이 일곱 살에 빼어나게 영특하고 이상하게도 활과 살을 손수 만들어 백발백중시켰다. 나라의 습속이 활 잘 쏘는 이를 '주몽朱蒙'이라 하였기 때문에 그것이 이름이 되었다. …… 주몽의 어머니가 이를 알고 말하길, "나라 사람들이 너를 해치려 하나 너의 재략으로는 어딜 가도 괜찮을 것이다. 속히 도모하거라."라고 하였다.

이에 주몽은 오이 등 세 사람과 벗이 되어 떠났는데 일행이 엄수에 가로막혔다. 물에 이르기를 "나는 하느님의 아들이고 하백의 손자다. 오늘 도피하는데, 뒤쫓는 자들에게 곧 잡히게 되었으니 어찌해야 하는가?" 하였다. 이때 물고기와 자라들이 다리를 놓아 주었다. 다 건너자 다리가 흐트러져, 쫓던 자들은 건너지 못하게 되었다. 졸본주에 이르러 마침내 도읍을 정하고 궁실을 지을 겨를도 없이 비류수 위에 오두막을 짓고 살면서, 나라 이름을 '고구려'라 하고 '고高'로 성씨를 삼았다.

고주몽 신화에는 단군신화와 마찬가지로 '하느님의 아들'인 해모수가 등장합니다. 하느님의 아들인 환웅과 웅녀와의 결합에서 단군이 탄생한 것과 마찬가지로, 고주몽도 해모수와 유화의 결합에서 탄생하게 됩니다. 기이하고 신비한 탄생의 결과는 바로 '알'이지요. '알'은 당시의 일반인들에게 시조 탄생의 신성성을 더욱 부각시키기 위한 하나의 상징적인 장치라고 할 수 있습니다. 이 점은 신라 시조인 박

동명왕릉
북한의 물질문화유물조사위원회에서 발굴

혁거세 신화도 마찬가지입니다.

혁거세왕
향언으로는 간혹 불거내왕弗炬內王이
라고도 하는데, 광명으로 세상을 다
스린다는 말임

거슬한
혹은 거서간居西干, 처음 개국했을 때
는 스스로 알지거서간閼智居西干이라
하였음

　　전한前漢 지절地節 원년 임자년 삼월에, 육부의 조부들이 각기 자제를 데리고 알천가의 둔덕 위에 모여 의논하였다. "우리의 위로 만민을 직접 다스릴 군주가 없어 인민이 모두 제멋대로 욕심만 따르니, 덕망 있는 사람을 구하여 군주로 삼아 나라를 세우고 도읍을 세웁시다."

　　이에 높은 곳에 올라 남쪽을 바라보았더니, 양산 아래 나정 주변에 번갯불 같은 이상한 기색이 땅으로 드리워 있고 백마 한 마리가 무릎을 꿇고 절하고 있었다. 찾아가 보니 하나의 '자색의 알'이 있었다. 말은 사람을 보고서는 소리 내어 길게 울고 하늘로 올라갔다. 그 알을 쪼겠더니 남자 아이가 나왔는데, 모양과 행동이 단아하고 아름다웠다. 놀랍고 이상히 여기면서 동천에서 목욕시키고 나니, 몸에 광채가 나고 새와 짐승들이 다 춤을 추며 천지가 진동하고 해와 달이 청명해졌다. 이에 '혁거세왕赫居世王*'이라 이름하였다. 위호는 '거슬한居瑟邯*'이라 하였다. 당시 사람들이 다투어 경하하며, "이제 하느님의 아들(천자)이 내려오셨다."라고 하였다.

　　신라 시조 박혁거세 신화에서는 단군신화나 고주몽 신화처럼 하늘의 신과 지상의 신격인 인간의 결합이 구체적으로 드러나지는 않습니다. 하지만, 하느님의 아들이라는 사실은 분명히 언급하고 있지요. 여기서 우리의 상고대로부터 고대에 이르기까지, 하늘의 자손이라는 천손 의식이 면면히 이어져 내려오고 있다는 사실을 다시 한 번 확인해 볼 수 있습니다. 고구려와 신라의 시조 신화가 고조선의 단군신화와 다른 차이점을 찾는다면, 시조 신화에서는 천명적으로 인간에게 부여되는 것 이상의 인문적 요소가 있다는 것입니다. 고구려 시조의 고주몽 신화에서는 하늘의 자손인 주몽이 인위적이고 외부적인 요인에 의해

나정(좌)과 알영정
나정은 박혁거세가 하늘에서 내려온 곳이라고 한다. 그리고 혁거세가 내려온 날, 알영정에서 닭의 머리를 한 용이 나타나 겨드랑이로 여자 아이를 낳고 사라졌는데, 이 아이가 나중에 혁거세의 왕비가 되었다고 한다.

서 수난을 당하는 과정이 보입니다. 물론 고주몽 자신이 천손이기 때문에 자연을 호령하여 위기를 넘기는 내용이 있지만, 더욱 중요한 것은 고주몽의 기지라고 할 수 있지요. 또 신라 시조의 박혁거세 신화에서는 "육부의 조부들이 덕망 있는 군주를 세우려고 의논한다."라는 내용이 있습니다. 이것은 단군신화가 오로지 '천의天意'에 의해 구성된 것과는 다릅니다. 신라 시조의 박혁거세 신화에서는 박혁거세가 천손이라는 신성성은 분명히 있지만, 이러한 박혁거세를 알아보고 합의로써 추대하는 '인의人意'가 중요한 요소로 자리 잡고 있습니다. 이런 차이점들은 모두 점차 인문적 요소에 무게가 실리게 되는 시대를 반영하는 것이라고 할 수 있습니다.

　백제의 시조 신화에는 천손에 대한 직접적인 언급도 없고 하늘에서 내려온 '알'에 관한 이야기도 없습니다. 또 백제의 시조 신화에는 두 가지 설이 있습니다. 《삼국사기》 〈백제본기〉는 다음과 같이 전합니다.

　　백제의 시조는 온조왕이다. 그 부친은 추모왕으로 주몽이라고도 한다. 주몽은 북부여에서 재앙을 피해 졸본부여에 이르렀는데, 아들은 없고 딸만 셋을 두었던 졸본부여의 왕이 주몽을 대하고는 비상한 사람임을 알아차리고 둘째 공주를 아내로 삼게 했다. 오래지 않아 졸본부여의 왕이 죽자, 주몽이 왕위를 이었다. 주몽은 아들 둘을 낳았는데 장자가 비류고 차자가 온조다(혹 이르기를 주몽이 졸본에 도착해 월군越郡 여성을 취해 두 아들을 낳았다고도 한다). 그런데 주몽이 북부여에 있을 때 낳은 아들이 와서 태자가 되었다.

일설에는 시조가 비류왕이라고 한다. 부친은 우태優台로 북부여 왕 해부루의 서손庶孫이다. 어머니는 소서노召西奴로 졸본인 연타발의 딸이다. 소서노는 처음에 우태에게 시집가서 두 아들을 낳았는데 장자는 비류고 차자는 온조다. 우태가 죽자 소서노는 졸본으로 돌아와 혼자 살았다. 후에 주몽이 부여에서 용납되지 못해 전한前漢 건소建昭 2년(기원전 37) 봄에 남쪽으로 내려와 졸본에 이르러 도읍을 정하고 나라를 세워 고구려라 했다. (주몽은) 소서노를 아내로 맞아 왕비로 삼았는데, 소서노는 주몽이 고구려를 창업할 때 공이 많았다. …… 비류와 온조도 친자식처럼 대했으나, 부여에 있을 때 예 씨에게서 난 아들 유류孺留가 오자 그를 태자로 세우고 드디어 왕위를 잇게 했다.

이런 두 가지 기록 때문에 백제의 건국 시조와 도읍에 대해서 여러 가지 견해가 있습니다. 백제의 시조는 비류이며 온조는 별개의 왕통이라든가, 온조가 비류보다 늦게 남하해 나중에 합류하게 된다든가, 또는 비류 백제와 온조 백제라는 두 개의 백제가 존재했다는 견해들이 그것입니다. 하지만 여기서 우리가 중요하게 볼 것은, 백제 건국의 주체 세력이 부여족 계통으로서 고구려에서 갈라져 나온 한 민족이라는 것입니다. 백제 시조는 그가 비류든 온조든, 고구려 시조인 주몽을 조상으로 하고 있기 때문에 천손 의식을 그 바탕에 깔고 있다고 볼 수 있습

니다. 그리고 만일 이 신화가 백제인의 정서를 담고 있고, 백제의 시조가 부여나 고구려 계통이라는 사실이 당시에도 백제 건국의 신성성을 뒷받침하는 기능을 했다면, 이것은 굉장히 의미심장한 일일 것입니다. 만일 그렇다면, 이 사실은 당시에도 삼국이 서로 같은 뿌리라는 의식과 자부심이 있었다는 것을 증명하는 분명한 사례가 될 수 있으니까요. 이것은 좀더 연구가 필요한 부분이지만, 고구려·백제·신라가 모두 삼국 통일의 의지를 가지고 있었다는 점에서 보면 최소한 같은 뿌리라는 의식은 있었다고 보아야 할 것입니다.

삼국의 시조 신화는 단군신화보다 현실적입니다. 삼국의 시조 신화에서 천손 의식은 분명히 계승되고 있지만, 고구려와 백제의 시조 신화에서는 단군신화에서처럼 인본주의나 조화 사상을 쉽게 유추해 낼 수 없지요. 신라의 시조 신화만이 그 전통성과 안정성을 드러내고

원구단

원구단은 유교적 의례에 따라 하늘에 제사를 지내기 위해 만든 제천단이다. 고대 국가부터 제천 의식이 행해졌지만, 유교적인 제천 의례(원구제)가 제도화된 것은 고려 시대부터였다. 원구제는 문명국에 사대하는 성리학적 이념 때문에 고려 말부터 제대로 시행되지 않았다. 본 사진은 1897년 대한제국 시절에 건립되었다가 1914년 일제에 의해 철거된 원구단의 일부로, 현재 조선호텔 안에 있다.

있다고 할 수 있습니다. 단군신화에서 하늘을 대표하는 환웅과 땅을 대표하는 웅녀의 결합을 '양극의 조화'로 풀이했습니다. 이로부터 우리 고유 사상의 핵심을 '양극적 대대 관계의 창조적 조화'의 세계관으로 본다면, 삼국 중 어느 나라의 사상이 이것을 가장 잘 계승했다고 할 수 있을까요?

그것은 바로 신라입니다. 전통적인 조화관의 계승, 그리고 이를 바탕으로 한 외래 사상의 주체적인 수용이, 바로 신라가 삼국을 통일할 수 있었던 힘이었습니다. 그리고 그 힘의 구체적인 발현에 '화랑'이 있었습니다. 우리가 앞서 살펴본 고유 사상으로서의 풍류도가 신라 화랑의 기본 정신이었지요. 고구려는 수렵 문화와 농경 문화가 혼재해 있었지만, 이것을 창조적으로 조화시키지 못했습니다.

《북사北史》〈동이전東夷傳 고구려조高句麗條〉에 의하면, "신을 제사

지내는 신묘神廟가 두 곳이 있다. 하나는 부여신扶餘神인데, 나무를 깎아서 부인婦人의 모습을 만들어 놓았다. 또 하나는 고등신高登神인데, 이것은 그들의 시조로 부여신扶餘神의 아들이다."라고 하였습니다. 부여신은 여신으로서 주몽의 어머니 유화의 신으로 농경신입니다. 그리고 고등신은 활을 잘 쏘는 주몽의 신으로 유목민의 신입니다. 이 두 신이 모자母子이기 때문에 한 신묘에 함께 모실 수 있음에도 불구하고 두 신묘를 따로 모셨다는 사실은 농경 문화와 유목 문화가 하나로 융합되지 못했음을 의미합니다. 고구려가 넓은 강토와 수렵민으로서의 용맹한 기상을 가지고도 삼국을 통일하지 못한 것은 양극적인 대립을 창조적 조화로 승화시키지 못하고 내부적 갈등을 안고 있었기 때문입니다. 또 백제는 여러 번 유민이 흡수되는 과정을 거치면서 훌륭한 다양성 문화를 구축하긴 하였지만, 신라 문화의 통일성과 결속력을 넘어서지는 못했다고 할 수 있습니다.

다음 장에서 각국의 철학 기반과 외래 사상의 수용 양상에 대해 좀더 구체적으로 살펴보도록 하겠습니다.

02 국가 체제의 정비와 유교 사상

공자가 정립한 유학 사상이 우리나라에 들어온 시기에 대해서는 여러 가지 설이 있지만, 보통 중국에서 유교를 국교로 삼았던 한나라 대라고 봅니다.

하지만 이러한 유학 사상을 완전한 외래 사상이라고 볼 수는 없습니다. 왜냐하면 중국 고대 문명의 개척자는 한족漢族이 아니라 동이족東夷族이었기 때문입니다. 《설문해자說文該字》에 의하면, 이夷는 '大(대)'와 '弓(궁)'이 합쳐진 글자로 동방의 수렵민을 가리키는 칭호인 동시에 '인仁'과 같은 뜻이라고 합니다. 그리고 《후한서後漢書》〈동이전東夷傳〉에서는 "동방을 이夷라고 한다. 이夷는 곧 뿌리이며 어질고 살리기를 좋아한다고들 한다. 모든 것은 땅에 뿌리박고 있으므로 천성이 유순하고 도道로써 다스리기 쉬워서 군자의 나라이자 죽지 않는 나라[不死國]가 된 것이다."라고 했습니다. 이런 동이족의 중심에 우리 조상인 한韓·예濊·맥貊이 있었습니다. 동이족은 춘추 시대까지도 큰 세력을 떨치고 있었습니다. 그러나 산시성·후베이성·허난성·장쑤

좀더 알기

✖ 동이족

선진先秦 시대 이전에 중국 대륙에 살았던 민족은 화하계와 비화하계의 두 부류로 나뉘어져 있었다. 화하계는 서쪽, 비화하계는 동쪽에 있었다. 동이족은 중국 내륙의 토착 세력인 화하족이 동쪽에 사는 다른 토착 민족을 지칭했던 것이다. 은나라 대에 인방人方이라는 이족夷族 집단이 있었고, 《죽서기년竹書紀年》을 비롯한 선진 시대의 문헌과 금석문에서 '동이'를 뜻하는 다양한 명칭이 발견된다. 여기에 표현된 이족과 동이족은 산둥성·장쑤성 북부 일대에 거주한 족속을 말하는데, 이들은 단순한 이민족異民族이 아니라, 뒤에 중국 민족과 문화를 형성하는 중요한 요소가 되었다. 그러나 진나라와 한나라 이후로 중국 대륙이 통일되면서 동이의 개념이 달라진다. 진나라가 중국을 통일하게 되자 산둥 지역에 살던 동이족이 진나라의 지방행정조직에 편입되거나 흩어진 것이다. 그러면서 동이는 선진 시대까지 중국의 동부 지방에서 활약한 '동이'와는 달리 중국 대륙 밖의 이민족을 칭하는 것으로 변한다. 한漢나라 대의 중국인은 중국 대륙 변방의 종족을 동이東夷·서융西戎·남만南蠻·북적北狄이라 불렸는데, 동이는 바로 동쪽에 있던 종족을 가리킨 말이다. 이 시기의 동이족에는 한·예·맥 계통의 우리 민족과 읍루와 왜족이 속했다.

그런데, 선진 시대 이전과 이후의 동이가 전혀 무관하고 계승성이 없다면 우리 민족이 중화 문명의 형성과 관련 있다고 할 수는 없을 것이다. 실제로 많은 학자들이 《후한서》〈동이전〉 서문에서 은·주와 춘추전국 시대의 '동이'와 한나라 이후 사서에 등장한 동이를 구분하지 않고 써서 동이 개념에 대한 혼란이 일어난 것이고 우리 민족이 중화 문명에 결정적인 영향을 미친 '동이'와는 관계가 없다고 한다. 하지만, 《후한서》에서 동이 개념을 혼동하여 쓴 원인을 단순한 불찰이 아닌 것으로 의심해 볼 수도 있다. 이 문제는 많은 고고학적 자료가 뒷받침되어야 할 것이기 때문에 쉽게 단언해서는 안 된다. 또 우리의 뿌리를 선진 시대 이전의 동이에 두는 의식은 단순한 민족주의적 시각에서 최근에야 형성된 것이 아니고, 고대로부터 오랫동안 이어져 온 것이라는 사실도 무시할 수 없다.

성・안후이성 등지의 동이인 우이嵎夷・회이淮夷・내이萊夷・서이徐夷 등은 진나라 통일 이후에 점차 한족에 편입 및 동화되어 버렸고, 산둥성・차하얼성・만주・연해주・한반도・구주 등지의 동이인 한・예・맥만이 동이로서 존속하게 됩니다. 한・예・맥은 동이 가운데서도 문화가 높아 공자는 "뗏목을 타고 구이九夷에 가고 싶다."고 했고 "그 나라에는 인현仁賢이 교화敎化함으로써 도道를 행할 수 있다."고 했습니다. 그러므로 공자에 의해 정립된 유학 사상의 바탕에는 우리 조상의 문화가 깃들어 있다고 할 수 있습니다.

고구려, 도로 다스리라는 유시를 받들다

유학에서 정치다운 정치는 '인정仁政'을 말하는데, 고구려는 일찍부터 인정을 정치의 요체로 삼았습니다. 시조인 동명왕이 임종 시에 세자 유류에게 "도道로써 치화治化를 일으키라."고 말한 이후로, 인仁과 덕德을 정치의 표준으로 삼는 것은 고구려의 오랜 전통이 되었습니다. 또한 국초부터 현량한 인재를 등용하기 위하여 여러 차례에 걸쳐 영을 내려 이들을 천거하도록 하였는데, 이것은 유학의 경전인 《서경書經》〈대우모大禹謨〉에서 이른바 "초야에 묻혀 있는 현자가 없도록 하라."고 한 정치적 명제와도 일맥상통하는 면입니다. 아울러, 태학이 성립되기 이전부터 덕 있는 현자를 존중하는 기풍과 선비 정신이 뿌리내리고 있었다고 할 수 있겠습니다. 고구려의 태학太學은 국가 최고의 국립 교육기관으로, 소수림왕 2년(372)에 건립되었는데, 이때를 유학 사상이 완전히 정착된 때로 봅니다. 이 시기를 전후로 하여 국가 체제를 정비하는 과정에서 선진 문물제도가 적극 수용되었고, 한 국가의 형벌법과 행정법 체계인 율령도 반포되었습니다.

태학의 교육에 대해서는 상세히 전하는 바가 없으나, 중국의 영향으

고구려 고분 무용총의 수렵도
고구려인의 활발한 기상을 엿볼 수 있다.

로 유교의 오경五經을 중심으로 하면서 역사학과 문학 등을 가르치고, 다른 한편으로는 전통적으로 내려오는 무술도 함께 수련하여 문무文武 겸전兼全을 추구했던 것으로 보입니다. 기록에 의하면, 영양왕 대 태학박사 이문진李文眞(?~?)이 《신집新集》을 편찬했다고 했는데, 이것은 중국의 오경박사 제도가 수용되었다는 사실을 입증하며, 오경이 교육의 중심이 되었다는 사실에서는 고구려의 통치 이념이 유학 사상에 입각하고 있음을 알 수 있습니다.

고구려에는 태학 이외에도 평민들의 교육을 담당하는 경당扃堂이 있었습니다. 경당에서도 태학과 마찬가지로 유교 경전을 중심으로 한 사학과 문학 서적을 익혔고, 동시에 무술을 훈련하였습니다. 이것은 평상시에는 각자 생업에 종사하면서 문무를 함께 닦고, 유사시에는 국민 모두가 전장에 나설 수 있도록 한 상비군 제도의 역할도 하였습니다. 문무를 함께 숭상하는 것은 고구려의 전통 사상에 입각한 것이지만, 유학의 중용 사상과도 맥을 같이한다고 볼 수 있습니다.

국가가 정책적으로 유학을 수용하면서부터 생활에도 많은 변화를 가져왔습니다. 혼례에서는 매매혼과 같은 풍습이 사라지고 상례에서도 부모와 남편이 죽었을 때는 삼년복을 입는 등, 유교적 풍습이 민간에도 널리 행해졌습니다. 또 유학이 유입되면서 효에 대한 관념이 더욱 강화되고 이에 따라서 조상 숭배도 더욱 성하게 되었습니다.

백제, 오경박사로 일본까지 배움을 전하다

유학은 정치적 성향이 강하기 때문에, 고구려 · 백제 · 신라 삼국이 유학을 수용하는 시기는 대개 각국의 체제 정비가 진행되는 시기와 일치합니다. 백제도 고구려와 마찬가지로 국가 체제 개편에서 유학 사상이 직접적인 영향을 미치게 됩니다. 백제는 고이왕 27년(260)에 육좌평六佐平을 비롯한 16관등官等이 설치되고 공복제公服制가 제정됨으로써 관제의 기본 토대가 마련되었습니다. 또, 웅진熊津 시대(475~538)에 이르러서는 중앙관제뿐만 아니라 지방의 군현제郡縣制까지 정비되었습니다.

그런데, 여기서 육좌평 제도는《주례》에 나오는 육전조직六典組織을 수용한 것으로 보이며, 16관등의 명칭이나 공복의 복색, 중앙 관제 및 지방행정기구의 편제 등에는 음양과 오행 사상, 그리고 십간 · 십이지의 관념이 깔려 있습니다. 또, 부족 집회소가 발전한 중앙정치기구인 남당南堂은 유교 경전인《예기》〈명당위明堂位〉편에 나오는 '명당' 제도를 수용한 것으로 볼 수 있습니다. 남당은 초기에는 국가의 정사를 논의하고 집행하는 기구였으나 이후로 정치 기구가 복잡해지고 행정기구가 분화되면서 중대 회의나 그 밖에 의례적인 의식을 행하는 것으로 변모하였습니다.

이 밖에도 역대 임금이 어려운 백성을 구제하는 정책에 힘썼던 것을 유교 이념과 연관 지어 볼 수 있습니다.《삼국사기》에 의하면 비류왕 9년(312)에 왕이 사람을 보내 의지할 곳 없는 사궁민四窮民을 보살피도록 했다고 합니다. 사궁민이란 궁핍한 네 부류의 백성이란 뜻으로 환鰥 · 과寡 · 고孤 · 독獨, 즉 늙고 아내가 없는 홀아비, 늙고 남편이 없는 홀어미, 어리고 아비가 없는 고아, 자식이 없는 노인을 뜻합니다. 이들을 보살피는 것은 백제뿐만 아니라, 고구려에서도 유의有意했던 일이고 반드시 유학 사상에 입각한 것이라고는 할 수 없습니다. 하지만, 유학에서 이러한 휼민 정책을 '양민지정養民之政' 이라 하여 기본 정책으로 규정하고 있는 만큼 유학 사상과 무관하다고 할 수도 없습니다. 그리고《주서》〈백제전〉에 의하면 풍년과 흉년에 따라 세금을 차등하게 징수하는 내용이 나오는데, 이것도 유학에서 '형벌을 덜고 세금을 적

생활보호 대상자를 보호하라 비류왕

제자백가

춘추전국 시대의 여러 학파. 공자·
관자·노자·맹자·장자·묵자·열
자·한비자·윤문자·손자·오자·
귀곡자 등의 유가·도가·묵가·법
가·명가·병가·종횡가·음양가 등
을 통틀어 이른다.

노반박사

불탑의 상륜부相輪部를 주조하는 기
술자를 말한다.

아직기

백제의 학자. 경서에 능하였으며, 근
초고왕 대에 왕명으로 일본에 건너
가 오오진 천황應神天皇의 태자의 스
승이 되고, 천황의 요청으로 왕인을
추천하여 일본에 한학을 전하게 하
였다. 아지길사阿知吉師라고도 한다.

게 하는 것을 덕치로 삼는 방침과 관련이 있습니다.

《구당서》〈백제전〉에서는 당시의 지식인 계층이 유교 경전을 비롯한 중국의 제자백가*서와 역사서 등을 폭넓게 읽고 있었으며, 외교 문서를 작성하는 수준도 상당하였던 것으로 나옵니다. 백제의 한학 수준은 상당히 높아서 여러 편찬 사업을 하였는데, 그중에 대표적인 것이 《서기書記》입니다. 고구려에도 《유기留記》라는 역사서가 있었다고 하는데, 이들은 모두 아쉽게도 전하지 않습니다. 그리고 근초고왕 대는 이미 박사 제도가 있었습니다. 고구려의 경우처럼 태학과 같은 국립교육기관이 있었다는 구체적인 기록은 없지만, 여러 박사에 대한 기록을 통해 고구려보다 먼저 교육기관을 설치했을 것으로 추정되고 있습니다. 무령왕과 성왕 연간에는 경전박사인 오경박사를 비롯하여 기술박사인 역박사曆博士·노반박사露盤博士*·의박사醫博士 등 여러 분야의 박사가 있어 학문과 기술을 비롯한 문화 부흥에 큰 역할을 담당하였습니다. 그리고 이러한 박사 제도를 통해 양성된 우수한 학자·문인·기술자·승려들은 왜국에 파견되어 왜국의 학술을 진흥시키는 데 중요한 역할을 합니다. 무령왕 13년(513)에는 오경박사 교대제交代制가 시행되어 우리가 잘 알고 있는 아직기阿直岐(?~?)*와 왕인王仁 이후로도 단양이·고안무·왕유귀·마정안 등이 교대로 일본에 파견되었습니다.

백제 문화는 여러 부문에 걸쳐 왜국에 전파되어, 아스카 시대의 수준 높은 문화를 탄생하게 하고 왜국의 문물제도 정비뿐만 아니라 정신적인 측면까지 상당한 영향을 끼쳤습니다.

신라, 화랑도와 함께 나라의 힘을 키우다

신라는 한반도의 동남부에 치우쳐 있는 지리적 여건상, 고구려나 백제에 비해 외국과의 교류가 빈번하지 않았습니다. 그래서 초기에는 정

치·문화 면에서 다른 나라에 비해 국제적인 감각에 뒤쳐지는 부분이 있었습니다. 그러나 이런 반면에 자국의 고유성을 잘 간직했기 때문에 고유한 문화를 기반으로 하면서, 점차 외래문화를 수용하여 독특하고 조화로운 문화를 구축하였습니다. 신라에 유학 사상이 보급된 것은 4세기 내물왕 대로 봅니다. 그러다가 지증왕·법흥왕 대의 체제 정비를 기점으로 사회 전반에 폭넓게 전파되었습니다.

지증왕 3년(502)로부터 법흥왕 23년(536)에 이르는 시기에는 순장 제도를 금지하고 '신라新羅(덕업일신德業日新, 망라사방網羅四方)'라는 국호를 제정하였습니다. 또 종래 방언으로 일컬어져 왔던 왕의 명칭을 통일하고 유교식 연호를 사용하며, 중국식 상복제喪服制와 지방 군현제郡縣制를 제정하고 율령을 반포하는 등 유학 사상을 바탕으로 국가 체제와 사회 질서를 유지하려고 하였습니다. 진흥왕 대에는 유학 사상에 입각한 왕도 정치를 내외에 표방하고 《국사國史》를 편찬하기도 하였습니다. 진흥왕은 말년에 출가할 정도로 불교를 독신하였지만, 정치 이념으로서는 유학 사상을 매우 중시하였습니다. 진흥왕의 순수비 가운데 황초령비黃草嶺碑와 마운령비磨雲嶺碑를 보면 제왕의 치화治化가 중요함을 강조하고, 자신을 닦아 다른 사람을 편안케 하는 것이 제왕의 본분임을 지적하고 있습니다. 또 진흥왕 자신의 즉위가 하늘의 뜻에 의한 것인 만큼 나라를 다스리는 것이 천도에 어긋나지 않도록 항상 노력하겠다는 다짐도 보입니다. 이러한 덕치德治에 대한 신념은 임금뿐만 아니라 신하들에게도 확고한 것이었는데, 그 대표적인 예로는 진평왕 대 김후직金后稷(?~?)의 충간忠諫을 들 수 있습니다.

《삼국사기》〈열전列傳〉에서는 다음과 같이 전합니다.

김후직은 지증왕의 증손으로 진평대왕을 섬겨 이찬이 되고 병부령兵部令에 전임되었다. 대왕이 자못 사냥을 좋아하므로 후직이 간하였다.

"옛날의 임금은 반드시 하루에도 만 가지 정사를 보살피되 깊고 멀리 생각하고, 좌우에 있는 바른 선비들의 직간直諫을 받아들이면서, 부지런하여 감히 편안하게 놀기를 즐기지 않았습니다. 그런 후에야 덕스러운 정치가 깨끗하고 아름다워져 국가를 보전할 수가 있었습니다. 지금 전하께서는 날마다 미친 사냥꾼과 더불어 매와 개를 풀어 꿩과 토끼들을 쫓아 산과 들을 달리어 스스로 그치시지 못합니다. 노자老子는 '말 달리며 사냥하는 것은 사람의 마음을 미치게 한다' 고 하였고, 《서경書經》에는 '안으로 여색에 빠지고 밖으로 사냥을 일삼으면, 그중의 하나가 있어도 혹 망하지 않음이 없다' 고 하였습니다. 이로써 보면, 안으로 마음을 방탕히 하면 밖으로 나라를 망하게 하는 것이니 반성하지 않을 수 없습니다. 전하께서는 유념하십시오."

왕이 따르지 않았으므로 또 간절히 간하였으나 받아들이지 않았다. 후에 후직이 병들어 죽을 즈음에, 그 세 아들에게 말하였다.

"내가 남의 신하가 되어 능히 임금의 나쁜 행동을 바로잡아 구하지 못하였다. 아마 대왕이 놀이를 그치지 않으면 패망에 이를 것이니, 이것이 내가 근심하는 바다. 내가 비록 죽더라도 반드시 임금을 깨우쳐 주려 생각하니 모름지기 내 뼈를 대왕이 사냥 다니는 길가에 묻으라."

아들들이 모두 그대로 따랐다. 후일에 왕이 출행하여 반쯤 갔을 때 소리가 먼 데서 나는데 "가지 마십시오." 하는 것 같았다. 왕이 돌아보며 "소리가 어디서 나는가?" 물으니, 시종하던 사람이 고하기를 "저것이 이찬 후직의 무덤입니다." 하고 후직이 죽을 때 한 말을 얘기했다. 대왕이 눈물을 줄줄 흘리며 말하기를 "그대의 충성스러운 간함은 죽은 후에도 잊지 않았으니, 나를 사랑함이 깊도다. 만일 끝내 고치지 않으면 살아서나 죽어서나 무슨 낯을 들겠는가?" 하고, 마침내 종신토록 다시는 사냥을 하지 않았다.

유학에서는 임금의 통치 행위나 명령이라 하더라도 그것이 부당할 때에는 맹종하지 않고 올바른 도리에 따르도록 목숨 걸고 설득하는 간법을 상당히 중요시합니다. 김후직의 충간은 이와 같은 간법의 전형에 해당한다고 할 수 있지요. 김후직의 일화는 조선 시대까지 귀감이 되어 그의 충절을 기리는 묘비도 세워집니다.

신라사에서 중요한 역할을 했던 화랑도도 유학 사상에 영향을 받은 흔적이 적지 않습니다. 화랑도는 도의로써 개인의 인격 완성을 도모하고 심신을 단련하여 국가에 유용한 인재를 양성하기 위해 조직된 단체로서, 풍류도風流徒 · 풍월도風月徒 · 국선도國仙徒 등 여러 가지 이름으로 불렸습니다. 화랑도가 창설된 배경에는 나라를 새롭게 일으킨다는 명제가 깔려 있었는데, 이런 점이 화랑도와 유학 사상이 만나게 되는 접점이 되었습니다. 화랑도는 본래 유 · 불 · 도 삼교의 사상적 요소를 포함한 풍류도를 지도 이념으로 하였지만, 삼국 통일 이전에는 유교적 색채가 강했다고 할 수 있습니다. 이 점은 화랑도의 구체적인 실천 윤리인 세속오계世俗五戒에서 잘 드러납니다. 원광법사가 화랑인 귀산과 추항에게 전수한 세속오계는 말 그대로 '세속에 알맞은 계율'로 불교에서의 계율은 아닙니다. 오계의 내용은 사군이충事君以忠 · 사친이효事親以孝 · 교우이신交友以信 · 임전무퇴臨戰無退 · 살생유택殺生有擇인데, 이들은 각각 충忠 · 효孝 · 신信 · 용勇 · 인仁으로 해석할 수 있어 유교의 실천 윤리와 관계가 깊습니다. 특히 살생유택은 유교 경전인 《예기》와 《맹자》의 내용 속에서 미물을 함부로 죽이지 말고 때를 가려잡아야 한다는 부분과 일치합니다.

원광법사가 귀산과 추항에게
세속오계를 내려주는 모습을 담은 벽화

◀ 임신서기석
국립 경주박물관 소장

또 화랑인 듯한 신라의 젊은이들이 남긴 〈임신서기석壬申誓記石〉의 내용을 보면 무엇보다도 '충'을 중요시한 당시의 시대정신을 엿볼 수 있습니다.

임신년 6월 16일에 두 사람이 함께 맹세하고 기록한다. 하느님 앞에 맹세한다. 지금으로부터 3년 이후로 충도忠道를 잡고 지켜 과실이 없기를 맹세한다. 만약 이 일을 잃으면 하느님께 큰 죄를 얻을 것이라고 맹세한다. 만약 나라가 불안하고 세상이 크게 어지러우면 모름지기 충도를 행할 것을 맹세한다. 또 따로 앞서 신미년 7월 22일에 크게 맹세하여 《시경》·《상서》·《예기》·《춘추전》을 3년에 차례로 습득할 것을 맹세하였다.

여기서 충도를 강조하고 있는 점은 존망을 다투던 삼국 시대의 치열한 시대상을 대변해 주는 것이라 할 수 있습니다. 그리고 이러한 시대 상황 속에서 국가 체제 발전에 가장 적절하게 부응했던 유학 사상은 고대 사회에 뿌리 깊게 인식될 수밖에 없었습니다.

좀더 알기

✖ 유교

유교는 공자로부터 체계적으로 정립되기 시작한 학문으로 유학儒學, 혹은 유도儒道라고도 한다. 역사적으로 보면, '유儒'는 본래 예를 가르치는 '은 민족의 교육자'를 지칭하는 말이었다. 은이 멸망하고 핍박받는 상황에서도 이들의 '유'는 계속해서 은 민족의 종교와 전례를 보존하고 전통적인 복장을 착용했다고 한다. 그러다가 주의 통치 계급이 예교禮教를 받아들이게 되었는데, 이로부터 '유'는 사학私學의 교육자를 부르는 말로 굳어졌다.

또 《설문해자說文害字》에서 '유'는 부드럽다(유柔), 젖다(유濡), 물에 젖어 윤택하다(윤潤) 등의 의미로 되어 있다. 유추해 보면 '유'는 어진 이가 가르친 도를 배우고 익혀서 자기 몸에 젖게 한다는 뜻으로 풀이할 수 있는 것이다. 공자의 대화록인 《논어論語》에는 그가 제자인 자하子夏에게 "너는 군자유君子儒가 되고 소인유小人儒는 되지 마라."고 한 말이 나온다. 여기서 군자유는 옛 성현의 가르침을 몸에 익혀 행동으로 실천하는 사람을 말하고, 소인유는 성현의 가르침을 지식으로만 활용하는 사람을 말한다. 공자는 이와 같이 '유'의 개념을 체계화시켜서 군자유를 지향하게 했다.

공자가 태어난 춘추春秋 시대는 주나라의 봉건 제도가 무너지고 제후들이 난립했던 혼란기였다. 공자는 이러한 시대를 무도無道한 세계로 규정하고 요순 시대나 주나라 대처럼 도道가 있는 세상을 만들고자 했다. 여기서 도가 있는 세상이란 인간이 자연의 섭리대로 질서 있고 조화롭게 사는 세상을 말한다.

공자는 마음속의 물욕을 이겨 내서 자연의 이치를 바탕으로 한 인간의 질서로 돌아가자는 '극기복례克己復禮'를 강조했다. 그리고 혼란 속에서 질서를 되찾는 구체적인 길은 예禮와 악樂으로 조화로운 통치가 이루어진 주나라의 문물제도를 되살리는 것이라고 보았다. 공자는 자신이 "옛것을 조술했을 뿐, 창작하지는 않았다."고 하였는데, 실제로 그의 가르침은 은 대의 종교적인 상제上帝 관념, 주대의 천명天命 사상과 조상숭배 사상, 그리고 인륜 질서인 예의 제도 등 전통 문화를 바탕으로 한다. 그는 당시까지 전해 오던 우주와 인간 세상에 대한 모든 사상 체계, 곧 윤리 · 도덕 · 철학 · 문물제도 등을 집대성했다. 그렇다고 해서 공자의 사상이 단지 과거의 것을 종합하기만 한 것은 아니다. 공자는 인간의 도덕적 자각과 실천의 자율성이라는 관점을 가지고 기존의 관념들에 새로운 의미를 부여했다. 인간의 존재 근거와 도덕은 하늘로부터 받은 것인데, 그 하늘은 인격신이 아니라 자연의 주재자다. 공자는 신이나 죽음에 대해서 절대 소홀히 할 것은 아니고 삼가야 하는 것이지만, 또한 절대 빠져서는 안 되는 것으로 경계한다. 삶에 대해서도 모르는데, 죽음을 어떻게 알겠냐는 것이다.

공자가 본 하늘의 의미는 기존의 사상과는 많이 달랐다. 기존에는 하늘을 숭배의 대상으로만 봤지만, 공자는 존재와 도덕의 근거이자 합리적인 이치로 해석했다. 공자는 인간의 자각과 실천을 강조하는 다분히 현실 중심적이고 설득적인 논리를 폈다. 그래서 혼란 속에서 질서를 되찾는 구체적인 길을 예禮와 악樂의 조화 속에서 찾았다.

공자의 가르침에는 기본적으로 자기 내면을 수양하고 다른 사람도 가르쳐서 세상의 도덕 질서를 이끌어 나간다는 사명감이 깔려 있다. 그리고 이것은 사랑(인仁)으로 구체화된다. 여기서 사랑은 무차별적인 사랑이 아니라, 자기에게서 가까운 사람부터 지극히 사랑하고 남을 사랑하는 것이다. 즉 사랑에도 단계가 있는 것이다. 또 다르게 말하면, 내 부모와 형제를 사랑하는 마음을 미루어 남의 부모와 형제를 사랑하는 것이라 할 수 있다. 공자의 제자인 증자는 공자의 가르침이 '항상 자기 자신에게 충실하고(충忠) 이것을 미루어 가는 것(서恕)'으로 일관된다고 했다. 이런 사랑은 구체적으로는 부모님에 대한 사랑, 즉 효孝에서부터 시작된다. 공자는 효가 예를 행하는 근본이라 했다. 제사를 지내는 것도 오늘날의 나를 있게 한 조상에 대한 감사를 표하는 것으로 효의 연장선상에 있다.

도덕 질서를 이끌어 가는 사람은 군자君子이고, 군자가 인격적으로 완성되어 마음 가는 대로 해도 도를 넘지 않는 경지에 이른 사람은 성인聖人이다. 유학에서는 이런 성인聖人이 다스리는 사회를 가장 이상적인 사회로 보고, 이것을 유자가 이루어 내야 할 최종 목표로 삼았다. 따라서 유학은 항상 정치와 관련되는 것이다. 공자는 정치에서 대의명분과 의리를 중시한다. 그는 이름(명名)에 합당한 역할과 명분이 있어야 일이 순리대로 이루어진다고 하여 이름을 바로잡고 명분을 세우는 정명론正名論을 폈다. 또 항상 백성이 나라의 근본이라는 민본주의를 표방했다. 《서경書經》에 이미 '백성은 가까이 사랑해야지, 내려다봐서는 안 된다. 백성이 나라의 근본이니 근본이 굳건해야만 나라도 편안하게 된다'고 하였다. 뒤에 공자를 이어받은 맹자는 '백성이 귀하고 사직이 그 다음이고 임금은 가장 아래다'라고 하여 백성을 나라의 주인으로 삼았다.

공자가 죽은 뒤에 유가는 여덟 가지 파로 나뉘었는데, 유학 이론을 발전시킨 학파는 자사·맹자·악정자 등의 사맹학파思孟學派와 순자를 중심으로 한 순자학파荀子學派다. 사맹학파思孟學派는 인간은 본래 선하다는 성선론性善論을 폈다. 그리하여 선한 본성의 단서들을 확충하여 욕심에 가려진 착한 마음을 회복하라고 했다. 또 정치는 이로움이 아닌 의로움을 기준으로 해야 한다고 했다. 반면에 순자는 인간의 본성은 본래 이기적이고 악해서 반드시 성인의 법칙인 예를 통해서 바로잡아야 한다고 했다. 순자학파의 학문은 전국 시기 이후로는 쇠퇴했다. 그러나 사맹학파의 학문은 한 대 이후부터 유학의 정통으로 자리 잡았다.

03 국제적 사상 교류와 불교

삼국의 왕성

고구려는 해解 씨에서 고高 씨로, 백
제는 해解 씨에서 부여夫餘 씨로, 신
라는 박朴 씨에서 석昔 씨로 바뀌었
다가 다시 김金 씨로 바뀜

한국에 불교가 수용된 시기는 대체로 고구려·백제·신라 삼국이 중앙집권국가로서의 체제를 정비할 무렵이었습니다. 당시 사회상은 이전보다 복잡하고 다양해져 태양을 비롯한 여러 자연 현상을 신으로 모시는 샤머니즘과 점술이라는 원시 종교로서는 더 이상 유지될 수가 없게 되었습니다. 또 이 무렵에 삼국의 왕성王姓*은 모두 바뀌게 되는데, 이것은 전과는 다른 계통의 왕권이 등장한 것을 의미합니다. 다른 계통의 왕권이 등장한 것은 복잡한 정치권력의 변천에 의한 것이겠지만, 여전히 이전의 왕족에 대한 종교적 권위는 유지되고 있었고 새로운 왕권을 제약하고 있었다고 볼 수 있습니다. 그것은 앞에서도 살펴보았듯이, 삼국이 천손 의식을 바탕으로 한 신성 왕권의 신념을 가지고 있었기 때문입니다. 새로운 왕권은 자신의 권력을 강화하기 위해 다른 이념을 필요로 했고 여기에 불교가 부응했던 겁니다. 불교에서는 하늘의 권위와 결정권을 인정하지 않습니다. 모든 것은 인간의 주체적인 사유와 행위에 의해 결정된다는 '인과론적' 사유가 새로운 왕권이 기존

왕권의 기반을 약화시킬 수 있는 이념으로 작용했습니다.

특히 신라에 있어서는, 불교로부터 알려진 전륜성왕轉輪聖王*이라는 개념이 하늘이 내려준 무교적 성왕에 맞설 새로운 성왕의 출현을 사상적으로 뒷받침하였습니다. 더 나아가서는 전륜성왕이 다스리는 불국토의 건설이 정복 전쟁을 합리화할 정치적 이데올로기가 될 수 있었습니다. 불교는 주로 정신적 측면에서 사회의 갈등과 모순을 종교적으로 끌어올려 해소하였고, 결과적으로는 국민 사상을 통합시켜 국력을 강화시키는 역할을 하였습니다.

고구려, 삼론종의 대가가 나오다

고구려는 소수림왕 2년(372)에 전진前秦의 왕 부견符堅이 순도順道라는 승려를 통해 불상과 경문을 전해옴으로써 불교가 전래되었다는 것이 통설입니다. 고구려에서는 대승 불교인 삼론종三論宗이 크게 발달하였습니다. '삼론'은 용수龍樹(150?~250?)의《중관론中觀論》과《십이문론十二門論》, 제바提婆(?~?)*의《백론百論》을 말하는데, 모든 존재와 앎의 고정적 실체를 부정하는 공空 사상을 주 내용으로 합니다.

장수왕 대의 고승 승랑僧郎(?~?)*은 삼론학을 깊이 연구하고 그 사상 체계를 완성하여 북방 불교권에서 삼론학 분야의 선구자가 되었습니다. 승랑은 당시에 중국에서 유행하던 '성실종成實宗'에서 지나치게 '공空'에 집착하는 것을 비판하였습니다. 그는 성실종의 공 개념은 소승의 이론으로서, 대승 삼론의 공 개념과는 다른 것으로 구분하였습니다. 승랑은 애초에 '공'이라는 것이 절대적 진리가 아니고, 모든 것을 파하여 아무것도 없게 하려는 것도 아니라고 하였습니다. 그는 공 사상이 깨달음으로 가기 위한 수단이기 때문에, 존재의 실체가 있다고 하는 세속적인 진리든, 없다고 하는 궁극적인 진리든 어느 것에도 집착

전륜성왕
산스크리트어인 cakra(輪)와 vartin(轉)이 합성되어 파생된 말로서 '자신의 전차바퀴를 어디로나 굴릴 수 있는', 곧 '어디로 가거나 아무런 방해를 받지 않는' 통치자를 뜻한다. 즉 진리와 정법에 입각해서 통치하면 법륜이 나타나 진리의 통치자임을 확인시켜 주고, 이 법륜이 장애를 없애 주어 진리의 통치를 확산시킨다는 왕이다. 전륜성왕은 속세에서 석가모니와 같은 존엄을 지닌 존재로서 석가모니와 공통되는 다수의 특성들을 소유하고 있다고 여겨진다.

제바
석가모니의 사촌동생

승랑
고구려 대《삼종론三宗論》을 지어 유명해진 승려다. 이후 양梁의 무제가 대승으로 개종하는 데 큰 역할을 했다.

공(空)에게 너무 집착하는거 아냐?

하지 않는 '중도'가 그 바탕이 되어야 한다고 보았습니다. 그의 가르침은 신라의 법랑法朗(549~623)*에서 중국 삼론종의 대성자인 길장吉藏(508~581)*까지 이어집니다. 그리고 영류왕 8년(625)에는 혜관慧灌(?~?)*이 일본에 건너가 삼론종을 널리 전파하여 일본 삼론종의 시조가 되기도 합니다.

고구려 말기에는 유·불·도 삼교를 조화시키고자 하는 정책에 따라 당나라에서 도교를 수용하고 상대적으로 도교를 우대하면서 불교가 위축되었습니다.

백제, 생활 속의 계율을 중시하다

백제에서는 침류왕 1년(384)에 서역의 포교승인 마라난타가 동진東晉으로부터 백제 사신과 함께 들어와 전교함으로써 불교가 시작되었습니다. 백제에서는 성실학成實學*과 함께 계율을 중시하는 율종律宗*이 크게 발달하였습니다. 위덕왕 37년(590)에는 일본의 승려 젠신善信과 아니阿尼가 백제에 와서 3년 동안 율학을 배우고 돌아가 일본 율학의 비조가 되었습니다. 이와 같이 백제에서 발달한 율학의 내용이 현재까지 분명하게 전해지는 것은 아닙니다. 하지만《삼국사기》를 보면, 법왕 1년(599) 전국에 영을 내려, 살생을 금하고 민가에서 기르는 매를 놓아주게 하고, 고기 잡고 사냥하는 기구를 모두 불태우게 했다는 기록이 나옵니다. 이것으로 미루어 보면, 백제에서는 살생을 해서는 안 된다는 것과 같은 불교 윤리를 일상생활 속에서 확고하게 실현하고자 했던 것으로 짐작할 수 있습니다. 이와 같은 계율중시적 경향은 유교의 예禮 문화와 더불어 조화를 이루었습니다. 백제의 불교는 호국 신앙보다는 국민 개개인의 윤리 규범과 신앙으로 전개되었고, 이를 통해 불교적 윤리 규범에 따른 사회 체제를 형성했습니다. 또 백제에서는 미륵

신앙이 크게 유행하였습니다. 이것은 백제에서 미륵보살반가사유상이 많이 만들어진 것을 통해서도 알 수 있습니다. 백제에서 불교는 이론적이고 철학적인 면보다도 실천적인 면이 더욱 강조되었습니다.

신라, 화엄의 세계관으로 통일 의식을 다지다

고구려와 백제에서는 전진이나 동진의 국가 사절을 통해 불교가 전해졌습니다. 하지만, 신라에서는 민간으로부터 전도가 시작되었습니다. 신라에 불교가 전래된 것은 5세기 중엽이었으나, 전래 초기에 공인 문제를 둘러싸고 귀족 내부에 대립이 있었습니다. 그러다가 훨씬 뒤인 법흥왕法興王(514~540) 14년(527)에 이차돈의 순교를 계기로 국가적으로 공인되었지요. 신라의 불교는 공인 이후에 왕과 귀족의 비호 아래 '귀족 불교'로 발전하게 됩니다. 왕실에서는 자신들의 계층을 신성화하기 위해서 스스로 '찰제리종刹帝利種*'이라고 일컫기도 했습니다. 실제로 신라에서는 역대로 불교식 이름을 갖거나 불문에 귀의한 임금이 적지 않았습니다. 불교를 공인했던 법흥왕이 그 대표적인 인물인데, 그는 말년에 '법운'이라는 이름을 받고 스스로 승려가 되었습니다. 또 법흥왕은 일찍이 전륜성왕이라는 의식을 받아들여 토착 신앙이 팽배하던 신라 사회의 사상적 통합과 왕권 강화를 꾀했습니다. 이러한 의식은 '신라불국토설'과 맞물려 호국의 이념으로 확대되고 더 나아가서는 신라가 통일의 위업을 달성하게 되는 사상적 기반이 됩니다.

찰제리종
산스크리트어인 '크샤트리아ksatriya'의 음사다. 크샤트리아는 고대 인도의 네 계급 가운데 둘째 계급으로, 정치와 군사를 담당하는 왕족·귀족·무사 그룹을 말한다.

▶ 이차돈 순교비와 삽도
국립경주박물관 소장

자장율사

신라 대의 승려. 속성은 김金. 이름은 선종善宗. 신라 십성의 한 사람으로, 당나라에 건너가 계율종을 공부하고 우리나라에 전하였다. 통도사를 짓고 전국 각처에 10여 개의 사탑寺塔을 세웠다.

신라불국토설이 확고하게 자리 잡는 데는 자장율사慈藏律師(590?~658?)라는 승려의 공헌이 컸습니다. 자장은 신라의 땅이야말로 천하의 어느 땅보다도 불교와 인연이 깊은 선택받은 땅이라고 믿고 있었습니다. 《삼국유사》에 의하면 자장이 당나라에 있을 때 어떤 신인神人이 나타나서 "너희 나라의 황룡사黃龍寺에는 내 자식인 호법룡護法龍이 범왕梵王의 뜻을 받들어 선덕왕善德王을 모시기 위해 가 있으니, 그대가 귀국하여 황룡사에 구층탑을 세우면 주위의 여러 나라가 스스로 항복하여 오리라."고 함에 따라 귀국 후 구층 목탑을 세웠다는 기사가 있습니다. 또한 자장이 당나라 오대산을 참배했을 때 문수보살의 진신으로부터, "너희 나라의 황룡사에는 일찍이 인수人壽 2만 세 때였던 아득한 과거세過去世에 가섭불迦葉佛이 석가불과 나란히 앉아 좌선하였던 당시의 돌 방석이 지금도 남아 있느니라."고 하는 영감을 받았다는 기사도 있습니다. 황룡사를 통한 신라불국토설의 제창은 신라 중심의 통일론을 불러일으켰습니다. 그리고 아울러 많은 사람들에게 긍지와 자부심을 가지고 불교에 귀의할 수 있도록 함으로써 불교가 신라 사회에 정착되는 큰 계기가 되었습니다.

신라의 사상적 통합과 삼국 통일에 크게 기여한 불교 사상은 화엄 사상입니다. 화엄의 법계法界(세계관)는 이법계理法界와 사법계事法界로 나뉩니다. '이理'는 절대 평등한 본체이고 '사事'는 상대 차별적인 현상을 말하는데, 중요한 것은 이 둘 사이의 관계입니다. 화엄은 이사무애理事無碍 법계와 사사무애事事無碍 법계를 교의敎義

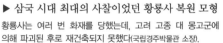

▶ **삼국 시대 최대의 사찰이었던 황룡사 복원 모형**

황룡사는 여러 번 화재를 당했는데, 고려 고종 대 몽고군에 의해 파괴된 후로 재건축되지 못했다(국립경주박물관 소장).

로 합니다. 여기서 '이사무애'란 이와 사가 서로 독립하여 무관한 것이 아니며 현상이 곧 본체라는 것입니다. 또 '사사무애'는 한 선에 평행하는 현상계 만유의 개개사물이 서로 장애되지 않고 계속 융통하여 끝없이 전개되는 우주의 연기緣起를 말합니다.

화엄의 사상에서는 '일즉다一卽多, 다즉일多卽一'이라 하여 일一과 다多, 본질과 현상이 각각 그 속성을 잃지 않으면서도 원만하게 융합하여 걸림이 없다고 합니다(상즉상입相卽相入, 원융자재圓融自在). 이것은 한 가지 일은 다른 모든 일과 현상에 서로 속하는 것이며, 만유 개개의 실체는 본래 서로 떨어져 있는 것이 아니므로 하나하나가 모두 절대이면서 만유와 서로 통한다는 것입니다. 화엄의 세계관은 한마디로 말해서, 만유를 긍정하면서 그 하나하나를 움직이는 보편적이고 통일적인 원리를 그대로 진여眞如*, 곧 진리라고 보는 것입니다. 하나가 곧 일체이고 일체가 곧 하나라는 세계관은 하나의 이념으로 만사를 통섭할 수 있다는 인식과 함께, 정치적으로는 '통일국가'를 상징하는 것으로 받아들여지기에 충분하였습니다. 또《법화경法華經》에서의 회삼귀일會三歸一*의 사상 역시 신라·백제·고구려의 세 나라가 하나의 그릇인 불국토 신라로 통합된다는 사고에 뒷받침이 되었습니다.

신라는 삼국 중에서 가장 주체적으로 외래 사상을 받아들여 그것을 토착화시키는 데 성공했고 그것을 바탕으로 삼국 통일을 이루었습니다. 신라의 화랑도 속에 이런 점이 잘 드러나 있는데, 이것은 다음 장에서 살펴보기로 하겠습니다.

화엄종

화엄종은《화엄경》을 기반으로 하는 불교의 한 종파로, 당대唐代 초에 형성되었다. 초조初祖 두순杜順, 제2조 지엄智儼, 제3조 법장法藏, 제4조 징관澄觀, 제5조 종밀宗密을 화엄 5조라고 한다. 신라 의상대사가 화엄종의 2조인 지엄에게 화엄을 배운 뒤, 신라에 '해동 화엄종'을 제창하면서 화엄 사상이 전래되었다. 화엄학은 의상의 제자와 법손法孫들에 의해 소백산 부석사를 중심으로 널리 전파, 계승되어 조선 초까지 계속 유지되었다. 그러나 1424년(세종 6년)에 종파를 통폐합하는 과정에서 교종으로 흡수되었다.

진여

차별을 떠난, 있는 그대로의 모습이나 모든 분별과 대립이 소멸된 마음 상태, 혹은 궁극적 진리를 말한다.

회삼귀일

법화경의 28품 가운데 앞 14품의 요지를 드러낸 말이다. 부처님이 법화경을 설하기 전에는 성문·연각·보살에 상응하는 세 가지 가르침과 수행[三乘]을 설하였지만 그것은 방편에 지나지 않으며, 결국은 모두 하나의 가르침[一乘]으로 돌아간다는 뜻이다.

좀더 알기

✖ 불교사상

불교는 현세에서의 삶이 모두 고통이라는 존재 인식에서 출발한다. 즉 이 세계를 포함한 육도六道* 세계로부터의 초월과 고통의 멸함을 궁극 목표로 하는 것이다. 불교에 의하면, 인간은 다른 모든 사물과 마찬가지로 본질이 없고 불만족스러운 존재로, 지각과 쌓임의 덩어리가 인과율에 의해 이어지고 연속된다. 모든 것은 이 '연기緣起*'에 의해 생성되었다가 소멸된다. 그렇기 때문에 모든 존재에는 고정된 실체가 없고, 항상 변하지 않는 것도 없다. 그런데도 인간은 느낌[受]·지각[想]·경향성[行]·의식[識]으로 대표되는 심리적 과정의 배후에 주체나 정신적 실체가 있다는 생각을 놓으려 하지 않는다. 따라서 독립적 실재로서의 '내가 존재한다'는 생각을 갖게 되고, 이 때문에 욕망이 생기며 욕망 때문에 고통이 생긴다는 것이다. 그래서 불교에서는 고집멸도苦集滅道, 즉 고뇌·고뇌의 원인·고뇌가 멸한 상태·고뇌를 멸하는 방법을 성찰하고, 이를 통해 영원한 자유를 얻어야 한다고 말한다.

이러한 불교는 다른 사상과 마찬가지로 시대에 따라 많은 변화를 겪게 된다. 먼저, 석가가 입멸한 후에는 그의 가르침을 서로 다르게 해석하는 다양한 교파가 생기게 되는데, 각자 자기 교파의 입장을 정당화하고 다른 교파를 비판하는 과정에서 불교의 논리가 더욱 세밀한 체계를 갖추게 된다. 이것을 부파部派 불교佛敎* 시대라 한다. 이 시기에는 석가의 가르침인 경經과 율律을 문자화시키는 작업 이외에도 여기에 내재한 이론을 체계화

육도
여기서 도道는 상태, 세계를 뜻한다. 따라서 육도六道는 중생이 저지른 행위에 따라 받는 생존 상태를 여섯 가지로 구분한 것인데, 지옥도·아귀도·축생도·아수라도·인도·천도를 말한다. 결국엔 모든 존재 세계를 의미한다.

연기
모든 것이 서로 의존하여 함께 일어나고 소멸하며 나타나고 흩어진다는 것을 말한다. 이것이 있으므로 저것이 있고 이것이 일어나므로 저것이 일어나며, 이것이 없으므로 저것이 없고 이것이 소멸하므로 저것이 소멸한다.

시키는 논서論書까지도 정비된다. 이후에 발생하는 모든 형태의 불교에서 사용하는 개념이 모두 부파 불교의 이론에서 나온 것이다. 부파 불교는 존재의 철학적 분석을 중심으로 하는데, 자연히 실천적 수행보다는 이론에 치중하게 되고 일반 대중보다는 출가한 사제들을 위주로 한 엘리트 불교가 된다. 이러한 부파 불교의 문제점을 개혁하기 위해 일어난 것이 바로 대승 불교다.

대승 불교는 반드시 부처의 법을 이해하고 출가수행을 해야만 한다는 부파 불교의 기본적인 이념에 의문을 제시하면서, 원점에서 다시 시작하여 부처로 돌아가자는 입장을 취한다. 가장 부처적인 삶인 석가의 삶에 주목하면 출가 수행자가 아닌 재가 신자들도 해탈의 주체가 된다는 확신을 갖게 된다. 결국 대승 불교에서는 깨달음을 내용으로 하고 그 실현으로서 타인 구제에 힘쓰는 삶이 불교의 본질이라는 결론을 내리게 된다. 이것이 바로 부처로서의 석가의 삶에 들어 있는 참된 의미요, 보살의 길이라는 것이다. 따라서 '일체 중생이 모두 불성을 가지고 있다'는 확장된 이론이 서게 되고 부처를 보는 관점도 애초의 석가불로부터 삼세불三世佛*과 일체불一切佛로 확대되고 삼신관三身觀*과 여래장如來藏* 사상 등으로 발전된다. 또 수행도 법의 이해를 통한 해탈의 방법보다는 부처와의 일체를 통한 수행론이 강조되었다. 따라서 부처에 대한 염원과 명상, 부처에 대한 믿음,

---

부파 불교

석가모니 입적 뒤 백 년부터 수백 년 사이에 원시 불교가 분열을 거듭하여 20여 개의 교단으로 갈라진 시대의 불교. 독자적인 교의敎義를 전개하여 뒤에 유식唯識 사상의 성립에 중요한 역할을 하였다. 내용은 소승불교와 같다.

삼세불

과거에 출현한 석가모니불과, 현재 극락정토에서 설법하고 있는 아미타불과, 미래에 출현할 미륵불을 말한다.

삼신관

부처의 세 가지 유형을 말한다.
1) 법신法身 : 진리 그 자체, 진리를 있는 그대로 드러낸 우주 그 자체
2) 보신報身 : 중생을 위해 서원을 세우고 거듭 수행한 결과 깨달음을 성취한 부처
3) 응신應身 : 때와 장소, 중생의 능력이나 소질에 따라 나타나 그들을 구제하는 부처

타인 구제에 대한 서원 등 새로운 방법이 등장한다. 그러나 무엇보다 중요한 수행론의 핵심은 이타행과 부처와의 관계를 중시한 것인데, 여기서 보살이 이루어야 할 여섯 가지 완전한 성취(육바라밀)로서 보시布施*·지계持戒*·인욕忍辱*·정진精進*·선정禪定*·반야 般若 바라밀*의 새로운 수행론이 생긴다.

대승 불교는 개혁 운동을 추진해 간 주도 세력에 따라 반야계 대승운동·정토계 대승 운동·화엄계 대승운동·법화계 대승운동 등 다양한 갈래가 있었고 뒤이어 유식계 대승 운동이나 여래장계 대승운동도 일어나게 된다. 각 대승운동들은 나름대로 이론적 기반과 체계를 세우게 되는데, 그 대표적인 학파는 반야계 대승 불교의 중관학파와 유식 대승 불교의 유식학파다. 중관학파를 형성한 사람은 용수龍樹와 제바提婆이고, 유식학파를 형

여래장

본래부터 중생의 마음속에 감추어져 있는 여래(부처)가 될 가능성, 씨앗을 말한다.

보시 바라밀

남에게 재물이나 가르침 등을 베푸는 보시를 완전하게 성취하는 것

지계 바라밀

계율을 완전하게 지키는 것

인욕 바라밀

자기 마음에 거슬리는 것에 대해 마음을 안정시키고 성내지 않는 인욕을 성취하는 것

정진 바라밀

선을 수행하려는 노력을 완전히 하는 것

선정 바라밀

마음을 한곳에 집중하여 완전히 하는 것

반야 바라밀

분별과 집착이 끊어진, 완전한 지혜를 성취하는 것

성한 사람은 무착無着과 세친世親이다. 중관학파는 용수가 저술한 《중론中論》을 기반으로 하는데, 여기서는 모든 있는 것(존재)과 앎(인식)이 공空하다고 한다. 이것은 모든 것이 연기에 의해 생성되었다가 소멸되므로, 연기의 인연을 떠난 고정 불변의 실체인 자성이란 없다는 사실에 주목하였다. 지식도 연기에 의해 성립한다. 안식眼識 · 이식耳識 · 비식鼻識 · 설식舌識 · 신식身識 · 의식意識은 모두 불완전하며 상호의존적 조합으로 이루어진다. 따라서 모든 개념이 공空한 것이다. 이후 중관학파에서는 연기의 원리와 연기를 아는 것 자체도 공한 절대 공空을 주장하고, 유식설에서는 이것을 아는 것은 공空하지 않고 있는 것으로 인정한다.

이러한 대승 불교는 한국 · 중국 · 일본을 비롯한 북방 불교권을 장악하게 된다. 그중에서 중국에 본격적으로 수용된 것은 정치적 · 사상적으로 과도기적인 위진남북조 시대였다. 인도와 사상적 전통이 매우 다른 중국의 정신적 풍토에서 수용된 초기 불교는 도가 사상이 매개된 '격의格義 불교'였다. 그리고 한 대 이후로는 대대적인 불전 번역이 시작되면서, 다수의 경전을 해석하고 가치를 매겨 무엇이 구극의 불설인가를 판단함으로써 불설 전체를 체계적으로 이해하고자 하는 교상판석敎相判釋*, 즉 교판敎判 불교의 시대가 열린다. 중국 불교의 형성과 변형은 모두 현세를 지향하는 사유를 가진 중국인 특유의 의식 구조에 바탕한다. 중국에서는 황제를 정점으로 하고 예에 의한 질서의 실현과 세상을 다스리고, 인민을 구제한다는 정치적 이상주의가 근간으로 존재하고, 이 육체 그대로 영원한 생명을 얻고자 하는 도교적 전통이 있었다. 이들은 모두 현세를 떠나고 세계를 부정하는 것과는 무관한 것이다. 따라서 중국에서의 불교는 그 사상적 깊이를 더하게 하면서 문화의 상층 구조에는 크게 영향을 미쳤으나, 중국인의 세계 인식이나 현세 긍정적인 행복관이라는 심층 구조까지는 변화시키지는 못했다.

교상판석
석가모니의 가르침을 그 말한 때의 차례 · 방법 · 형식 · 의미 · 내용 등에 따라 분류하고 체계화하는 일

04 신선을 높이는 도교 사상

도참 사상
앞날의 길흉에 대한 예언을 믿는 사상이다. 중국 주나라 말 혼란기에 움텄는데, 우리나라에는 신라 말기와 고려 초기에 들어와 퍼졌다.

우리나라의 도교 사상에 대해 이야기할 때, 가장 문제가 되는 것은 우리 고유의 고신도古神道(혹은 풍류도風流徒)와 중국에서 전래된 도교와의 관계입니다. 우리 민족 고유의 신앙과 습속은 처음부터 중국의 도교 사상과 흡사한 색채를 띠고 있어 큰 차이점을 찾을 수가 없고, 또 후에 중국에서 음양 사상과 도참圖讖 사상*이 전래되면서 우리의 토착 사상이 그 속에 함몰되기도 하였습니다. 따라서 이들의 관계를 설정하는 것이 쉽지 않습니다. 하지만, 그렇다고 해서 무턱대고 우리의 토착 신앙의 근원을 중국의 도교 사상에 둘 수는 없습니다. 고대 동아시아 문화의 다양성을 뒷받침하는 고고학적 성과가 계속해서 나오고 있는 현 상황에서 중국 문화 중심론은 이미 설득력을 잃었습니다. 고대 동아시아 문화에 대한 논의는 현재에도 계속 진행 중이며 중국 도교·도가의 연원과 우리의 토착 사상에 관한 연구는 현 시점에서 성급하게 결론 내릴 수는 없고 앞으로 많은 연구가 진행되어야 할 부분입니다.

삼국에는 도교에 앞서 도가 사상이 지식인의 교양이자 경세제민의 원리로서 폭넓게 전개되었습니다. 이것은 도교의 신봉과는 무관한 것으로, 삼국 모두가 도가 사상에 대한 이해가 무르익었음을 알 수 있습니다.

고구려, 도사를 높이 대우하다

동명왕 설화를 보면, 고구려 사회에 천손 의식과 천제天帝 사상이 뿌리 깊게 자리 잡고 있었다는 것을 알 수 있습니다. 고구려에는 중국의 도교가 유입되기 이전부터 우리의 원시 종교인 신선도가 사회 전반에 걸쳐 큰 영향력을 행사하고 있었습니다. 고구려인들은 중국의 도교와 상관없이도 이미 도가적인 생활에 익숙해져 있었다고 할 수 있지요. 또 같은 이유로 고구려 사회가 중국의 도교를 충돌 없이 원만하게 수용했다고 할 수 있겠습니다. 고구려에 중국의 도교가 공식적으로 들어오게 된 것은 영류왕 대로 봅니다. 이는 《삼국유사》의 기록에 의해 추정해 볼 수 있습니다.

> 고구려에서는 무덕武德, 정관貞觀 연간(618~649, 영류왕 1년~보장왕 9년)에 사람들이 앞을 다투어 오두미교五斗米敎를 신봉했다. 당나라 고조가 이를 듣고 천존상天尊像을 보내 주고 또 도사를 보내와 《도덕경》을 강론케 하니, 왕과 백성들이 와서 참관했다. 이때가 영류왕 7년이다.
>
> 《삼국유사》 3권 〈보장봉로 보덕이암寶藏奉盧 普德移庵〉에 수록

하지만 여러 가지 정황 근거로 볼 때, 실제로는 이보다 더 앞선 시기에 중국의 도교가 전파되었을 가능성이 큽니다. 또 '사람들이 앞 다투어 신봉하였다' 는 중국 오두미교는 당시에 이미 여러 파派들이 생기고

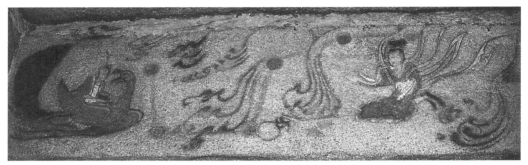

고구려고분 오회분 4호묘 벽화 〈해와 선인들〉
봉황을 탄 오른편의 선인은 피리를 불고 있고, 왼편 선인은 오른손에 깃발을 들며 통소를 불고 있다.

체계 없이 지리멸렬해진 상태에 있었습니다. 이런 상태의 오두미교를 보고 왕과 백성들이 《도덕경》의 강론을 참관하진 않았을 것입니다. 이런 측면에서, 더 오래 전에 오두미교가 본래의 형태를 대부분 간직한 상태에서 고구려에 전래되었다는 사실을 짐작할 수 있습니다. 보장왕 대는 당시의 권신인 연개소문淵蓋蘇文(?~666)이 왕에게 강권하여 도교를 국가의 종교로 삼았습니다. 《삼국유사》에 의하면, 연개소문이 보장 왕에게 "솥은 발이 셋이 있고 나라에는 삼교가 있는 것입니다. 신이 보건대 국내에 유교와 불교만 있고 그에 맞설 만한 도교가 없으므로 나라가 위태롭습니다."라고 진언하니, 왕이 "옳다!" 하고 당나라에 청하였는데, 이에 당태종이 숙달叔達 등 도사 팔 인을 보내니 왕이 기뻐하여 불사佛寺로 도관道觀을 삼고 도사道士를 유사儒士보다 더 높이 대접하였다고 합니다(《삼국유사》 3권 〈보장봉로 보덕이암〉에 수록).

하지만 이러한 도교 강화 정책은 '삼교의 조화'라는 본래의 취지는 제대로 살리지 못하고 당시에 종교적 기반을 갖추고 있었던 불교계의 극심한 반발을 사게 되었습니다. 그리고 결국, 고구려는 여기서 비롯된 종교 간의 알력과 사상적 혼란으로 인해 멸망합니다.

백제, 신선과 자유의 노래를 물건에 새기다

백제에는 고구려와 마찬가지로 신선 사상이 널리 퍼져 있었습니다. 그리고 4세기 무렵에는 지식인 계층에 도가 사상이 폭넓게 이해되고 있었습니다. 무령왕릉에서 출토된 '동경명銅鏡銘'에는 다음과 같은 기록이 있습니다.

> 상방에서 거울을 만들었는데 참으로 매우 좋다.
> 위에 선인이 계시어 늙음을 모르는데
> 목마르면 옥천의 물 마시고 배고프면 큰 대추를 드시니
> 수명이 금석과도 같구나.
>
> 《한국금석유문》에 수록

'선인이 계시어 늙음을 모르고', 불로불사不老不死하는 신선의 과일인 '대추'를 먹으며, '수명이 금석과 같다'는 표현에서 불로장생不老長生을 염원하는 도가적 사유를 엿볼 수 있습니다. 산수문전山水文塼이나 금동대향로金銅大香爐와 같은 백제 유물에서도 자연을 음미하는 도가적인 색채와 영향을 확인할 수 있지요. 또 일본 측 기록에 의하면, 백제 근초고왕이 아직기와 왕인을 시켜 《역경》·《효경》·《논어》·《산해경》과 도교에서 주로 사용하는 물건인 횡도대경橫刀大鏡을 일본에 보냈다고 하며, 이 밖에도 여러 시기에 걸쳐 천문天文·둔갑遁甲·방술方術* 등이 백제로부터 전해졌다고 합니다. 하지만 백제에서 도교는 종교로서의 세력을 갖지는 못했습니다.

방술

방사方士(신선의 술법을 닦는 사람)가 행하는 신선의 술법

▶ 백제 금동대향로
도가에서 신성화하는 동물인 봉황과 용이 대비적으로 배치되어 있고 노신의 연꽃과 산악도에 새겨진 각종 동식물 및 인물상이 절묘한 조화를 이루고 있다.

신라, 고유의 신도와 선맥을 갖다

신라 초기에는 우리 고유의 신앙과 신도神道가 다른 어느 나라에서 보다도 강한 영향력을 발휘하고 있었습니다. 구한말 시기의 학자인 이능화는 이러한 사실과 오래 전부터 내려오는 여러 전설을 종합하여 '신라의 선파와 선맥'을 정리하였습니다. 특히 신라사선新羅四仙 중에서 영랑은 단군의 도를 전수한 선인으로 기록했는데, 우리의 고유한 신도의 맥에 관한 설화가 있다는 점이 주목할 만합니다.

이런 신라에서 불교가 도입되는 데는 많은 어려움이 따랐지만, 신라 고유의 신앙과 유사점이 많았던 노장 사상과 도교 사상은 사정이 달랐습니다. 신라에 도교 사상이 유입된 것은 중기의 일입니다. 하지만, 당시에는 이미 불교가 국교로 인정되었기 때문에 도교가 종교적 세력을 구축하지는 못했습니다. 다만 도교학인들뿐만 아니라, 승려 사회와 유학자들 사이에서 사상적·학문적 관심의 대상으로 연구되었을 뿐이지요. 도교의 참위설이나 방술 등이 특정인을 신비화하는 데 이용되고 신

김유신의 묘와 그 묘를 보호하는 호석

라 말엽의 혼란기에 잠시 성행하기도 했지만, 그것을 신라 사회의 전반에 드러난 사상적 흐름으로 보기는 어렵습니다. 《삼국사기》에 의하면, "김유신이 중악中嶽에 들어가 치성을 드렸더니 한 노인이 나타나 비법을 전해 주었다."고 했고, 《삼국유사》에서는 "신라의 한산성이 말갈에게 포위당하여 매우 위급한 지경에 이르렀는데, 김유신이 단을 모으고 신술을 부렸더니 별이 북한산성에 날아 내려온 일이 있었다."라고 합니다. 하지만 이 기록을 있는 그대로 믿거나 당대 지식인이 도교적 방술에 능했다고는 볼 수 없습니다. 역시 후대 사람들이 김유신이란 인물을 신비화하기 위해 도교적 방술과 관련된 설화를 만들어 냈다고 할 수 있겠습니다.

또 신라 중대 말엽부터 하대로 접어드는 시기에는, 정쟁에서 밀려난 낙향 귀족층이나 진골 귀족에게 탄압받은 육두품 계열의 지식인 등 정권에서 소외당한 계층을 중심으로 현실을 부정하는 은둔 사상이 유행하기도 했습니다.

좀더 알기

✖ 도교사상

예부터 도교 사상은 도가 사상과 구분해서 보는 것이 보통이다. 대표적으로, 중국 양나라 대에 유협劉勰(465~521)은 〈멸혹론滅惑論〉에서 도교를 삼품三品으로 나누었다. 그는 노자를 표준으로 하는 것은 상上이라 하고, 신선의 방술에 해당하는 것은 중中이라 하여 장릉張陵*을 따르는 것은 하下라고 하였다. 유협이 말하는 삼품 중에 상에 해당하는 것이 도가 사상이라 할 수 있다. 중과 하는 모두 도교 사상에 해당한다고 할 수 있는 것이다.

도가 사상은 노자의 《도덕경道德經*》과 장자의 《남화진경南華眞經*》을 중심으로 기원전 3~4세기경부터 시작된 철학이다. 《도덕경》의 주요한 내용은 '도道란 무엇인가'라는 것이다. 여기서 '도'는 생성론적 측면에서 존재의 시원이나 우주의 시작으로 규정되기도 하고, 존재론적 측면에서 모든 존재자의 존재 근거로 규정되기도 한다. 도가의 이상은 이러한 도와 합일하고 정신의 자유를 획득하는 것이다. 《도덕경》에서는 자연함에 어떠한 인위적 조작도 첨부하지 않는 '무위자연無爲自然'을 통해서만 도와 합일할 수 있다고 한다.

장자의 《남화진경》에는 도道와 합일(득도得道)하는 구체적인 방법으로 감각기관을 배척

장릉

도교의 초대 교단인 '천사도天師道'의 창시자를 말한다. '천사도'는 신도들에게 육체의 불사不死와 장수를 약속하고 기도로 병을 고쳐 준다고 하였다. 그리고 병을 고치는 치료비나 종교적인 헌금의 명목으로 곡식 5말을 거두어 들였는데, 이로 인해 '오두미도五斗米道'라는 명칭도 갖게 된다.

도덕경

《도덕경》을 지은 이는 노자로 알려져 있다. 하지만 오늘날에는 대부분 《도덕경》이 한 사람의 저작이 아니라 상당한 시기에 걸쳐 여러 사람에 의해 구성된 것으로 본다. 일각에서는 '노자'라는 것 자체가 개인의 이름이 아니고, 일종의 성인 집단을 지칭하는 말로 이해하기도 한다.

남화진경

《장자莊子》라고 부르기도 하는데, 사실은 《남화진경》보다 《장자》가 더 오래된 이름이다. 《남화진경》이라는 이름은 당나라 현종玄宗이 장자에게 '남화진인南華眞人'이라는 호를 추증한 이후로 지어진 것이다.

하고 마음을 공허하게 하는 '좌망坐忘'이 등장한다. 그리고 도와 합일한 자인 진인眞人 · 지인至人 · 성인聖人 · 신인神人의 표현이 나온다. 도가 사상은 도교뿐만 아니라, 중국의 철학과 종교와 예술 전반에 걸쳐 상당한 영향을 미쳤다.

　도교는 도가 사상을 기반으로 일어났지만, 시대의 흐름에 따라 사상적 일관성이나 관련성이 희박해져서 나중에는 상당한 차이가 나게 된다. 도교에서는 도나 득도에 대한 철학적 사변은 중요시하지 않는다. 그리고 도교 안에는 도가 사상뿐만 아니라, 중국 고래의 여러 가지 종교 관념이 자리 잡고 있다. 그것은 도교가 한나라 말기에 불교에 대항하는 중국 고유의 종교로서 확립된 것이기 때문이다.

　도교 속에는 은나라 상제 신앙에서 시작된 천 신앙, 귀신 신앙, 조상 숭배, 신과 인간의 매개자로서의 무당의 술법, 건강 증진과 불로장생을 얻기 위한 방법으로 간주된 양생술, 신선 사상, 음양오행 사상 등이 혼합되어 있다. 이 가운데서 도가와 함께 도교 사상의 핵심을 이루는 것으로는 신선 사상을 들 수 있다. 도교의 궁극적 이상은 불로장생을 얻고 득도하여 신선이 되는 것이다. 도교에서는 노자를 신선화하여 노군老君, 혹은 태상노군太上老君으로 신앙하기도 했다. 그리고 시대가 지나면서 나라가 어지러울 때는 신선이 등장하여 세상을 구제한다는 사상도 일어났다. 또 후한 시대에는 노자가 시대를 넘어서 몇 번이고 환생하여 혼란한 사상을 바로잡고 세계를 구제한다는 노자 변화 사상도 생겼다. 이후로 도교 사상은 불교뿐만 아니라, 여러 민간신앙과 결합하여 민중의 삶에 깊게 뿌리내렸다.

쉬어가기

✖ 백제 승려 혜현, 죽어서도 불경을 외다

백제에 불교 문화가 융성했을 것이라는 데 이의를 제기하는 사람은 없지만, 구체적인 백제의 승려에 대한 자료는 찾기가 어렵다. 《삼국유사》에도 여러 승려들의 이야기가 전하지만, 백제의 승려에 대한 이야기는 혜현惠現(570~627) 한 사람뿐이다. 《삼국유사》의 〈피은避隱〉편에서는 다음과 같이 기록하고 있다.

처음에 북쪽 지방의 수덕사修德寺에서 지냈는데, 사람들이 있으면 설법을 하고 없으면 염송을 했다. 사방 멀리까지 그를 흠모하여 오니, 문밖에 신발이 가득했다. 슬슬 번잡한 일이 싫어져 강남의 달라산達拏山으로 가서 지냈다. 산은 바위투성이라 험해서 오가는 이가 매우 드물었다. 혜현은 고요히 앉아 세상을 잊고 산중에서 생애를 마쳤다.

같이 수련하던 이들이 시신을 들어다 석실 안에 두었는데, 호랑이가 모두 뜯어먹고 오직 뼈만 남았지만 혀는 그대로 있었다. 추위와 더위가 세 번 오갔건만 혀는 그대로 붉고 부드러웠다. 그리고 마치 돌처럼 자줏빛으로 단단하게 변해 갔다. 세상에서 그것을 공경하여 석탑에 보관했다. 세상에서 산 나이가 58세이니, 곧 정관貞觀 초년이었다.

혜현은 중국으로 공부하러 가지 않고 고요히 물러나 세상을 마쳤으나, 이름은 여러 중국의 나라에 퍼져 전기가 만들어졌다. 특히 당나라 때에 명성이 자자했다.

〈피은〉편은 세상을 떠나 숨어살았던 인물에 대한 이야기를 기록한 것이다. 백제의 승려에 대한 설명보다도 숨어 지내며 도를 닦은 은자의 삶에 초점을 맞춘 것이다.

일본에도 이와 비슷한 이야기가 있다. 8세기 후반, 케이카이景戒가 지은 《일본영이기日本靈異記》 하권에도 혀가 썩지 않은 승려의 이야기가 나온다. 때는 8세기, 일본 칭덕왕 때 기노구니紀伊國라는 곳에 사람들에게 덕망 받는 에이고永興라는 스님이 있었는데,

어느 날 이 스님의 절에 한 승려가 찾아왔다. 이 승려는 아주 허름한 차림으로 《법화경》을 가지고 와서 부지런히 염송했다. 1년 동안 그렇게 하다가 떠나겠다고 하자, 에이고는 양식과 안내인을 붙여 준다. 그런데, 이 이름 없는 승려는 모두 돌려보내고 삼으로 만든 새끼줄과 물병만 가지고 갔다. 그러고 나서 2년 뒤에, 그 마을의 목수 한 사람이 배를 만들 나무를 자르러 개울을 따라 산속으로 들어갔는데, 어디선가 《법화경》을 외는 소리가 났다. 그리고 그 소리는 몇 달 동안 계속되었다. 목수는 존경스러운 마음이 생겨 소리 나는 곳을 찾아보았지만, 아무도 없었다. 반년쯤 뒤, 나무를 찾으러 다시 산에 들어간 목수는 또 그치지 않고 들려오는 《법화경》 외는 소리를 들었다. 목수는 이상해서 에이고에게 이 사실을 알렸다. 에이고는 미심쩍어 하며 소리 나는 곳을 찾았는데, 거기에는 시신이 하나 있었다. 그 시신은 마로 꼰 새끼줄을 발목에 묶고 바위 아래로 몸을 던져 매달린 채로 있었고 옆에 물병도 있었다. 바로 몇 년 전에 에이고의 절에 왔다가 떠난 승려였던 것이다. 에이고는 이 사실을 알아차리고 슬피 울며 돌아왔는데 3년이 지난 다음, 그 목수가 아직도 《법화경》을 외는 소리가 들린다는 사실을 전해 주었다. 마침내 에이고는 급히 가서 시신을 수습했다. 그런데, 놀랍게도 3년이 지났는데도 혀는 살아 있는 것처럼 생생한 것이다.

《일본영이기》에는 백제의 승려에 관한 이야기가 종종 나온다고 한다. 그리고 저자인 케이카이가 백제에서 온 사람이라고 한다. 이 이야기들은 전설일 뿐이지만, 일본의 불교가 주로 백제로부터 유입되었다는 것을 짐작케 해 주는 하나의 사례가 될 만하다.

3

불교 철학으로 나라의 중심을 세운 통일 시대

신라는 당나라와의 외교 관계를 적절하게 이용해 먼저 백제와 고구려를 통합할 수 있었습니다. 또 당나라 군사를 몰아내는 과정에서 백제·고구려 유민들과 힘을 합침으로써 원초적인 '민족' 의식도 생겨나게 되었지요. 하지만 신라의 삼국 통일은 군사적 통일에 그치고 말았습니다. 신라는 불교의 호국護國·불국토 사상과 유교의 위민爲民·안민安民·보민保民 사상에 입각하여 통일 정치의 초석을 다졌습니다. 신문왕 2년(682)에는 최고 교육기관이며 국립대학인 국학을 설립하여 문치文治의 기반을 마련하고, 성덕왕 21년에는 처음으로 백성에게 정전丁田을 나누어 주어 인정仁政을 구현하려고 하였습니다. 구체적인 체제를 완비하는 데는 유학의 정치 이념을 활용하여, 효와 일상적인 예의 규범을 습득하는 실용적인 교육을 확충하였지요. 또 사상적으로는 역시 민간까지 널리 퍼진 불교가 바탕이 되어 찬란한 문화를 꽃피웠습니다. 하지만, 능력보다는 신분이나 혈통을 중시하는 진골 계층의 폐쇄성은 전반적인 사회 통합을 어렵게 만들었습니다. 왕권 강화 시기에 6두품 계층의 정치 활동이 다소 활발하게 진행되었지만, 이런 상황은 얼마 가지 않았지요. 진골 지배층의 배타성은 6두품 계층이 반신라적인 성향을 띠거나 신라를 냉소적으로 바라보게 만들었습니다. 또 이런 와중에 벌어진 왕위 계승 전쟁은 진골의 사회 장악력을 약화시키고 호족의 대두와 농민봉기를 초래했습니다. 신라는 혼란한 내분에 빠져 분열되었습니다.

반면, 고구려의 옛 땅에는 고구려 옛 장군 대조영大祚榮(?~719)에 의해 발해(628~935)가 건국되었습니다. 698년 건국한 발해는 옛 고구려에 견줄 수 있을 만한 넓은 영토와 강한 국력을 과시했습니다. 이런 발해를 당은 해동성국海東盛國이라 불렀습니다. 발해는 남쪽의 통일된 신라(676~935)와 거의 비슷한 기간 동안 존속하였습니다. 그래서 이 시기를 '남북국 시대'라 부릅니다. 발해도 신라와 마찬가지로 불교 문화가 중심이 되는 사회였습니다. 발해가 세워진 옛 고구려와 일부 말갈 지역에

▶ 팔련성터에서 나온 발해의 돌부처
발해는 고승 무명이 중국 화엄종의 제4조인 징관을
가르쳤다고 전할 정도로 불교가 발달해 있었다.

는 발해가 건립되기 이전부터 불교가 성행하고 있었습니다. 따라서 발해에는 건국 초부터 불교가 일정한 세력과 영향력을 가지고 있었지요. 발해의 통치자들은 통치 질서를 유지하기 위해서 불교의 성행을 대대적으로 지지하여 사원과 불탑을 많이 조성하였습니다. 그리고 고구려 계승 의식이 강했기 때문에, 국가 건립 이후 계속해서 북진 정책을 추구하여 영토를 넓혀 나갔습니다. 그러나 지방의 토착 세력을 기반으로 한 수령들은 고구려 계승 의식에 크게 구애받지 않고 단지 정치적 차원에서 발해 국가에 편입된 측면이 강했습니다. 일반 백성들도 이념과는 거리가 멀었습니다. 계속되는 전쟁과 노역에 시달려 불만에 쌓여 있었지요.

　발해는 귀족을 중심으로 하는 중앙 문화와 지방 문화 사이에 큰 격차가 있었습니다. 정치 조직은 당의 제도를 받아들였고 실질적인 운영 방식은 고구려 정치 문화의 전통을 계승하였고, 사찰 양식이나 불교 관계 조각품들도 직선적이고 소박한 고구려의 예술 양식을 기본으로 하였지요. 그러나 발해는 지방을 직접 지배하지 않았기 때문에, 중앙의 선진 문화가 지방까지 보급되는 데는 어려움이 따랐습니다. 발해의 일부 지방에서는 선진 지역에서는 이미 없어진 순장 제도까지 남아 있었지요. 이런 격차는 발해가 와해되는 중요한 원인이 되었습니다. 발해의 구체적인 사상의 흐름은 지금의 자료와 연구로는 알기가 어렵습니다. 고고학적인 발굴과 업적을 더 기다려야 하지요. 그렇기 때문에 이번 장에서는 통일 신라를 중심으로 철학사를 살펴보도록 하겠습니다.

01 통일신라 유학의 문명 의식

삼국 시대를 지나 통일기로 접어들면서, 강수와 설총 같은 육두품 계열 층의 유학자가 활약하고 국학國學이 설립되어 고급 관리들이 배출되었습니다. 국학을 통한 고급 관료의 발생은 특히 진덕왕 5년(651)에 설치된 집사부執事部* 등 정치 기구의 발전과 연관된 것으로 '전제왕권의 공고화'를 의미하지요. 이들 고급 관료는 철저한 골품제 앞에서는 무력한 육두품 계층이 대부분이었지만, 본래 충효를 중심 이념으로 하는 유교 사상을 바탕으로 왕권과 결합하여 중앙집권 체제를 구축하였습니다. 그러면서 자연히 진골 귀족 세력을 견제하는 역할을 하였지요. 그러나 당시 유학자들은 여기에 머물지 않고 유교적 정치 이상인 덕치德治와 예치禮治의 실현을 구현하기 위해 노력했습니다. 설총이 〈풍왕서諷王書〉를 지어 국왕의 수양과 도덕적 권위를 강조하고 이를 주지시키려 한 것이 그 대표적인 예라 할 수 있습니다.

하지만, 신라 하대에는 왕권이 약화되고 왕위 계승을 둘러싼 투쟁이 계속되면서 일대 혼란이 빚어지게 됩니다. 여러 유학자들이 국제적 문

집사부

통일신라의 최고 행정기관으로 국가의 기밀 사무를 맡았다. 그 밑에 12부가 있어 국사를 분담했으며, 집사부의 장관인 시중은 수상 격이었다. 왕의 직접 지배를 받았기 때문에, 화백 회의와 귀족 세력의 대표 격인 상대등과 대립적인 성격을 띠었다.

화 선진국이었던 당나라에 유학하여 자신의 신분적 열세를 극복하려 하였지만, 폐쇄적인 골품제와 정치적 혼란 상황에서 제약 없이 자신의 이상을 펴는 것은 매우 어려웠습니다. 또 통일 이전부터 사회의 주류가 되었던 사상은 불교였고, 당시 유학이 학자들의 형이상학적 욕구를 충족시킬 수 있을 만큼 발전하지도 않은 상태였습니다. 그래서 대부분의 유학자들은 유·불·도를 두루 하면서 산림에 은거했습니다.

최치원, 주체 의식과 문명 의식으로 무장하다

앞에서, 신라 하대에는 육두품 출신의 유학자들 사이에서 당나라에 유학한 학문의 힘이나 거기서 과거에 급제한 경력 등으로 신분상의 열세를 극복해 보려는 시도가 많았다고 했습니다. 그들 중에 대표적인 학자를 하나 꼽자면, 고운 최치원崔致遠(857~?)을 들 수 있습니다. 그는 12세에 유학을 떠났다가 28세(884)에 당을 떠나 그 이듬해에 신라로 돌아옵니다. 당나라 유학 시절 18세 때에 빈공과에 급제한 이후로 여러 관직을 거쳤고, 황소의 난 때에는 문장으로 큰 공을 세워 승무랑 전중시어사의 벼슬을 지내게 됩니다. 최치원이 귀국했을 당시 신라는 계속되는 흉년과 함께 국정이 문란해졌고 골품에 따라 인재를 등용하는 제도가 더욱더 고착되어 가는 상황에 처해 있었습니다. 또 당에 유학한 자와 그렇지 않은 자들 사이의 갈등과 세력 다툼이 심하였지요. 이런 상황에서도 최치원은 자신의 이상을 실현해 보려고 하였지만, 그 뜻이 제대로 받아들여지지 않았습니다.

진성여왕 8년에는 쓰러져 가는 신라의 국운을 만회하기 위해 시무책時務策 10여 조를 올렸는데, 거기에 있는 "계림황엽鷄林黃葉 곡령청송鵠嶺靑松"이라는 구가 문제가 되어 결국 관직에서 물러나게 됩니다. 신라의 옛 이름인 계림을 시들해진 누런 잎에 비유하고 궁예를 중심으로

최치원의 진영

최치원이 책을 읽던 독서당

하는 신흥 세력의 근거지를 말하는 곡령(송악)을 푸른 소나무에 비유하여 세태를 풍간한 것이 임금을 비롯한 기득권 세력의 미움을 사게 된 것이지요.

최치원은 자신의 이상과 진언進言이 시세에 맞지 않는 것을 알고, 이후부터는 벼슬에 대한 의욕을 잃은 채 은거 생활을 했습니다. 하지만, 그는 철학 사상뿐만 아니라 문학과 역사학 등 여러 방면에서 뛰어난 학문적 업적을 이루었습니다. 특히 문장으로는 국제적인 명성을 얻어 '동국문종東國文宗'이라 일컬어졌지요.

최치원은 당시의 사상계와 종교계를 지배하고 있던 유·불·도 삼교 사상이 각기 다르면서도, 인간의 본성과 주체적 자각을 기반으로 한다는 점에서 근본적으로 상통한다고 보았습니다. 그가 유학할 당시, 당에서는 불교를 최상의 지위에 놓고 유교를 사실상 최하위에 놓는 사상적 분위기가 있었지만, 그는 유교와 불교가 진리에 대한 접근 방법이 다를 뿐 그 귀착하는 바는 한가지라는 점을 강조하였습니다. 그리고 "도는 사람에게서 멀리 있지 않고 사람은 이국異國이 따로 없다."라고 하여 진리인 도가 인간 본성에 내재하고, 이것을 실현하는 주체인 사람은 층차를 두어 구분할 수 없음을 천명하였습니다. 결국 유·불·도 중 어떤 학문을 통해서건 자신의 참다운 본성을 실현할 수 있고, 또 그것은 자기 성찰에 투철한 사람이라면 어느 나라 사람이건 어떤 계층이건 간에 다 이룰 수 있다는 것이지요.

이러한 사상적 전제 위에서, 최치원은 궁극적으로 삼교가 회통回通하는 경지를 추구하였습니다. 삼교 중에서 유교를 기본으로 하면서 불교와 도교의 사상을 적극 수용하고 섭취하려고 하였지요. 삼교회통이 최치원의 독창적인 견해는 물론 아닙니다. 위진 시대에 이미 삼교조화

삼교회통

론, 내지는 삼교일치론의 흐름이 있었지요. 최치원의 삼교회통론은 위진 시대의 기풍을 어느 정도 수용한 것이라고도 할 수 있습니다. 하지만 최치원의 사상은 여기서 일단락되지 않습니다. 그의 사상이 더 빛나는 것은 그가 단순한 삼교의 조화와 융합을 넘어서서 그것이 우리 사유 속에서 가능하게 되는 근거를 추적해 갔다는 것이지요. 그는 당시 유교의 합리주의적 성격에 가려졌던 우리 사상의 뿌리를 캐서, 그것이 풍류도이며 유·불·도 삼교 사상의 요소가 본래부터 포함되어 있는 현묘지도임을 밝혔습니다.

화이관

주변 국가에 대한 한漢족의 전통적인 우월주의 관념으로 넓은 의미에서 중화 사상과 통한다. 중화 사상이 형성된 것은 보통 주나라 대부터로 본다. 주나라는 봉건 제도를 바탕으로 왕이 직접 통치하는 지역과 간접 통치하는 지역이 나누어져 있었다. 왕이 직접 통치하는 지역의 명칭이 중국이었다. 이때 중국은 수도의 개념이기도 하고 정치 중심지의 개념이기도 했다. 그러다 춘추전국 시대로 접어들면서 주나라에도 분열이 일어나고 주나라와 혈연이나 동맹 관계가 아니면서 주왕실에 대항하는 세력이 많아졌다. 이때 주왕실과 연합하는 소국들을 제하諸夏, 혹은 중국, 중화라고 불렀고 이에 위협이 되는 세력을 이적夷狄이라 불렀다. 그리고 이적 세력에 대한 위기의식이 중화와 이적을 문명과 야만으로 가르는 배타적인 의식을 심화시켰다. 이로부터 중화는 단순히 지리적·정치적 중심지를 말하는 개념이 아니라 선진 문화의 중심을 가리키는 의미로 확대되며, 중화 사상은 예의를 중시하는 유학 사상을 바탕으로 하는 선진 문명 의식이 된다.

이후로 중화 사상은 세계의 모든 민족과 국가를 중국의 외번外藩과 외신外臣으로 보고 중국 천자를 정점으로 한 천하일국天下一國의 보편 국가의 수립을 이념화하는 사상으로 굳어졌다. 그리하여 군사적으로는 보편 국가를 실현하려는 제국주의적 사고의 원동력이 되고 자국의 문화를 우월한 것으로 믿으며 이로써 세계의 문화를 통일하려는 의지를 낳게 된다.

최치원은 외래의 여러 사상과 종교를 우리의 고유 사상 안에서 얼마든지 주체적으로 포용하고 발전시킬 수 있음을 자부하고 확신하였습니다. 그는 우리나라가 고래로 동방의 태평국이자 군자국이며, 동방과 동인은 사람과 사물 할 것 없이 모두 만물의 원천이 되고 만물 생장의 주축이 된다는 동인의식東人意識을 가지고 있었습니다. 이것은 자민족의 우월성만을 강조하는 선민의식을 고취시키는 데 목적을 두는 것이 아니고 중국인들의 화이관華夷觀에 맞서 우리 민족의 성품과 문화 역량이 그에 못지않다는 주체 의식과 문명 의식을 표현한 것입니다.

최치원은 중국의 국제적이고 선진적인 문화의 힘을 인정하고 그것을 보편 문화의 한 양상으로 추구했지만, 거기에 함몰되지 않았습니다. 그는 더 거시적인 안목에서 보편적인 문명 세계를 지향하면서 주체 의식을 놓지 않았습니다. 그리고 그의 이러한 주체 의식과 문명 의식은 당시 지식인 내부의 의식 세계를 명시적으로 대변하는 것이었습니다.

02 통일신라 철학의 꽃, 불교

통일신라 시대에는 대승 불교에 대한 연구가 좀더 심화되고 대승교학의 철학적 문제들이 심도 있게 다루어졌습니다. 대승교학 중에서 당시에 주류를 이루었던 사상은 역시 화엄학이었지요. 화엄 사상이 삼국통일에 기여한 바가 크다는 사실은 앞에서 살펴본 바와 같습니다. 화엄학은 통일 이후로도 계속해서 사상과 종교의 기반이 되었습니다. 하지만, 화엄의 연구는 신라 하대에 이르러서는 지나치게 관념적인 허식에 빠져서 선종의 비판을 받게 됩니다.

선종은 경전과 그에 입각한 교학을 전적으로 부정하는 '불립문자 견성성불不立文字 見性成佛*'을 강력하게 내세움으로써 화엄학의 허식을 무너뜨리고 불교의 진면목을 되찾으려고 하였습니다. 선종은 지방 호족을 지지 기반으로 하여 크게 유행하였으며 고려의 개창에도 많은 영향을 미치게 됩니다.

불립문자 견성성불
문자에 의존하지 않고 본성을 보아 부처가 된다.

원효, 한마음으로 화쟁을 이루다

원효대사의 진영

원효元曉(617~686)는 신라 불교사뿐만 아니라, 한국 불교사 전체에 위대한 업적을 남긴 인물로 손꼽힙니다. 그는 위로는 진정한 깨달음을 구하고 아래로는 중생을 교화시킨다는(상구보리上求菩提 하화중생下化衆生) 대승 불교의 이상을 철저하게 추구했던 승려였습니다.

원효의 깨달음에 관해서는 너무나도 잘 알려진 일화가 있습니다. 그것은 그가 45세 때(661) 37세인 의상과 함께 입당 유학의 길에 올랐다가 겪은 일이지요. 그는 당나라로 가는 배를 타기 위해 항구로 가는 도중에 심한 비바람을 만나 어느 무덤 앞에서 잠을 잤습니다. 잠결에 목이 말라 물을 마셨는데, 날이 새어서 깨어 보니 잠결에 마신 물이 해골에 괸 물이었음을 알고, 사물 자체에는 정淨도 부정不淨도 없고 모든 것은 오로지 마음이 만들어 낸다는 것(일체유심조一切唯心造)을 알고 크게 깨달았다고 합니다. 원효는 그 길로 뜻을 바꾸어 신라로 되돌아왔습니다. 그리고 그 이후로 불교의 모든 경론經論을 섭렵하면서 저술을 통해 자신의 사상적 경지를 승화시켰습니다.

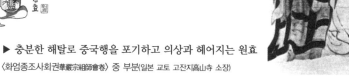

▶ 충분한 해탈로 중국행을 포기하고 의상과 헤어지는 원효
〈화엄종조사회권華嚴宗祖師會卷〉 중 부분(일본 교토 고잔지高山寺 소장)

원효가 가장 중시한 경론은 《대승기신론大乘起信論》입니다. 그는 《대승기신론》 안에서 신라의 당면 문제나 불교의 철학적인 여러 문제들을 원만하게 해결할 수 있는 도리를 발견할 수 있다고 여기고 이에 관한 저술을 많이 하였습니다. 그중에서도 《대승기신론소大乘起信論疏》는 기존의 현학적인 해석에서 탈피하여 원저자의 정신을 그대로 살리는 방식으로 간명하게 서술하였는데, 그 탁월함을 인정받아 우리나라와 중국의 기신론 연구자들에게 중요한 지침서가 되었습니다. 중국에서는 원효의 소疏를 '해동소海東疏'라 불렀습니다. 특히 중국 화엄종의 집대성자인 현수 법장法藏은 자신의 저술에서 해동소를 자주 인용하였습니다. 또 원효의 저술 중에서 《금강삼매경론金剛三昧經論》은 원래 '금강삼매경소'였는데, 이 책을 본 중국인들이 이를 높이 평가하여, 일반적인 불경 주석서를 나타내는 '소'를 보살로 불리는 고승의 저술에 붙이는 '논'으로 바꾸어 불렀다고 합니다.

당시의 신라 불교계는 크게 중관 계통과 유식 계통으로 나뉘어져 서로 대립되고 있었습니다. 이 점은 신라 불교의 특수성이라기보다는 불교 자체가 가지고 있는 여러 교설 간의 논리적 모순에서 비롯된다고 할 수 있습니다. 앞 장에서 중관학파와 유식학파가 대립될 수밖에 없는 이유를 살펴본 기억이 날 겁니다. 모든 존재는 연기緣起하기 때문에 독자적인 존재는 없다는 공관空觀을 중시하는 중관학파에서는 유식학파를 법에 집착한다고 비판하고, 유식학파는 반대로 공空만을 추구하다 보면 법의 참다운 성품을 내세울 수 없다는 점을 들어 중관학파를 비판합니다.

신라 불교의 또 하나의 문제는 출세간出世間을 지향하고 세속을 부정하는 경향이 있었다는 것입니다. 이 점도 역시 신라 불교만의 문제는 아니었지요. 하지만, 삼국 통일을 꾀하는 신라의 현실에서 당시의 주요 사상이었던 불교 내의 대립과 출세간(진眞)과 세간(속俗)의 차별 의식은 반드시 극복해야 할 문제였습니다. 원효는 현실적인 측면에서 이

대승기신론
1~2세기, 중인도의 승려인 마명馬鳴의 저술로 대승 불교의 개론서라 할 수 있다.

소
불교에서 경전이나 논서의 글귀를 풀이하여 놓은 글

화쟁(和諍)의 논리

런 사실을 통감했고, 또 학문적인 측면에서도 대립 없는 원만한 진리를 추구하려는 이상을 가졌습니다. 그래서 그는 화쟁和諍의 논리를 펴게 됩니다. 그의 저술 어디에나 교리적 논쟁을 화해하려는 화쟁이라는 문자가 발견되지 않은 곳이 없습니다. 그 정도로 화쟁은 원효에게 있어 이론적·실천적으로 중요한 과제였습니다. 그리고 이러한 과제를 해결할 수 있는 실마리를 《대승기신론》에서 찾았습니다.

그는 《기신론별기起信論別記》에서 "중관론中觀論은 파하고 파하여 세울 길이 없으니 이것은 가고(왕往)는 두루(편徧) 하지 못하는 론論이요, 유가론瑜伽論은 세우고 세워서 파할 길이 없으니 이것은 주고(여與)는 빼앗을 줄 모르는 론이다."라며 중관론과 유식론 두 학파의 차이점을 설명하였습니다. 그리고 뒤이어 기신론이야말로 이런 두 결함을 잘 지양한 이론으로서, "파하지 않음이 없으면서 마침내는 허용하고 세우지 않음이 없으면서 마침내는 빼앗으니, 참으로 모든 파의 조종祖宗이요, 모든 쟁론의 평주評主다."라고 찬하였습니다. 또 "이 논은 진과 속이 별개의 것(별체別體)라는 집착을 다스리기 위한 것이다."라고 하였습니다.

원효는 불교에 여러 가지 교리와 사상이 있다 하더라도 그것이 대상으로 하는 것은 중생의 마음일 것이고, 그것이 목적하는 바는 마음을 깨우치는 데 있다는 사실에 주목했습니다. 중생심과 불심은 서로 다른 것이 아니며, 다만 미혹되면 중생심이 되고 깨치면 불심이 됩니다. 그는 중관학이 의지하는 것도 중생심이요, 유식학이 의지하는 것도 중생심이며, 중관학이 깨우침의 대상으로 하는 것도 중생심이요, 유식학이 깨우침의 대상으로 하는 것도 중생심이라고 하여 두 이론이 '한마음'이라는 차원에서 회통할 수 있다고 하였습니다. 원효는 한마음에 의거하여 두 사상 체계가 존재하는 것이므로 이 두 사상 체계를 종합하여 통일된 결론에 이를 수 있다고 하였습니다. 《대승기신론》에서는 "한마음에 의해 두 문門이 있으니 그것은 곧 진여문眞如門과 생멸문生滅門이

라."고 했습니다. 여기서 진여문과 생멸문은 각각 중관 사상과
유식 사상, 또 진과 속에 대응시킬 수 있습니다. 진여문과 생멸
문은 각기 마음을 바라보고 인식하는 관점이 다를 뿐 본질적으
로는 다 같이 한마음에 대한 이해입니다.

원효대사의 삿갓
원효대사가 직접 썼던 삿갓이라 전해진다.
(오어사 유물전시관 소장)

　진여문은 본체론적 관점에서 모든 현상에 고정불변의 실체란
없으므로 그것을 부정하여 해탈에 이르고자 하는 것입니다. 해
탈에 이르고자 하는 과정은 끊임없는 자기 부정의 노력의 연속
일 뿐이며 열반과 해탈마저도 생사가 있기 때문에 있는 것이므
로 어디에도 집착할 것이 없습니다. 그러나 중관 사상은 부정에
치우쳐 부정하는 주체와 부정하는 객체를 함께 부정함으로써
철저한 부정에 떨어져 오히려 '공空'에 집착하는 허무주의적 경향에
빠지게 되므로 모든 것을 포괄하는 보편적인 논리라고는 할 수 없습니
다. 반면에, 생멸문은 현상론적 관점에서 생멸 변화하는 인간의 현실
에서 출발하여, 생멸 변화에 대한 번뇌 망상을 타파하면 드러나는, 모
든 존재의 진실한 성품을 추구합니다. 그러나 유식 사상은 모든 교리를
잘 분별하고 정립하기는 하지만 스스로 세운 가설을 다시 부정하고 나
오지 못하므로 긍정만 있고 부정이 없어 '유有'에 집착하는 경향에 빠
져 있습니다.

　원효는 한마음의 두 문인 진여문과 생멸문의 관계와 작용성을 토대
로 이러한 중관과 유식의 대립을 해소할 수 있다고 하였습니다. 기신론
에서 "한마음에 의하여 두 문이 있다."는 말은 '두 문이 서로 떨어지지
않는 관계에 있음'을 의미합니다. 진여문과 생멸문이 한마음을 매개로
하여 서로 떨어지지 않는 관계에 있기 때문에 양자 사이에는 미묘한 작
용이 오갑니다. 한마음 속에서 생멸문이 작용하여 일체의 분별망념分
別妄念을 이기고 한마음의 본원에 돌아가 궁극적 진리에 안주하는 순
간, 진여문은 그러한 가치 차별을 파해 버리고 맙니다. 왜냐하면 진여
문은 본래 분별을 파하는 강한 작용을 갖고 있기 때문이지요. 그렇게

한마음 속에 두 문(門)
진여문　생멸문

제3
부

업
행위와 말과 생각이 남기는 잠재력, 혹은 과보를 초래하는 잠재력을 말하며 어떠한 결과를 일으키는 원인이나 조건이 된다.

무명
진리에 대한 무지로서 1)모든 괴로움을 일으키는 근본 번뇌, 2)모든 현상의 본성을 깨닫지 못하는 근본 번뇌, 3)본래 청정한 마음의 본성을 가리고 있는 원초적 번뇌, 4)있는 그대로의 평등한 참 모습을 직관하지 못하고 차별을 일으키는 번뇌를 말한다.

되면 다시 그로부터 새로운 업이 발생하게 됩니다. 왜냐하면, 생멸문에는 본래 발생의 작용이 있기 때문입니다.

그러나 이 업은 중생이 무지와 번뇌에서 일으키는 업業*과는 근본적으로 다릅니다. 따라서 기신론은 이것을 '불사의不思議한 업'이라 부르고 '무명無明*이 갑자기 다 없어지는 순간 불사의한 업이 자연 발생한다'고 말합니다. 이리하여 진여와 생멸 두 문이 서로 떨어지지 않는 미묘한 관계로 구성된 '한마음'은 그들 상호 간의 미묘한 작용을 통해 역동적인 대승의 경계를 전개하는 것입니다. 무명이 다하는 순간 불사의한 업이 자연 발생한다는 것은 바로 인연 소생이기 때문에 '공空'하지만, 또 불사의한 업에 의한 것이기 때문에 단순한 공空이 아닙니다. 결국엔 한마음 속에서 진여문과 생멸문이 둘이 아닌 것이지요. 같은 맥락에서 출세간을 의미하는 진眞과 세간을 의미하는 속俗도 둘이 아닙니다.

따라서 한마음을 근거로 화쟁이 가능하고, 어느 한 이론이나 출세간에 얽매임 없이 오직 한마음을 밝히는 것으로 화쟁이 이루어집니다. 원효가 세간 속에서 불도를 지향하려 한 것도 같은 맥락에서 이해할 수 있습니다. 그는 민중과 함께 어울려 살면서 이들을 교화하는 데 힘썼습니다. 그는 파계하여 요석공주와의 사이에서 설총을 둔 뒤 속복俗服으로 "일체에 걸림이 없는 사람이라야 한길로 생사의 번뇌에서 벗어나리[一切無导人, 一道出生死]."라는 〈무애가無导歌〉를 지어 부르면서 누구나 쉽게 불교를 알고 믿을 수 있게 하였습니다.

원효는 어느 한 종파에 얽매이지 않으면서 여러 종파가 불교라는 한 이름 아래 총화되기를 바랐습니다. 또 출세간이 둘이 아니고 서로 무애하다는 사상을 바탕으로 민중을 교화하고자 하였습니다. 이것은 모두, 그가 자신의 철학을 삶 속에서 얼마나 철두철미하게 실천하려고 했는가를 잘 보여 주는 것입니다.

의상, 법계도 하나로 모든 것을 말하다

원효와 같은 시기에 활동한 고승으로 의상義湘(625~702)을 들 수 있습니다. 의상은 화엄 사상이 전 불교사에서 확고한 철학적 체계를 잡는데 지대한 공헌을 한 승려입니다. 그는 원효가 입당 유학길에 올랐을 때, 그와 함께했던 도반이었습니다. 원효는 도중에 깨달음을 얻고 신라로 돌아왔지만, 의상은 계획대로 당에서 유학을 하게 됩니다. 마음의 깨침은 각자의 것으로 함께 공유할 수는 없는 것이기 때문이었겠지요. 의상은 중국 화엄종 2조인 지엄智儼의 문하에서 수학했습니다. 그는 화엄종 3조가 되는 것도 어렵지 않을 만큼 뛰어난 학식과 인품을 가졌던 사람이었다고 합니다. 하지만 그는 투철한 국가 의식을 가지고 10년 만에 귀국하여, 신라 화엄종을 창설하였습니다.

의상의 대표적인 저작으로는 《화엄일승법계도華嚴一乘法界圖》가 있습니다. 이것은 그가 귀국에 앞서 지엄으로부터 화엄경이 강조하는 해인삼매海印三昧*에 대한 설명을 듣고 난 뒤, 자신이 나름대로 터득한 해인삼매의 경지를 토대로 방대한 화엄경 사상의 내용을 한꺼번에 간추려 표현한 것입니다.

《화엄일승법계도》는 210자로 된 7언 30구의 시 구절 속에 60권 내지 80권에 달하는 방대한 화엄경 안의 사상적 핵심을 모조리 다 함축시킨 하나의 도인圖印입니다. 이 짤막한 글과 그림은 그 내용뿐만 아니라, 위치와 모양도 매우 중요한 의미를 갖는 것입니다. 이것은 그가 체험한 삼매의 이미지라고도 할 수 있습니다. '일승법계一乘法界' 란 크게는 우주를 지칭하는 말도 되고, 작게는 나 한 개인을 가리키는 말도 됩니다. 또 다른 측면에서는 영원히 하나인 불변의 극極을 의미하기도 하고 시시각각 도처에서 변화하는 다양한 현상과 사물을 의미하기도 합니다. 화엄학에서 전자는 '이理' 라고 하고 후자는 '사事' 라고 합니다. 의

의상대사의 진영

해인삼매

일반적으로 삼매는 마음이 들뜨거나 침울하지 않고 한결같이 평온한 상태, 마음을 집중하고 통일시키는 수행과 그 수행으로 이르게 된 평온한 마음 상태를 말한다. 해인삼매는 이를 비유적으로 표현한 것이다. 고요한 바다에 온갖 형상이 비치고 온갖 물이 모두 바다로 흘러가고, 온갖 것이 바다에 갈무리되어 있듯, 일체의 안팎을 두루 명료하게 파악하는 부처의 삼매를 해인삼매라고 한다.

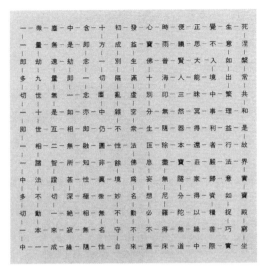

一一微塵中含十 初發心時便正覺生死
一量無是即方成 益寶雨議思不意涅
一卽遠劫念一別 生佛普賢大入如槃
多九量卽一切隔 滿十海人能境出常
切世無一念塵虚 別印三昧中繁共
一十是如亦中雜 空分無然冥事理和
卽世互相卽仍不 衆生隨器得利益是
相二無融圓性法 叵除本還者行故
諸智所知非餘佛 息盡寶莊嚴法界
中法證甚性眞境 爲妄無隨家歸意實
多不切深極微妙 名想尼分得資如寶
切動一一絶相無 不動必羅陀以糧捉殿
一本來寂無名守 不不得無緣善巧
中一一成緣隨性 自來舊床道中際實坐

의상의 《화엄일승법계도》
한가운데 있는 문자(一法)에서 시작하여 전 도해를 훑어가면 마지막에 다시 처음 시작된 곳으로 돌아오게 되어 있다. 《법성게法性偈》라고도 한다.

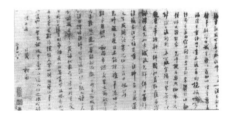

법장이 의상에게 보낸 편지

상은 이들이 서로 원융하여 걸림이 없다는 것을 표현하고자 했습니다. 이들은 하나이고 하나의 중심은 삼매三昧의 마음입니다. 우주의 모든 현상과 변화의 시작과 끝이 바로 이 한마음입니다. 법계도는 이 이치를 상징적으로 표현한 것입니다. 의상은 법계도의 210자를 보면서 글자 하나하나가 제멋대로 자기의 우월성과 절대성을 주장하여 제각기 자리다툼을 한다면 의미 있는 글이 될 수 없다고 했습니다. 그러면서 그는 하나를 통한 통일과 조화를 강조했습니다. 이것은 억압적인 획일주의나 전체주의와는 완전히 다른 것입니다. 이것은 차원 높은 정신적 경계인 우주의 마음을 말합니다.

의상의 스승인 지엄은 이 법계도를 보고 감탄해 마지않았다고 합니다. 의상의 법계도는 지엄의 같은 제자로서 화엄종을 집대성하게 되는 현수법장의 화엄교학에 큰 영향을 끼쳤습니다. 의상을 법형法兄으로 섬겼던 법장은 의상에게 서한을 보내 《화엄탐현기華嚴探玄記》 등 자기 저술의 잘되고 잘못된 곳을 지적해 줄 것을 부탁하기도 했습니다. 의상의 화엄교학은 법장의 교학에 비해서 이론보다 실천 방면을 더 중시하는 것이었습니다.

의상의 문하에는 3천 명의 제자가 있었다고 합니다. 그 가운데 뛰어난 제자들이 중심이 되어 신라 화엄종의 주류를 형성하고 이들을 통해서 실천을 중시하는 의상의 교학이 한국 화엄교학의 전통이 되었습니다.

신라의 선종, 구산선문이 열리다

선종은 불교의 한 수행법인 선정禪定에 의지하여 깨달음을 얻으려는 종파입니다. 선종에서는 문자에 의존하지 않고 오로지 좌선을 닦아 자신이 본래 갖추고 있는 부처의 성품을 체득하는 것을 목표로 하지요[不立文字 見性成佛]. 6세기 초에 인도에서 중국에 온 보리달마菩提達磨를 초조初祖*로 하여 이후로 중국에서 크게 번성했습니다.

초조
가계家系나 유파流派의 초대 선조

신라에 선종이 대두된 것은 대체로 9세기부터라고 할 수 있습니다. 이전까지는 부처님 말씀을 적어 놓은 경의 뜻과 계율을 중시하는 교학 불교가 성행하였지요. 선종은 교학 불교의 전통과 권위에 대항하면서 크게 유행하게 됩니다. 교학 불교, 즉 교종은 이론 불교이면서 체제 불교의 성격을 지녔고 통일 이후로는 점차 기복적祈福的이고 타력 의존적인 신앙으로 변질되었습니다. '실천과 수행'을 중시하는 선종의 대두는 이러한 교종을 비판하고 신라 불교의 체질을 개선하는 데 크게 기여했습니다. 아울러, 선종의 비판 정신과 자기 부정의 경향은 현실 사회의 비판과 개혁 운동으로 이어졌습니다. 신라 하대 이후의 교종과 선종은 그 사회적 기반부터 달랐습니다. 교종은 중앙의 진골 귀족에 근거를 둔 데 비해, 선종은 지방의 호족 세력과 연계하고 있었습니다. 따라서 선종과 교종의 대립은 자연히 이들 계층 간의 대립 양상으로 이어지게 되었지요. 선종의 각 파들은 지방의 호족 세력과 관계를 가지면서 각 지방에 본거지를 두고 독특한 선풍을 일으켜 산문山門을 열었는데, 여기서 '구산선문九山禪門*'이 형성되었습니다.

구산선문
신라 말과 고려 초에 형성된 선종의 9가지 파를 말한다.

▶ 사명대사 유정(1544~1610)이 그렸다는 달마도

좀더 알기

✖ 선종

　　문자에 의존하지 않고 오로지 좌선을 닦아 자신이 본래 갖추고 있는 부처의 마음을 깨달으려는 종파다. 6세기 초에 인도에서 중국에 온 보리달마菩提達摩를 초조初祖로 한다. 달마는 마음을 집중하여 번뇌가 들어오지 못하도록 하고 온갖 망상妄想을 쉬게 해서 청정한 본심을 보는 안심安心법을 가르쳤다.

　　달마는 그의 제자인 혜가慧可(487~593)에게 능가경楞伽經을 주면서 그의 선법을 전하였는데, 이로써 혜가가 선종의 제2조가 된다. 혜가는 그의 법을 3조 승찬僧璨(?~606)에게 전하였고, 승찬은 4조 도신道信(580~651)에게, 도신은 5조 홍인弘忍(601~674)에게 각각 자신의 선법을 전하였다. 홍인 이후로는 선종의 종파가 북종선北宗禪과 남종선南宗禪으로 나뉘게 된다. 북종선은 후베이성湖北省 당양當陽 옥천산玉泉山의 대통大通 신수神秀(?~706) 문하를 말하고, 남종선은 광둥성廣東省 소주韶州 조계산曹溪山의 혜능慧能(638~713) 문하를 말한다. 북종선은 청정한 마음을 관조하는 것을 중시하고 모든 것은 마음의 발현이므로 마음을 깨달으면 무명이 제거되어 해탈에 이른다고 하였다. 그러나 남종선은 금강경에 의거해서 생각을 일으키지 않는 무념無念을 궁극적인 진리로 삼았다. 혜능의 제자 하택荷澤 신회神會(684~758)는 선종의 전통을 문제 삼아서 혜능을 달마의 직계라고 주장했는데, 이에 동조하는 수행승들이 많아서 혜능이 선종의 제6조가 되었다. 이후로 중국의 선종은 혜능 계통에서 전개되었다. 북종선과 남종선 시대가 지난 뒤에는 강서江西의 마조馬祖 도일道一(709~788) 문하에서 뛰어난 선승들이 많이 배출되어서 강서 지방을 중심으로 조사선祖師禪이 전개되었다. 조사선은 일상 속에서 선禪을 실천하는 것을 중시했다. 그래서 평범하고 예사로운 마음이 곧 차별과 분별이 없는 근원적인 마음이기 때문에 평상심이 곧 도[平常心是道]이고 이 마음이 곧 부처[卽心是佛]라고 했다. 조사선에서는 도는 수행을 필요로 하지 않고 다만 오염시키지만 않으면 된다고 하였다.

　　당唐 무종武宗 대에 불교를 탄압하는 사건이 있었는데(845~846), 이 이후로 선종 세력

이 회복되면서 더 다양한 종파가 생겨났다. 마조 도
일과 석두石頭 희천希遷(700~790) 문하에서 위앙
종 · 조동종 · 임제종 · 조동종 · 법안종 · 운문종이 생
기고, 임제종에서 다시 황룡파와 양기파가 갈라졌는
데, 이를 오가칠종五家七宗이라고 한다. 이중에서 임
제종은 임제臨濟 의현義玄(?~867)에 의해 북방에서
널리 성행하였는데, 임제종 양기파 문하의 대혜大慧
종고宗杲(1089~1163)에 의해 간화선看話禪이 성립되
었다. 대혜 종고는 천만 가지 의심도 결국 하나의 의
심에 지나지 않으며 화두의 의심이 깨뜨려지면 모든
의심이 일시에 사라진다고 하였다. 그는 많은 조사들

三十五世江西道一禪師

마조 도일의 진영

의 말이나 문답 중에서도 조주趙州 종심從諗(778~897)의 '무無'자 화두를 수행의 근본으
로 삼았다. 무無 자 화두는 한 수행자가 조주에게 "개에게도 불성이 있습니까?"라고 물
었는데 "없다(無)."라고 대답한 것을 말한다. 대혜 종고는 이 대답에 대한 큰 의심의 응결
과 그것의 타파를 정신 집중 수행의 두 단계로 삼았는데, 이것이 남송南宋 시대 선종의
주류가 되었다.

신라 말기에 들어온 선종은 6조 혜능의 남종선 계통이었다. 신라의 구산선문은 고려
시대에 의천이 송宋에서 귀국하여 천태종을 세운 데 자극을 받아 하나로 종합되었는데,
그것이 조계종曹溪宗이다. 조계라는 말은 6조 혜능이 선풍을 일으켰던 광둥성 조계산 보
림사寶林寺의 지명이다. 조계종은 고려 후기로 내려오면서 불교계의 주류를 이루었다. 그
러나 조선 세종 6년(1424)에 7종의 종파를 선교 양종으로 통폐합하는 과정에서 선종으로
통합되어 그 이름을 잃어버렸다. 이후 우리나라의 불교계는 종명宗名도 없이 명맥만 이어
오다가 1941년에 조계종이라는 종단이 결성되고 총본산인 태고사太古寺(지금의 조계사)가
세워졌다. 현재의 대한불교조계종은 이 맥을 이은 우리나라 최대의 종파다.

03 통일신라의 수련 도교

단학 수련의 흔적을 남기다

내단법

내단은 도와 합일된 인격체인 선인이 되는 방법의 하나이다. 내단은 인체 내에 깃들인 근원적 생명력을 단련함으로써 선인에 이르는 방법이다. 반면, 외단법外丹法은 광물질을 원료로 하여 제조한 금단을 복용함으로써 선인에 이르는 방법이다.

단학

도교의 수련법을 말한다. 이능화李能和(1868~1945)가 자신의 저서인 《조선도교사》의 제21장 〈조선단학파〉속에서 이 말을 처음 사용하였는데, 내단학, 수련 도교 등의 표현은 같은 의미로 사용된다.

통일기 이후로는 이 시기의 뛰어난 인물들을 도교적으로 미화시킨 많은 설화들이 전해집니다. 후세에는 김유신·원효·의상·최치원·최승우 등 고승과 명유名儒나 명장名將들이 우리나라의 도맥道脈을 잇는 데 중추적인 역할을 했다는 기록도 전해집니다. 특히 김가기·최승우·자혜慈惠(義湘) 세 사람이 중국 종남산 광법사에서 천사天師 신원지申元之에게 내단법內丹法*을 수련하여 이를 최치원과 이청에게 전했다는 설화는 우리나라 단학丹學*의 연원으로 신봉되기도 하였습니다. 실제로 신라 하대에 입당 유학생들에 의해 단학이 전래되어 하나의 유파를 이룬 사실도 있긴 합니다. 하지만, 지금으로서는 고증하기 어려운 사실들이 대부분이고 또는 유·불·도 혼합의 차원에서 윤색되거나 신비화된 색채가 농후한 경우가 많습니다. 김가기와 자혜 같은 경우는 활동 연대가 200년 정도 차이가 나는데, 이들이 동시에 한곳에서 내단을 수련했다고 보기는 어렵지요.

또, 《해동전도록海東傳道錄》에서는 최치원을 '해동단학파'의 비조라고 하였습니다. 입당 유학 시절에 그와 두터운 교분을 나누었던 고병高騈이 신선술을 믿고 연단술鍊丹術을 익혔기 때문에 어느 정도 영향을 받았으리라는 사실은 짐작할 수 있습니다. 하지만 도교에 대한 최치원의 이해는 사상적인 차원에서 이루어진 것이지, 종교적인 차원에서 이루어진 것이 아닙니다. 최치원은 형식이나 의식에 집착하지 않고 마음의 성실성이나 경건성에서 우러나오는 몸과 마음의 초월을 중시하였지요. 그는 종교가 구복求福적인 데로 타락하는 것을 경계하고 불로장생과 해탈만을 바라는 선도를 자기만 위하는 것으로 보았습니다. 최치원을 도교와 무관한 인물이라고 할 수는 없겠지만, 그를 도교의 중심인물로 보는 데는 무리가 따릅니다. 그의 재능과 말년에 대한 안타까움 때문에 다소 신비적으로 미화시킨 면이 없지 않지요. 이 시기의 도교 사상을 비롯한 한국 도교사 전반에 대해서는 더 많은 자료의 발굴과 연구가 필요합니다.

쉬어가기

✖ 노힐부득과 달달박박 - 발가락 하나 차이

옛날에 노힐부득努肹夫得과 달달박박恒恒朴朴이라는 사람이 백월산 동남쪽의 선천촌仙川村에 살았다. 둘은 이 세상 밖에 뜻을 두고 친구 사이로 가깝게 지냈다. 둘 다 결혼을 해서 아내도 있었다. 이들은 계를 받고 정식으로 출가한 승려는 아니었지만, 집을 떠나 승도촌僧道村의 어느 오래된 절에서 수행을 했다. 재가승在家僧이었던 것이다. 노힐부득과 달달박박은 극락 세상과 깨달음을 열망하면서 '부처님을 배우면 마땅히 부처가 되어야 하고 진리를 닦으면 반드시 진리를 찾아야 한다'고 하였다. 그리고 이왕 수행을 시작했으니 세상에 묶인 끈을 벗어버리고 더할 수 없는 도를 이루자고 다짐했다. 그리고 각각 돌무더기로 지은 뇌방磊房과 판자때기로 지은 판옥板屋에 살면서 불도를 닦았다. 그러다가 3년이 지난 어느 날(709년 4월 8일) 산중에 아름다운 여인이 나타났다. 그 여인은 먼저 박박이 사는 곳에 이르러 다음과 같은 노래를 지어 바쳤다.

가다 보니 해는 떨어지고 온 산이 저물어
길은 끊어지고 마을은 멀어 사방이 막혔다오
오늘 밤 몸을 맡겨 암자 아래 자려 하니
자비로운 스님께선 화내지 마세요

그러자 박박은 "절이란 깨끗이 지키는 것을 일삼는 곳이오, 그대를 받아들일 수 없으니 빨리 떠나시고 이곳에 머물지 마시오." 하고 거절하고는 문을 닫고 들어갔다.

여인은 다시 부득을 찾아갔다. 부득에게도 하룻밤 묵을 것을 청했는데, 부득은 "그대는 어디서부터 밤을 헤치고 오시는 것이오?" 하고 물었다. 그러자 여인은 "맑기가 태허太虛와 한 몸이니 어디 오고 감이 있나요? 다만 현명하신 스님께서 뜻이 매우 깊고 덕행이 높다 하여 보리菩提를 이루는 데 돕고자 합니다."라고 하면서 게偈를 지어 바쳤다.

날 저문 산길에

가는 곳마다 사방이 막혀 있네

소나무 대나무 숲은 그늘이 짙어 가고 골짜기 시냇물 소리는 낯설기만 한데

자고 가기를 바라는 것은 길을 잃어서만이 아니요

스님께 계율을 일러 주려 함이네

내 청을 들어만 주실 뿐

어떤 사람인가는 묻지 마오

여인의 게를 듣고 부득이 놀라며 말했다. "이곳은 여인이 와서 더럽힐 곳은 아니지만 중생을 따르는 것도 보살행의 하나지요. 하물며 깊은 산골에 날이 저물었으니 어떻게 소홀히 대하리오." 부득은 박박과 달리 융통성을 발휘하여 여인을 암자 안으로 맞아들여 머물게 했다. 그리고는 등잔불 아래서 벽을 바라보면서 부지런히 염불을 외웠다. 그런데 밤이 거의 지나갈 무렵, 여인은 부득에게 산통이 있어 곧 아이를 낳을 것 같다고 했다.

백월산의 백운사 정경
노힐부득의 거처 뇌방이 있던 자리로 추정되는 백월산 남쪽 기슭의 암자 백운사(좌),
백운사 마루기둥 받침돌로 쓰이고 있는 백월산 남사 석등(추정)의 화사석과 연화대석

부득은 출산 준비를 해 주고, 애처로운 마음 가눌 길이 없어 등불을 가만히 피워놓았다. 여인은 아이를 낳고 나서 목욕물을 부탁했다. 부득은 두려운 마음이 엇갈렸으나 어여삐 여기는 마음은 더할 나위없었다. 그리고 항아리 욕조를 마련해 여자를 앉히고 새로 물을 끓여 씻겨 주었다. 그러자 욕조 안의 물이 향기를 가득 피우면서 금빛의 즙으로 변하는 것이었다. 부득이 크게 놀라자 여인이 말했다. "우리 스님도 여기서 씻으시지요." 부득이 그 말을 따르자 문득 정신이 상쾌하고 맑아지면서, 피부가 금빛이 되었다. 그 곁을 보았더니 어느새 연꽃 대臺가 나타났는데, 여인은 거기 앉으라고 권하면서 말했다. "나는 본디 관음보살이오. 스님이 대보리大菩提를 이루도록 와서 도와준 것이라오." 여인이 말을 마치자 더 이상 보이지 않았다.

날이 밝자, 박박은 부득이 지난밤에 분명 계戒를 어겼을 것이라 생각하고 부득의 처소를 찾아갔다. 부득은 연대에 앉아 이미 미륵존상이 되어 있었다. 박박은 어찌 된 일인지 듣고 나서는 "내가 눈에 씐 것이 있어 대성을 만나고도 바로 모시지 못했군. 그대는 지극히 인자하여 나보다 먼저 이루었네. 바라건대 옛날의 약속은 잊지 말아 주시게. 부디 함께 가야지?"

달달박박의 거처 판방 터로 추정되는
백월산 북쪽 골짜기의 산신각

옛날의 약속은 함께 성불하자는 것이었다. 부득은 욕조에 남은 물로 몸을 씻으라고 일러 주었다. 박박은 곧 무량수 불상이 되어 부득과 마주 보고 앉았다. 그리고 마을 사람들이 오자 두 성인은 설법을 베풀고 온몸을 들어올려 구름을 타고 사라졌다. 이 이야기는 《삼국유사》〈탑상〉편에 '남백월산의 두 성인 노힐부득과 달달박박[南白月二聖努肹夫得怛怛朴朴]' 조다. 중생과 함께 하는 법을 더 가치 있게 여기는 신라 하대의 불교관을 엿볼 수 있는 이야기다.

《삼국유사》에서 전하는 이야기는 여기까지가 끝이다. 그런데, 민간에서는 그 뒷이야기가 전해진다. 백월산 아래 어느 마을에서 전해 내려오는 설화에 따르면, 마지막에 몸을 씻어 내려가던 박박이 물이 조금 모자라 엄지발가락 부분을 묻히지 못했다고 한다. 그래서 두 불상이 선 다음에 사람들이 와서 보니, 부득은 온몸이 완벽한데 박박은 엄지발가락만 금빛이 아닌 채로 있었다고 한다. 민간 설화의 재치가 참으로 돋보이는 대목이다.

4
불교와 도교, 도참 사상이 혼합된 고려 시대

고려 태조 왕건은 후백제보다 약한 군사력을 가지고 있었지만,

호족을 비롯한 다양한 세력을 포섭하는 정책을 펴서 후삼국을 통일할 수가 있었습니다. 건국 직후의 고려는 호족 연합 정권의 성격을 띠어 왕권이 약했기 때문에, 여러 왕들이 강력한 중앙집권 체제를 구축하려는 정책을 폈습니다. 이 과정에서 유교가 중요한 역할을 담당했지요. 성종 대에는 중국식 태묘와 사직과 문묘 등을 설치하고 전통적으로 내려오던 팔관회와 연등회를 축소했습니다. 그리고 개국 이래 사용하던 '조서詔書'라는 용어를 제후의 용어인 '교서敎書'라고 바꾸었지요. 이런 정책은 고려의 안정을 꾀하려는 현실적인 것이었지만, 태조가 지향했던 황제국을 공식적으로 폐기하는 것이라는 문제가 있었습니다. 또 무예를 숭상하는 정신을 약화시켜 결국엔 국력 약화를 초래한다는 우려도 낳았습니다. 하지만 중국식 유교 정치 체제의 기본 골격은 이후로 15대 숙종에 이르기까지 그대로 유지되었습니다. 16대 예종이 북벌 정책을 펴서 황제국의 위상을 되찾으려 했지만, 다수 신하들의 반대에 부딪쳐 결국 뜻을 펴지 못했지요.

북진 반대론자들은 북진 추진 과정에서 빚어진 군사적 손실을 빌미로 북진 세력을 몰아내고 국내 정치의 주도권을 장악하였습니다. 이 과정에서 북진 반대 세력을 중심으로 문벌 가문들이 형성되었습니다. 이들은 사회 내부의 권력 장악에 몰두하여 고위 관직을 독점하고 한정된 통혼을 통해 배타적인 특권을 형성하였습니다. 또 토지를 이용해서 부를 세습함으로써 경제적 특권을 누렸습니다. 그러는 동안 북방의 여진족은 계속 성장하여 금을 세우고 요를 멸망시킨 다음, 고려에 군신 관계를 강요해 왔습니다(1125). 당시 문벌 세력들은 사금事金 정책을 채택하였지요. 이런 와중에, 고려가 여진족의 금에 사대하고 여러 어려움에 처하게 된 것이 수도인 개경의 지덕이 쇠했기 때문이라며, 지덕이 왕성한 서경으로 천도하여 나라를 부흥시킬 것을 주장하는 서경 세력이 등장했습니다. 묘청과 정지상이 대표적인 인물입니다. 이들은 당시 김부식을 중심으로 하는 개경 세력을 제거하기 위해 군사를 일으켰지만 (1135), 실패하고 말았습니다. 묘청의 봉기는 고려의 축소된 위상에 대한 반발에서 비롯된 것이었습니다. 고려 조정은 이런 점을 충분히 반성하지 않고 계속해서 문벌 중심의 문치주의를 고수했습니다.

북진이 좌절된 고려에서 무신들은 국왕 및 문신 호위나 체제에 도전하는 농민들의 봉기를 진압하는 정도로 위상이 격하되었습니다. 이런 현실에 대한 불만은 무신 란(1170)으로 드러났지요. 무신들이 정권을 장악하자 고려의 국왕은 허수아비가 되었고, 문신들은 무신을 보좌하는 역할만 했습니다. 무신들은 새로운 사회 이념을 제시하지 못하고 내부의 권력 투쟁에만 집중하여, 민중 봉기의 원인이 되는 등 혼란을 초래했지요. 그리고 몽고의 침입 때는 백성들을 몽고군에 그대로 노출시킨 채 강화도로 천도하였습니다. 무신들은 불력의 가호와 멀어진 불교계의 지지를 확보하기 위해 대장도감을 설치하고 팔만대장경을 각판하기도 했습니다. 고려는 40여 년간 몽고군에 끈질기게 항쟁하였지만, 원종이 원의 세력을 이용해 무신 정권을 붕괴시키고 친정을 단행하기 위해 환도하면서 원의 강력한 영향력 아래 들어가게 되었습니다. 이후에 고려는 문벌귀족과 무신 가문, 그리고 원의 지배 이후 성장한 가문들로 구성된 권문세족이 정치·경제·사회적 특권을 차지했습니다. 고려의 국왕들은 전기부터 누적되어 온 이런 특권층의 전횡과 그로 인한 부작용들을 개혁하기 위해 애썼습니다. 하지만 국왕 자신이 원과 밀접한 관련이 있는 데다가 개혁을 뒷받침하고 주도하는 세력과 지도 이념이 없었기 때문에 번번이 실패하고 말았지요. 결국 새로이 등장한 신흥사대부가 성리학을 이념으로 개혁을 주도하면서, 고려는 조선이라는 새 왕조로 대체되었습니다.

01 국교로 숭상된 불교

삼국 및 통일신라 시대의 불교가 대승 불교 안에서 대립되고 있던 중관과 유식의 통합이 과제였다면, 고려 시대의 불교는 교종과 선종의 조화를 새로운 과제로 하였습니다. 당시 불교는 선종과 교종이 양립하면서 지배층의 성향에 따라 어느 한쪽이 좀더 성행하는 식으로 전개되었습니다.

태조의 개창 당시에는 그를 비롯한 지방 호족 세력을 지지했던 선종이 주가 되었습니다. 지방 호족 세력을 기반으로 하는 선종 승려들이 고려조를 개창하는 데 큰 역할을 했고 태조 왕건 자체도 지방 호족 출신으로 선종에 호의를 가지고 있었지요. 그러다가 중앙집권 체제가 구축되면서 문벌 귀족이 생기고 문치를 숭상하는 분위기가 일자 다시 교종이 일어나고, 무신란 이후에는 선종의 조계종이 무신 정권을 기반으로 성행했습니다.

하지만 이런 변화는 지배층 사이에서만 유효했습니다. 민중들 사이의 불교는 여전히 윤회설이나 업설을 기반으로 하였고, 거기에 도교와

풍수지리설 등 여러 사상이 결합되어 현세 구복적인 기도 불교·의례 불교의 성격이 강하였습니다. 전반적으로 세속화되었다고 할 수 있지요. 이런 성향은 고려 시대의 전반을 거쳐 유지되었습니다. 지배층의 신불神佛 태도도 이러한 세속화 과정을 자극하는 면이 있었습니다. 지배층의 불교가 민중의 불교와 다른 성격을 지니기는 했지만, 전반적으로는 자력으로 이상을 구현하는 태도와 함께 도참 사상과 결합된 기복 불교*에 의지하는 태도도 가지고 있었습니다. 자력 반 타력 반의 신불 태도를 가지고 있었다고 할 수 있지요. 당시는 개인적인 신앙보다는 국가적 목적의 달성을 위한 신앙이 주가 되었고, 사원은 개인적인 해탈을 위한 도장이라기보다는 불력으로 국가를 비보하는 성격이 강했습니다. 그리하여 유교적 지배 체제를 구축하기 위해 의도적으로 배제된 때를 제외하고는 대부분의 시기에 국가의 태평을 기원하는 대불사와 대법회가 있었습니다. 고려 불교는 이러한 기틀 위에서 선·교·도참이라는 3대 요소를 중심으로 전개되었습니다.

기복 불교
자기 내면의 성찰보다 일신의 안위와 복을 비는데 치중하는 불교

광종 대에는 왕권 강화를 구축하는 과정에서 지방 호족 세력이 개편 대상이 되는데, 이때 지방 호족 세력과 연계되어 있던 선종도 영향을 받게 되었습니다. 이후로는 교리 중심의 교종이 객관적인 교리를 종합하고 집단적인 불교 행사를 이용해 불교 의식을 강화함으로써 개인의 수양 방법인 참선을 중시하는 선종보다 중앙집권화에 용이한 이념으로 기능하게 되었지요. 이때 교종을 이끌었던 승려인 균여均如(923~973)는 두 부류로 나뉘어져 있었던 화엄학을 통일하고 '보현행普賢行*'을 강조하여 이를 민중 속에 정착시키려고 하였습니다.

보현행
화엄경 속에 등장하는 보현보살의 실천으로 원만하고 완전한 수행을 의미한다.

반면, 선종계에서는 통합적인 선 사상을 주장하는 움직임이 있었습니다. 거란족의 몇 차례에 걸친 침입을 계기로 불교계에서는 신라 후기 불교의 영향에서 벗어나서 새로운 고려 불교를 확립하려는 시도가 있

해인사 대장경판과 판고

었습니다. 이 작업의 주역은 의천義天(1055~1101)이었습니다. 그는 균여계의 화엄학을 배척하고 천태종天台宗을 중흥시켜 선종과 교종의 대립을 지양하려고 하였습니다. 또 호국기원護國祈願의 목적과 교학 진흥의 뜻을 겸하여《대장경大藏經》을 수집하고 간행하였습니다.

고려에 내우외환이 겹친 12~13세기에는 이를 신불神佛에게 기구하는 불사가 성행하고 정치적 혼란과 더불어 타락하는 승려들 또한 많았습니다. 이때 이를 각성하고 승려 본연의 자세로 돌아가자는 불교계의 사상운동이 일어났는데, 그 대표적인 승려가 바로 지눌知訥(1158~1210)입니다. 그는 산림에 은둔하여 정혜에 힘쓸 것을 주장했습니다. 또 선종과 교종이 근본적으로 다르지 않다는 점을 인식하고 이들의 조화를 꾀하였습니다. 천태종에서는 지눌의 결사 운동에 영향을 받아 '백련결사 운동'을 전개했습니다.

그러나 1세기에 걸친 원의 지배하에서 불교 교단은 계속 타락했습니다. 고려 불교는 이후 기복적인 궁중 불교가 아니면 관념적인 형이상학만 생산하는 고답적인 산중 불교가 되어 민중과의 거리가 멀어졌습니다. 결국은 불교 의례儀禮가 지나치게 남발하게 되고, 몽고 지배하에서 타락된 의례 불교는 결국 고려 멸망의 한 원인으로 남게 되었습니다.

의천, 천태 교학으로 불교를 쇄신하다

고려 건국 후 불교가 진흥되는 과정에서 여러 가지 부조리한 현상이 빚어졌습니다. 승려들이 높은 벼슬아치나 지방 호족과 같은 귀족 신분의 대우를 받자 승려가 되어 국사나 왕사로 출세하려 드는 사람들이 많아졌습니다. 절은 대토지를 소유하고 많은 노비를 거느렸으며 금은을 모아 사치스러운 불사를 일으켰습니다. 그중에서도 부유한 절에서는 베나 곡식 따위를 가지고 장리놀이를 하고 절에서 나온 잉여 생산물로

좀더 알기

✖ 천태종

수나라 천태종의 개조開祖인 지의智顗(538~597)가 법화경을 중심으로 완성한 종파다. 오시팔교五時八敎를 교판으로 한다.

여기서 오시五時는 부처의 가르침을 전한 순서에 따라 부처가 깨달음을 성취한 직후 21일간 화엄경을 설한 시기[화엄시(華嚴時)], 화엄경을 설한 후 녹야원에서 12년간 아함경을 설한 시기[녹원시(鹿苑時)], 녹원시 후 8년간 유마경·사익경·승만경 등의 대승경전을 설한 시기[방등시(方等時)], 방등시 후 22년간 여러 반야경을 설한 시기[반야시(般若時)], 반야시 후 8년간 법화경을 설한 시기와 입멸 때 1년간 열반경을 설한 시기[법화열반시(法華涅槃時)]로 나눈 것이다.

그리고 팔교는 그 가르침의 형태를 다시 돈교頓敎·점교漸敎·비밀교秘密敎·부정교不定敎·장교藏敎·통교通敎·별교別敎·원교圓敎 등 8가지로 나눈 것이다. 먼저 돈교는 처음부터 바로 부처가 체득한 깨달음을 그대로 설한 가르침으로 화엄경이 이에 해당한다. 점교는 얕은 내용에서 점차적으로 깊은 내용으로 나아간 가르침으로 녹원시·방등시·반야시에서 차례로 설한 경전이 이에 해당한다. 비밀교는 듣는 이들 서로 간에 알지 못하게 근기에 따라 다르게 설하여 각자 다른 이익을 얻게 하는 가르침이다. 부정교는 같은 내용을 설하지만 듣는 이들이 근기에 따라 이해하여 각자 다른 이익을 얻게 하는 가르침이다. 장교는 아함경을 비롯한 초기의 가르침이고 통교는 성문·연각·보살에게 공통되는 가르침이다. 별교는 보살만을 위한 가르침이고, 마지막으로 원교는 부처가 체득한 깨달음을 그대로 설한 가장 완전한 가르침으로 법화경이 이에 해당한다.

천태종에서는 한 생각 속에 온갖 현상이 두루 갖추어져 있다[一念三千]고 본다. 또 모든 현상에는 불변하는 실체가 없다는 공제空諦와 모든 현상이 여러 인연의 일시적인 화합으로 존재한다는 가제假諦, 그리고 공空이나 가假 어느 한쪽에도 치우치지 않는 중제中諦는 서로 걸림 없이 원만하게 하나로 융합되어 있다는 삼제원융三諦圓融 사상과 마음이 곧 부처이고 중생이라는 회삼귀일會三歸一 사상을 기본으로 한다.

이 절은 나의 개인 소유지!

장사를 하기도 하였습니다. 하다못해 소금·꿀·기름 등의 식품을 가
공해서 팔고 숙박 시설을 운영하는 절도 있었지요.

　왕실과 사찰은 절도를 잃어 부정한 일을 저지르면 참회하는 법회를
열어 죄를 씻어 내고, 나쁜 짓을 하고도 작은 선으로 보상받는다고 믿
었습니다. 부처에게 빌기만 하면 일을 하지 않아도 잘살고 복을 받는다
는 의타적 의식이 팽배해졌지요. 이런 상황에서 문벌 귀족은 원당을 세
워 재산을 도피하거나 절의 경계를 장악하여 사유화하였습니다. 또 자
신들의 아들을 출가시켜 교단의 주도권을 움켜쥐었습니다. 그러다 보
니 문벌 귀족이 특정 종파를 대변하고 그런 종파가 다시 귀족들을 지지
하게 되었습니다. 당시의 가장 큰 종파는 화엄종과 법상종*이었는데,
이들은 문벌 귀족과 결탁하여 다른 교단을 무리하게 장악하면서 많은
부패를 양산해 냈습니다.

　이러한 불교의 폐단을 극복하고자 한 승려가 바로 의천입니다. 의천
은 사찰의 사유화와 무분별한 출가를 막는 등 여러 가지 개혁책을 내놓
았던 문종 임금의 아들이었습니다. 그는 주변의 반대를 물리치고 송나

의천의 진영

의천과 호랑이를 그린 벽화

라의 카이펑開封으로 갔습니다. 카이펑은 인도승과 라마승을 비롯한 남쪽 여러 나라 승려들의 내왕이 끊이지 않던 곳이었지요. 그곳에서 의천은 여러 승려들과 교류하기도 하고 고행을 하며 여러 절들을 두루 돌아보았습니다. 또 1년 2개월 동안 여러 불경과 경서를 수집하여 고려로 가지고 왔습니다. 그리고 교장도감을 설치하여 이를 찍어 냈습니다. 그리고 고국으로 돌아와 본격적으로 천대 교학을 강의했습니다. 의천은 문벌 세력을 누르고 왕권을 강화하면서 불교의 폐단을 극복하고자 하였습니다. 당시에는 선종과 교종이 대립하고 있었는데, 의천은 이것을 선과 지혜를 강조하는 천태종으로 극복하려고 하였습니다. 그는 원효의 화쟁 사상을 교관겸수敎觀兼修 라는 다른 이름으로 시대에 맞게 재구성했습니다. 의천은 화엄종을 비롯하여 교의만을 닦는 종파들은 마음의 실체를 버리고 진리를 허망하게 밖에서 찾고 실천성이 없다고 보았습니다.

반면, 선종처럼 선에만 치우친 종파들은 현실을 외면하고 마음만 좇는다고 보았습니다. 그래서 화엄종과 선종이 벌이는 다툼은 토끼 뿔이 실재하지도 않는데, 한쪽에서는 길다고 우기고 다른 한쪽에서는 짧다고 우기는 것과 다름없다고 하였지요. 의천은 교의 공부와 함께 실천을 해야 한다는 교관겸수로 불교의 대립을 지양하고 국가의 총화를 이루려고 하였습니다.

하지만 의천의 개혁은 문벌 세력을 누르고 왕권을 강화한다는 인식에서 출발하여 귀족 불교라는 한계점을 노출했습니다. 아래로부터 불교의 본격적이고 구체적인 개혁을 하기에는 역부족이었던 것이지요. 그는 원효를 존숭했지만, 원효의 뜻을 올바로 재현하지는 못했습니다. 의천이 추구하려던 원융 사상은 그가 죽은 뒤에 빛을 바랬고, 이후로도 불교의 타락은 계속되었습니다.

교관겸수

교는 부처가 설한 가르침을 분석하고 정리하여 체계를 세우는 이론적 측면을 말한다. 그리고 관은 마음의 본성이나 진리를 자세히 주시하는 실천적 측면을 말한다. 교관겸수는 이론과 실천을 병행하여 불도를 닦아야 한다는 것이다.

정과 혜

불교의 공부 순서인 삼학三學에 포함된다. 삼학은 계戒·정定·혜慧의 순서로 공부하는 것을 말한다. 삼학에 의하면 공부를 처음 시작하기 위해서는 먼저 계율을 지켜야 한다.

계율은 살생·도둑질·성행위를 우선 금지하는 것이고 더 나아가서는 수행에 장애가 되는 일체의 부정한 행동이나 말, 그리고 그러한 마음까지를 갖지 않는 것이다. 초기 불교일수록 계율을 중시한 경향이 있다. 계율만 제대로 지키면 자연히 공부가 되는 것으로 보았기 때문이다. 계율을 잘 지키면 공부는 그 다음 단계인 정定으로 넘어간다. 정은 삼매의 상태를 지칭하는 것으로 좌선을 하고 있으면 몸이 아주 맑아져서 잡념이 생기지 않고 정신이 집중되는 것을 말한다. 그리고 정 수행을 열심히 하면 혜가 나온다고 한다. 혜는 수행의 궁극적인 단계인 해탈을 말한다. 혜의 경지는 모든 초인적인 지혜뿐만 아니라 우리의 모든 인식적 혼란이나 속박으로부터 벗어난 상태다.

그런데 선종에서 육조 혜능 이래 마조선의 공부 길은 계와 정의 단계를 생략하고 단번에 혜의 경지로 나아가는 돈오를 강조하는 것이었다. 신라 말 이래로 마조선이 주류를 이루어 온 고려 불교에서도 혜가 강조되었다.

지눌, 정혜결사 운동을 펼치다

보조 지눌이 활동하던 때는 외우내환이 극심하던 때였고 무신란·민란 등에 깊숙이 개입하고 있던 승려들이 많았습니다. 고려 중기 이후 문신 지배층의 후원을 받아 불교계를 주도했던 교종은 무인 정권이 들어서면서 그 기반을 상실하고, 급기야는 무인 정권에 대항하게 되었기 때문이지요. 또 국가적 혼란과 위기를 불신佛神의 힘으로 극복해 보려는 구복적인 불사가 지나치게 횡행하였습니다. 교단의 타락상은 더 말할 것도 없지요. 보조 지눌은 이런 상황에서 당시 승려들이 불법에 의

▶ 정혜결사문을 읽는 모습
송광사 승보전의 벽화

탁하고 이익과 명예 추구에 골몰하여 수도에 힘쓰지 않는 것을 통탄스럽게 여겼습니다. 그는 남의 복이나 빌어 주는 행동을 하지 말고 본연의 참수행 길을 걸어야 한다고 하였습니다. 지눌은 법회를 마치고 또래의 젊은 승려들과 결사를 다짐하면서 "마땅히 명리名利를 버리고 산림에 은둔하여 정혜에 힘쓰자."고 하였습니다. 이것이 바로 정혜결사定慧結社 운동입니다. 정혜결사란 정定과 혜慧를 함께 닦으며 공부하자는 것이지요. 공부를 혼자 하는 것에서 그치는 것이 아니라, 어느 정도 길을 닦은 후에 공부하는 도반들과 다시 함께 정진하자는 의미에서 결사를 조직한 것이지요. 결사는 승속의 구별 없이 하나의 수도 단체를 형성하는 개혁 운동입니다. 지눌은 정혜결사로서 대대적이고 구체적이며 본격적인 불교 개혁 운동을 편 것입니다.

지눌의 진영

정과 혜는 불교 수행의 핵심을 이루는 두 요소로서 하나라도 빠져서는 안 됩니다. 정은 마음을 한곳으로 집중하는 선정 수행을 말하고, 혜는 사물을 있는 그대로 보고 명석하게 판단하여 일체의 분별 작용을 없애는 것을 말합니다. 정혜쌍수定慧雙修는 선정과 지혜를 동시에 닦자는 것으로, '돈오頓悟'라는 이론에 입각한 실천 수행입니다.

돈오는 참마음을 단번에 깨닫는 것입니다. 지눌은 참마음을 가장 잘 표현한 것이 '공적영지空寂靈知'라고 합니다. 그것은 인식되는 대상은 실체 없이 본래부터 허망하고(공空), 인식하는 주체는 인위적인 수행을 가하지 않아도 본래부터 고요하며(적寂), 본래부터 공적한 마음속에는 또 신령스러운 인지 작용이 늘 활동하고 있다는 것입니다. 공적영지의 마음을 깨닫는 것이 바로 돈오라는 겁니다. 그런데 이것만으로는 해탈을 할 수가 없습니다. 왜냐하면 돈오했다 하더라도 여러 생과 오랜 세월 동안 익혀 온 잘못된 습관들은 갑자기 제거되는 것이 아니기 때문이지요.

그래서 제기되는 것이 '점수漸修'입니다. 점수는 차분하게 점진적으로 수행해 나가는 것인데, 지눌의 정혜쌍수는 이러한 점수의 방법을 말합니다. 지눌은 정혜쌍수의 방법을 구체적으로는 '삼문三門'이라는 세 단계로 제시합니다. 첫째는 성적등지문惺寂等持門, 둘째는 원돈신해문圓頓信解門, 셋째는 경절문徑截門이지요.

성적등지문에서 성惺은 또렷한 지혜를 가리키며, 적寂은 마음을 고요히 가라앉힌 선정을 뜻합니다. 성적등지문은 선정과 지혜를 함께 닦는 것을 의미합니다. 다음으로, 원돈신해문은 화엄경의 교리를 믿고 이해하여 자신의 마음이 곧 부처라고 자각한 후에 보살행을 닦는 것을 말합니다. 화엄과 선이 같다는 의미이지요. 마지막으로, 경절문은 일체의 지적 작용을 떠나 정과 혜에도 구속되지 않는 단계입니다. 길없는 길이라고도 하지요. 경절문은 성적등지문과 원돈신해문에서 여전히 적용되고 있는 지적 작용의 장애를 완전히 떨쳐버리고 화두를 참구*함으로써 참마음을 깨치는 선의 최종 단계라고 할 수 있지요.

선종에서는 알음알이를 깨침의 큰 장애로 여기는데, 지눌은 대담하게 이를 원용하여 선법을 크게 개척하였습니다. 그는 지혜를 추구하는 교종과 선정을 추구하는 선종이 참마음을 깨침이라는 근본적인 목표와 그 과정 속에서 일치한다는 점을 발견하고는 정혜쌍수의 삼문으로 이를 드러내 보였던 것입니다. 지눌이 진정으로 지향한 것은 경절문의 단계지만, 경절문에 들기까지의 과정도 소홀히 하지 않았습니다. 지눌

화두와 참구

깨달음을 구하기 위해 참선하는 수행자에게 해결해야 할 과제로 제기되는 것이 화두다. 화두는 주로 부처나 선사의 파격적인 문답이나 언행이 된다. 화두를 참구한다는 것은 하나의 화두에 대한 의심을 깨뜨리기 위해서 거기에 모든 정신을 집중하는 것을 말한다. 이런 수행을 간화선이라고 한다. 간화선은 오늘날까지도 한국 선의 대표적인 수행법이다.

은 이를 통해서 선종과 교종의 조화를 꾀하였습니다.

지눌은 부처란 마음이고 마음은 사람 몸속에 있으므로 사람의 속, 즉 마음속에서 부처를 찾아야 한다고 하여 대중에게 깊게 파고드는 가르침을 폈습니다. 그는 당시의 사회적 혼란 속에서 심화된 타력 신앙에 대해서는 매우 비판적이었습니다. 그는 신통력이란 돈오 때에 나타나는 것이 아니라 정혜를 꾸준히 수행했을 때 차츰 나타난다고 했습니다. 지눌의 정혜결사 운동은 당시의 흐트러진 말법 사상과 선교 간의 대립을 극복하여 본연의 불교 정신을 일으키려는 것이었습니다. 그는 세간적 명리에 몰두하지 않고 불교 본연의 출세간적 자세로 수행하여, 당시의 귀족적이고 기복적인 불교를 육체노동까지 마다하지 않는 서민적이고 수도적인 불교로 변화시키고자 하였습니다.

부처는 마음속에 ...

부처 같은 거 안 보이는데

02 도교 사상과 풍수도참 사상의 유행

신비주의가 성행하다

고려 시대에는 계속되는 전란과 내부적인 혼란으로부터 탈피하고자 하는 현실 도피적이고 자연주의적인 요소가 지배적이었으며 풍수지리 와 도참圖讖 등 신비주의가 성행했습니다. 풍수도참 사상의 영향은 고려 건국 초부터 있어 왔습니다. 태조는 도참의 신비를 깊이 믿고 있었습니다.

태조에게 가장 큰 영향을 미쳤던 인물은 바로 승려인 도선道詵 (809~898)입니다. 도선이 그의 아버지를 송악에서 만나 집터를 점쳐 주면서 "장차 고귀한 인물이 이 집에서 태어나 후삼국을 통일할 것이다." 라고 예언했었는데, 이 예언이 적중되어 도선과 태조 왕건의 관계가 아주 밀접했다는 것이 《고려사》에 장황하게 설명되고 있지요. 도선은 태조가 남긴 《훈요십조訓要十條*》에 그 이름이 명시될 만큼 도참의 대

도선의 진영

가로 인정받았습니다. 태조는 도선의 비보사탑설神補寺塔說*을 비롯한 그의 예언들을 믿고 의지하였습니다. 일반 백성들도 직업적인 술사의 예언보다는 수도한 고승의 권위가 더욱 신비스러운 위력을 발휘한다고 믿었습니다. 이런 믿음은 도선을 도참의 비조로 만들었고 이전까지 전해 내려오던 여러 예언들을 《도선비기道詵秘記》로 만들어 냈습니다. 이후로는 고려에 변란이 있을 때마다 《도선비기》가 등장하게 되지요. 승려인 묘청이나 신돈 같은 인물들이 고려 기득권층에 대항하여 반란을 일으키거나 왕의 마음을 움직이려고 할 때, 혹은 서민들이 왕권에 대항하여 반역을 도모할 때에도 저마다 《도선비기》를 들고 나왔던 것입니다.

한편, 고려 시대에 도교는 전기에 왕실의 의례를 중심으로 시작되다가 중기에 이르러 전성기를 맞게 됩니다. 예종은 도교에 남다른 관심을 가지고 있었는데, 다른 어느 때보다도 도교 의례를 많이 지냈고 도교 행사를 진행하는 별도의 기관인 복원관을 건립하였습니다. 인종 대에는 그간의 도교 부흥책의 결과로 국학생들까지 노장학을 연구하는 풍조가 확산됨에 따라 국학생의 노장 공부를 금지하는 명령을 내리기도 했습니다.

고려 시대에는 유·불·도의 교섭이 활발하게 이루어져서 유학자가 도교적 색채를 띠는 것은 특별한 일이 아니었습니다. 또 같은 이유에서 불교와 도교 및 도참 사상은 혼합 양상을 띠기도 했습니다. 이 시기에 도교는 교단을 형성하여 종교 체제로 나아가지는 못했습니다. 도교는 주로 국태민안과 재해 예방, 그리고 왕의 장수를 비는 의례에 활용되었습니다.

훈요십조

고려 태조 왕건이 자손들에게 남긴 10가지 유훈遺訓을 말한다. 훈요십조의 내용은 대략 다음과 같다. 1. 불교를 숭상할 것 2. 불사佛寺를 두고 다투거나 마음대로 짓지 말 것 3. 왕위 계승은 적자적손嫡子嫡孫을 원칙으로 하되, 여의치 못할 경우는 덕망 있는 사람으로 할 것 4. 거란과 같은 야만적인 풍속을 배격할 것 5. 서경西京을 중시할 것 6. 연등회와 팔관회 등 주요 행사를 소홀히 하지 말 것 7. 왕이 된 사람은 일처리를 공평무사하게 하여 민심을 얻을 것 8. 반역의 풍수를 지닌 차령산맥과 금강 이남 지역의 사람들은 등용하지 말 것 9. 백관의 기록을 공평하게 할 것 10. 널리 경전과 역사를 보아 경계로 삼을 것

비보사탑설

사원은 원래 영험한 곳에 세우는데, 그렇게 하지 않고 나라의 흉한 곳을 사탑으로 비보하여 그 지세를 고르게 한다는 것이다. 도선은 우리나라의 지세가 아름답기는 하나 계곡이 많아 도적이 일어나기 쉽고 물의 가뭄이 순조롭지 못하므로 바로잡기 위해 사탑을 쑥으로 삼아 국토에 찜질을 해야 한다고 했다. 도선의 비보사탑설은 도탄에 빠져 구원을 바라는 백성들의 마음에도 잘 부합하는 것이었다.

에잇!
혼좀 나봐라

03 유학 사상과 성리학의 도입

성리학, 새로운 개혁론으로 등장하다

성리학은 기존의 유학을 형이상학적으로 재구성하고 체계적으로 발전시킨 학문입니다. 성리학은 유학이 불교와 노장 사상, 특히 불교의 영향을 받고 그 영향을 극복하려는 의도에서 일어났기 때문에 불교에 대해 비판적이면서도 불교 사상 체계를 많이 닮았습니다. 성리학이라는 용어는 '성명의리지학性命義理之學'의 준말입니다. 성리학은 심성의 수양을 철저히 하면서 자연법칙이자 규범인 이理(혹은 성性)를 깊이 연구하여 그 의미를 완전히 체득하고 실현하려는 것입니다. 기존의 유학은 정밀한 이론 없이 효의 실천을 중심으로 전개되었지만, 성리학은 이理와 기氣를 바탕으로 한 우주론과 심성론, 그리고 성誠과 경敬을 중시하는 실천론 체계를 갖추고 있는 시스템 철학이지요.

이러한 성리학 이론이 성립되기까지는 여러 철학자들의 공이 있었지만, 기존의 성과를 모두 모아서 이를 체계적으로 집대성한 사람은 바로 송 대 '주희'입니다. 그래서 체계화된 성리학을 주자학이라고 부르기도 하지요. 주희 이후에는 주자학의 공부 방법론을 비판하면서 성립된 양명학이 있는데, 이 두 가지를 합해 '신유학'이라고 부릅니다. 조선에서는 주자학이 주류를 이루고, 양명학은 이단으로 취급되어 일부 학자들 사이에서만 연구되었습니다.

한편, 중앙집권 체제를 지속적이고 안정적으로 유지하기 위해서는 관료들에게 충실한 정치 원리와 윤리성을 갖게 할 필요가 있었습니다. 그래서 다시금 유학이 강조됩니다. 어느 시기든 국가 체제를 완비할 때마다 유학의 정치 이념이 활용되었다는 것은 이미 앞에서도 이야기한 바 있습니다. 하지만 고려 시대에는 현실 정치와 문화에서도 유학의 비중이 점차 확대되는 과정에 있었습니다. 때론 국가적으로 유학을 권장하는 경우도 생기게 되지요. 특히 성종은 유학의 이념을 국가의 지도 이념으로 삼아 예교禮敎 국가의 구현을 시도하고 연등회와 팔관회와 같은 불교 의례를 폐하는 등 유교주의 정책을 폈습니다. 더 나아가서 고려 중기 이후로는 사학 육성에 힘입어 유학이 학문적으로 탐구될 수 있는 흥성기를 맞이하게 됩니다. 문종 대의 최충이 설립한 '구재九齋*'는 우리나라 사학의 효시로 인정받고 있지요. 이렇게 사학이 발달함에 따라 국가에서도 관학을 진흥시켜 여러 학술 사업과 교육 사업을 추진하게 됩니다. 인종 대에는 관학을 정비하여 경학을 숭상하고 강론에 힘써 유학을 진작시키고자 하였는데, 이 시기에 유교 사관에 입각한 역사서인 《삼국사기》가 나옵니다.

그 이후로도 유학을 교화의 방향으로 발전시키고자 하는 노력이 일각에서 계속되었습니다. 하지만 그것이 현실 사회에서 실질적으로 구현되는 데는 많은 어려움이 따랐습니다. 사학과 관학의 발달이 문풍을 흥기하게 만들었지만, 그것은 '수기치인修己治人'이라는 유학의 근본 이념에 충실한 공부와 실천보다는 벼슬길에 오르는 관문이나, 글짓기

구재

최충이 세운 일종의 사립 대학이다. 구재는 글자 그대로 보면 아홉 채의 재실을 말한다. 재실을 아홉으로 나눈 것은 학생들의 수업 연륜, 진학과정을 구분하기 위한 것이었다. 재실의 이름은 각각 악성樂聖·대중大中·성명誠明·경업敬業·조도造道·솔성率性·진덕進德·대화大和·대빙待聘이었다. 구재에서는 오경(주역·시경·서경·예기·춘추)과 삼사(사기·한서·후한서)를 중심으로 공부하였다. 그리고 경전사서를 읽는데 그치지 않고 산사의 승방을 빌어 산수를 노래하며 성정性情을 도야하였다.

로 포장되는 관념적 유희로 활용되는 경향이 많았습니다. 아울러 조정에서는 문인을 우대하고 무인을 멸시하는 폐단이 나타나 결국 무신의 난이 일어나게 되지요. 무신들의 집권과 몽고의 침략으로 유학은 다시 쇠퇴하게 되고 유학자들은 산속에 들어가 세상을 잊거나 사장학祠章學[*]에 얽매였습니다. 이후로 유학은 국가 문서를 기록하고 불교문화 행사를 미화해 주는 단순한 정치 행정 도구로 전락하게 되지요. 유학의 학풍이 이렇게 파행적으로 흐르게 되자 유학의 근본정신을 되찾고자 하는 중흥 운동이 일어나게 되는데, 이것이 성리학이 수용되는 계기가 됩니다.

사장학
시와 문장을 위주로 하는 문학

성리학이 도입되기 이전의 고려 사회는 불교와 도교 및 풍수도참 등의 각종 사상과 유학이 넓게 융합되어 있었습니다. 그런데 이러한 유·불·도 삼교의 융합 상태는 고려 중기를 넘어서면서 제각기 분열과 타락상을 드러냈습니다. 앞에서도 설명했듯이 당시 유학자의 학문 경향은 사장학으로 발달하여 제 기능을 다하지 못했고 불교는 고려 초기부터 왕실의 보호 아래 정치와 매우 밀접한 관계를 가졌으나, 시대를 지나면서 권력과 연관된 사회적 비행을 드러내게 되었습니다. 그리고 도교는 미신적인 기복 행사를 행함으로써 혹세무민하는 타락상을 보였지요. 이러한 상황은 무신란과 민란, 몽고의 침입 등의 악재와 어우러져 고려를 존멸의 위기에 처하게 만들었습니다.

이런 문제를 적극적으로 개혁하려고 한 지식인들이 바로 신흥사대부들입니다. 무신 집권으로 구귀족 체제가 붕괴되자 신흥사대부들은 좀더 용이하게 정치 일선에 등장할 수 있었습니다. 이들은 정치 일선에서 시대 문제를 해결하고자 하는 책임감과 사명감으로 무장되어 있었지요. 신흥사대부들은 유학 본연의 정신을 중흥시키고자 하였고, 그 과정에서 남송과 원으로부터 유학을 바탕으로 새로이 성립된 성리학이라는 신학문을 도입하게 됩니다.

성리학은 선진 유학을 계승하기 때문에 경학을 중시하고 사장에 치

◀ 안향
성리학을 처음 도입했다고 알려져 있다.

우치는 풍토를 시정하였습니다. 경학은 근본적으로 현실의 사회를 중시하는 사상이며, 또한 사회개혁 사상의 원천이기도 합니다. 고려 후기의 유학자들은 경학을 중시함으로부터 사회개혁 사상을 갖추게 되었고 이를 구체적으로 현실에 적용하고자 하였습니다.

고려 후기에 신흥사대부들은 당시의 불교가 세속적 영리 사업과 정치에 깊이 관여함으로써 나타나는 각종 폐단을 지적하고 시정했으며 성리학적 이념으로 사회질서를 개혁하고자 하였습니다. 성리학의 윤리적이며 현실적 측면을 당시의 사회에 적용시킨 것이지요. 신흥사대부들은 또한 정치와 교육의 근본이 학교 교육을 통한 유교적 인재라고 인식하여 유교적 교육에 진력을 하였습니다. 유교적 인재의 양성은 배불 운동을 통한 성리학적 가치 질서를 확립하는 기초적 배경이 되기도 합니다. 그리고 토지제도를 개혁하여 새로운 경제 질서를 수립하였습니다. 토지제도의 개혁은 당시 구귀족 체제를 무너뜨리는 결정적 계기가 된 것으로, 당시의 개혁 중에서 매우 비중이 있었으며 중시된 문제였습니다. 토지제도 개혁의 이념은 역시 유학에서 강조하고 있는 인정仁政을 사상적 기초로 하는 것이었습니다. 그리고 신흥사대부들은 춘추의리론에 입각하여 고려를 침범한 원나라를 배척하고 유학의 이념을 표방하는 명明을 존중하는 배원친명排元親明책을 폈습니다.

　이와 같은 신흥사대부들의 노력은 결국, 성리학적 예교 질서에 의하여 사회 체제가 정비되고, 성리학의 이념에 의한 법률이 반포되어 조선 왕조라는 유교 국가를 건설하는 결과를 낳았습니다. 그리하여, 이전 유·불·도 교섭의 시대는 일단락되고 성리학적인 가치로써 정비된 정치와 사회가 도래하게 됩니다.

좀더 알기

✖ 춘추의리론

《춘추》는 원래 공자가 쓴 중국 최초의 편년체 역사서다. 《춘추》는 공자가 기원전 722년부터 죽기 직전인 기원전 479년까지 그의 모국인 노魯나라의 12제후가 다스렸던 시기의 주요 사건들을 기록한 것이다. 이때 공자는 사건들 중 의리와 도의에 관계된 것은 다른 기사보다 글자를 크고 굵게 쓰고, 타락한 제후에 대해서는 존칭을 생략하는 등 자구字句를 미묘하게 사용하여 각 사건에 대한 도덕적 평가를 내렸다.

후대의 유학자들은 이러한 도덕적 평가를 춘추에 담긴 대의大義라고 하면서 이를 귀감으로 삼았다. 그리고 모든 정책과 외교 문제를 춘추대의를 기준으로 판단했다.

이러한 절의와 도의의 원리를 자기 자신뿐만 아니라 타인과 사회, 더 나아가서는 국가와 국가 간의 관계까지 적용시켜 어진 세상을 만들어 가자는 것이 춘추대일통 사상이다.

쉬어가기

✖ 풍수지리계의 지존, 도선

고려 시대에 풍수지리로 가장 잘 알려진 사람은 바로 도선국사다. 도선은 무엇보다도 왕건의 고려 건국을 예언한 것으로 유명하다. 도선은 구산선문의 하나인 동리산문桐裏山門의 승려로 20세에 출가하여 선을 배우고 태백산 등지를 유람한 뒤 광양의 옥룡사에 들어가서 일생을 마쳤다고 한다. 그는 전국을 답사한 경험을 토대로 국토의 효율적인 운영 원리로서 풍수지리설을 집대성하였다. 명당자리를 정하고 그 지역을 중심으로 산수의 순함과 거스름을 정하여 그에 맞는 운영 원리를 정했다. 그리고 보조적인 성격으로 '비보사상神補思想'을 내세웠다. 그리고 왕건은 이를 적극 수용하여 국정에 반영했다. 그러나 도선의 풍수설을 도참설과 연결시켜 특정 지역을 중시한다든가, 혹은 배제시키는 등 자기 상황에 맞게 활용했다. 즉 어떤 지역은 반란을 일으킬 형세거나 임금에게 배역하는 모습이므로 그 지역민은 등용해서는 안 된다는 식의 논리를 펴는 것이다. 왕건이 남긴 훈요십조 가운데 차령산맥 이남과 금강 밖은 산수의 형세가 배역하는 형세이므로 기용을 삼가라는 내용이 있다. 이러한 정책은 지리적인 이유라기보다는, 사실은 고려 체제에 순응하고 투항한 신라와는 달리 끝까지 반항했던 후백제에 대한 보복적인 측면과 이들이 다시 반란을 일으킬 수도 있다는 우려에서 나온 것이다. 이후로 고려의 풍수지리설은 도참설과 결합하여 정치가들이 자신의 권력을 강화하는 수단으로 이용되는 경우가 많았다. 도선이 전국토를 합리적으로 운영하는 방법으로 제시했던 풍수지리설은 갈수록 미신적인 요소만 남게 된 것이다.

도선과 관련된 설화 중에서 조선 초기의 궁궐터와 관계된 것이 있다. 조선의 신진사대부들은 성리학 이념으로 무장하고 지리도참설을 비판하였지만, 고래로부터 전해진 풍수사상에서 완전히 자유롭지는 못했다. 한양을 천도할 때부터 많은 풍수지리서들이 참고된 것이다. 무학대사가 궁궐터를 잡을 때 인왕산을 주산으로 삼고 북악산을 좌청룡으로, 남산을 우백호로 삼으려 했는데, 정도전이 "자고로 제왕은 남면南面하여 다스렸고 동쪽을

향하여 다스린 것은 보지 못했다."고 적극 반대하는 바람에 그 일은 무산되었다. 무학대사無學大師(1327~1405)가 탄식하면서 "내 말대로 하지 않으면 200년 뒤에 내 말을 생각할 것이다."라고 하였다. 이 상황에 대해 도선이 다음과 같이 미리 예언했다고 한다. "국도를 정할 때 중의 말을 들으면 나라의 운명이 연장될 것이나, 만일 정鄭 가의 말을 들으면 오세五世가 못 되어 혁명이 일어나고, 200년 안에 난리가 일어나 백성은 어육魚肉이 될 것이다." 그런데 과연 오세 이전에 세조의 찬탈이 생기고 200년 안에 임진왜란이 일어났다고 한다.

또 무학대사가 지금의 왕십리 땅에 가서 지형을 살피는데 한 늙은이가 소를 타고 가다가 채찍으로 소를 때리면서 "이 소는 미련하기가 무학과 같구나. 좋은 곳은 버리고 엉뚱한 데 와 찾다니."라고 하였다. 무학대사가 깜짝 놀라 늙은이에게 예를 갖추어 물으니, 그 늙은이는 채찍을 들어 서북쪽을 가리키며 "십 리를 더 가라."고 하여 그 말대로 십 리를 더 가서 오늘날의 경복궁을 지었다고 한다. 이때 소를 몰던 늙은이가 도선의 영혼이었다고 한다. 도선국사는 당대뿐만 아니라, 후대에 이르기까지도 풍수지리설에 있어서는 권위를 인정받는 지존이었다.

무학대사
고려 태조 왕건 곁에 도선이 있었듯이, 조선 태조 이성계는 무학대사에게 의지했다.

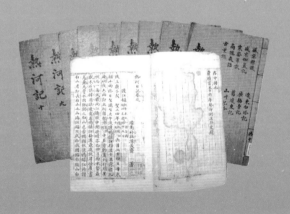

5

성리학적 이상 사회를 추구한 조선 시대

✖ 조선시대의 시기 구분 – 전기 · 중기 · 후기

조선 시대의 시기 구분 논의에는 크게 '전 · 후기설'과 '전 · 중 · 후기설'의 두 가지 견해가 있습니다. 우선 조선 시대를 전기와 후기로 나누어 보는 이분법적 시기 구분은 임진왜란과 병자호란(이하 양란)을 계기로 조선 사회가 크게 변화했다는 견해로, 본래 일제 식민사학자들에 의해 주장되었습니다. 우리 역사에서 일본의 영향을 강조하기 위해 전기의 안정적인 사회 체제가 임진왜란으로 인해 서서히 붕괴해 갔다는 것입니다. 이러한 인식은 반대로 당시 민족주의 사학자들에게서도 보이고 있는데, 이 견해는 조선 후기를 일제 식민지화의 원인 제공자로 보고 부정적으로 평가하는 것입니다.

그러나 1960년대에 이 이분법적 시기 구분은 기존의 타율성을 강조하던 데에서 자율성을 강조하는 입장으로 바뀌어, 조선 후기를 발전적인 시각에서 보려는 입장으로 변형되었습니다. 그리고 최근에는 발전적인 시각에서 각각 국가재조론과 인조반정설의 입장에서 전 · 후기를 구분하고 있습니다.

국가재조론은 양란으로 인해 조선 사회가 심각한 타격을 받았으며 이러한 집권 체제의 동요와 중세 사회의 해체를 극복하기 위해 재조 논의가 이루어지고, 여기서 보수적인 체제개량론(서인)과 진보적인 체제개혁론(남인)이 대립하여 결국 전자의 일방적인 질곡 속에 조선 후기의 역사가 전개되었다는 견해입니다. 이에 반해, 인조반정설은 양란 대신 순수성리학자인 서인이 주도하고 남인이 동조하여 일으킨 인조반정을 전기와 후기의 분기점으로 보고, 이들 가운데 특히 서인 노론의 사상이 존주론에 기반하여 양란을 극복하고

18세기 진경 문화를 이룩하였으며, 19세기 위정척사 사상의 바탕이 되었다는
입장입니다.

조선 시대를 전·중·후기설로 나누는 삼분법적 견해는 앞서 제시한 이분
법적 시기 구분에 대한 문제 제기에서 도출되었습니다. 이 견해도 여러 가지
입장 차이가 있습니다.

첫 번째는 서예사적 측면에서 15~16세기를 외래 사상인 주자 성리학의 시
기, 17~18세기를 주자 성리학이 토착화된 조선 성리학의 시기, 19세기를 조선
성리학의 말폐를 비판하는 북학 사상의 시기로 보는 것과, 두 번째는 신흥사
대부가 주도했던 15세기를 전기로, 사림이 사회를 주도하던 16세기에서 17세
기 중반까지를 중기로, 17세기 후반부터 19세기까지를 후기로 구분하는 것,
세 번째는 15세기를 국역 체제의 확립기로, 16~17세기를 양반 지배 체제·전
기적 국역 체제의 안정기로 보고 18~19세기를 양반 지배 체제의 동요기로 보
는 것 등이지요.

어떤 관점에서 시대를 바라보느냐에 따라 이렇게 여러 가지 견해가 있게
됩니다. 철학사적 입장에서 조선 시대를 바라본다면 시기를 어떻게 구분하는
것이 좋을까요? 조선 시대를 지배했던 사상인 성리학이 어떻게 전개되는가를
기준으로 한다면, 조선 시대를 전기·중기·후기로 삼분하는 것이 낫겠습니
다. 전기는 성리학이 주체적으로 수용되는 시기(15세기)로 보고, 중기는 이론
적으로 심화되는 시기(16~17세기), 후기는 성리학의 경직화와 이를 극복하려
는 노력이 전개되는 시기(18~19세기)로 구분할 수 있습니다.

고려 말엽, 신흥사대부는 온건개혁파와 급진개혁파로

나뉘게 됩니다. 온건개혁파는 성리학 본연의 왕도에 충실하여 고려의 지배 체제는 그대로 둔 채 제도 운영상의 문제점만 개혁하자는 입장이었습니다. 그러나 급진개혁파는 고려 말의 사회 모순을 해결하기 위해서는 고려의 지배 체제를 근본적으로 개혁하고 나아가 역성혁명론에 입각해 왕조도 바꿀 수 있다는 입장이었습니다. 숫자로 보면 온건개혁파가 더 많은 상황이었지만, 정세는 고려 동북면의 실력자였던 이성계와 손을 잡은 급진개혁파에 기울어, 결국 조선이 개창하게 됩니다. 온건개혁파였던 정몽주·이색·길재·이숭인·이고 등은 모두 새 왕조와의 참여를 거부했습니다. 하지만 왕조 개창에 대한 거부는 지배층의 정서일 뿐이었고 농민들은 과전법으로 문란한 토지제도를 정리한 신흥 세력을 지지하는 상황이었지요.

역성혁명*을 주도한 급진개혁파는 개국 공신에 책봉되어 조선 초기의 정국을 주도하게 됩니다. 정국을 주도한 공신은 정도전鄭道傳(1342~1398)과 조준趙浚(1346~1405)*이었습니다. 이들은 성리학 이념을 현실 속에서 구현하고 왕권 중심 체제가 아닌 재상 중심 체제를 제도화하려고 하였습니다. 하지만 이런 정책은 왕권 중심 체제를 지향하는 왕자들과 마찰을 빚으면서 수포로 돌아가게 됩니다. 결국 1차·2차 왕자의 난을 거치면서 정권을 장악한 방원이 태종太宗으로 즉위하고 공신의 숙청을 통해서 강력한 왕권 중심 체제를 구축하게 됩니다. 그리고 태종의 뒤를 이은 세종世

역성혁명
제왕이 부덕하여 민심을 잃으면, 덕이 있는 다른 사람이 천명을 받아 왕조를 바꾸고 새로운 왕조를 세워도 좋다고 하는 유교의 정치 사상이다.

조준
이성계를 추대한 공으로 부원군에 봉해졌다. 과전법을 실시하여 토지 제도를 정비하였으며, 하륜 등과 함께 《경제육전》을 편찬하였다. 저서에 《송당집松堂集》이 있다.

宗은 강력하고 안정된 정권의 바탕 위에서 뛰어난 문화를 발전시킬 수 있었습니다.

그러나 이러한 정권은 세종을 이어 즉위한 문종文宗이 단명하자 붕괴됩니다. 문종의 뒤를 이어 단종端宗이 즉위했음에도 불구하고 왕위 계승을 둘러싸고 난이 일어났기 때문이지요. 수양대군은 계유정난癸酉靖難(1453)*을 일으켜 실권을 장악한 후 조카인 단종을 압박하여 양위를 받게 됩니다. 이렇게 국왕이 된 세조世祖가 사대부들에게 충성의 대상이 될 수 없음은 당연한 일이었기에 이후로 왕에 대한 충역 시비가 계속되고 사대부들의 수난도 이어졌습니다.

단종 신도비

한편, 국왕 세조와 동지인 공신들은 훈구파로서 모든 정치·경제·사회의 특권을 독점하였고 백성들뿐만 아니라 향리에 은거한 사림士林 세력의 기반까지 침식해 들어갔습니다. 훈구파는 자신의 권력을 이용하여 양민을 노비로 삼거나 양민의 토지를 빼앗아 농장을 만들었고 그 와중에 많은 농민들은 소작인으로 전락하거나 훈구파 소유의 대농장에 의지하여 노비가 되었습니다. 그러면서 사림파의 지방 기반까지 흔들리게 되었지요. 그리하여 이로부터 훈구파와 사림파의 충돌이 심화되고 몇 차례의 사화士禍가 일어나게 됩니다. 성종 대에 훈구파를 견제하기 위해 사림이 일부 등용되긴 했지만, 오히려 훈구파의 견제에 의해 수난을 겪게 됩니다.

계유정난
조선 단종 원년에 수양대군이 정권 탈취를 목적으로 반대파를 숙청한 사건. 10월 10일의 정변으로, 김종서·황보인 등은 피살되고 안평대군은 사사賜死되었다.

01 유교 국가의 성립과 철학계의 변모

성리학, 새 시대 새 이념으로

성리학이 들어오기 전에 고려의 지식인들은 종교적으로는 불교를 신앙하고 정치적으로는 유교를 숭상하였습니다. 유학자나 승려는 모두 양쪽을 겸하여 서로 반목하는 바가 없었지요. 그러나 성리학이 전래되면서 유학은 불교와 근본적으로 대립하는 형세가 되었습니다. 그것은 당시 불교의 폐단이 정국을 개혁하려는 신진 관료들의 비판 대상이 되기에 충분하였을 뿐만 아니라, 성리학이 원래 향리 출신 사대부의 학문으로서 배불排佛 의식을 바탕으로 일어났기 때문입니다.

중앙에 진출한 신흥사대부들은 불교를 적극적으로 비판하거나 배척했습니다. 불교에 대한 당시 배척 이론을 체계적으로 저술한 학자로는 정도전을 들 수 있습니다. 그는 성리학 이념을 바탕으로 하는 정책을 정치적으로 확립하기 위해서 이론적인 측면에서 불교를 배척했습니다.

조선의 건국 세력인 신흥사대부들이 성리학을 지배 이념으로 삼았지만, 이것을 맹목적으로 받아들였던 것은 아니었습니다. 성리학이 도입될 때, 주자학과 주자를 비판한 육상산의 학문, 그리고 이들을 절충하는 입장 등 여러 가지 다양한 사조가 함께 들어왔습니다. 신흥사대부들은 시대적 상황에 따라 필요한 부분만 받아들이고 나머지는 다른 사상으로 보완하는 방법을 통해 주체적으로 수용했습니다. 세종 대에 실용적인 과학 기술이 발달하고 농업과 의학에 관한 서적들이 널리 간행된 것도 이와 맥락을 같이하는 사실이지요.

당시의 사대부들은 다양한 사상 조류를 수용하고 사회 개혁을 추진하는 과정에서 입장 차이를 갖게 되는데, 그것은 온건개혁파와 급진개혁파의 대립으로까지 발전합니다. 온건개혁파는 의리를 중시하고 인

사림파

사림파는 정치적으로는 세조의 즉위에 부정적 견해를 가진 사대부 집단으로 고려 말 온건개혁파를 그 연원으로 한다. 고려의 유신 길재가 고향에 은퇴하여 후진 양성에 힘쓴 결과, 영남을 중심으로 형성된 학파다. 처음에는 영남 출신이 주를 이루었지만, 김굉필 문하에서 조광조 등의 기호 지방 출신의 선비들이 배출됨으로써 그 범위가 확대된다. 김굉필 이후 조광조 대에 이르러서 도학을 도통으로 삼았다. 사림파는 치인治人보다는 수기修己를 중시하여 《소학》 공부를 강조했으며, 지방 향리에 은거하면서 성리학을 연구하면서 향촌 사회의 발전에 많은 기여를 했다. 사림파는 마을의 활쏘기 행사인 향사례鄕射禮, 술과 음식을 나누어 먹는 행사인 향음주례鄕飮酒禮, 향촌 자치 규약인 향약鄕約 등을 운영하여 마을의 공동체 의식을 고양하고 농민의 성장을 꾀했다. 사림파는 여러 번의 사화로 심한 타격을 입었지만, 16세기 이후에는 사상계를 주도하면서 조선 유학의 주류를 이루었으며 도학의 정맥으로 받아들여진다.

◀ 정몽주의 친필

간 내면의 도덕 의식을 개발하는 데 주목하였고, 급진개혁파는 인간성의 개발보다는 현실 상황에 대응하는 창의적인 변혁을 강조하였습니다. 전자를 대표하는 자는 정몽주, 후자를 대표하는 자는 정도전이지요. 정몽주를 중심으로 하는 온건개혁파는 《춘추春秋》의 의리 정신을 중시했습니다. 그런 점에서 이들을 실사구시實事求是의 사회의식이나 역사 의식이 결여되었다고 평할 수도 있을 것입니다. 그러나 선비의 기풍과 윤리적 전통을 후세에 남겨준 것은 이들로부터 비롯되었다고 할 수 있지요. 반면, 정도전을 중심으로 하는 급진개혁파는 의리보다는 인간의 지식의 개발과 문화 의식의 고취에 그 중점을 둠으로써, 《주역周易》의 변화론變化論을 강조합니다. 하지만 이들의 상대주의적인 실용론實用論*은 또한 윤리성을 결여한 어용학御用學*으로 전락할 위험을 가지고 있었습니다.

실용론
원칙보다 실질적인 활용에 중점을 두는 이론

어용학
자신의 이익을 위해 권력에 영합하여 그 정책에 협력하는 것을 내용으로 하는 학문

　　결과적으로는 이들 모두 당시에 정치적인 타격을 입었지만, 후대로부터 정통으로 인정받은 것은 정몽주를 중심으로 하는 의리파입니다. 정몽주의 의리 정신은 건국 후 왕조의 안정과 유지라는 정치적·현실적 의도에서 재평가되면서 조선 도학道學의 비조로 떠오르게 되지요. 조선의 유학은 정몽주를 비롯하여 길재吉再·김숙자金叔滋·김종직金宗直·김굉필金宏弼·조광조趙光祖로부터 이황李滉·이이李珥로 이어지는 계통을 정통으로 봅니다. 이들이 강조한 절의 정신은 대의로 표현되는

▶ 도동서원 전경
김굉필(1454~1504)의 학문과 덕행을 기리기 위해 건립된 서원이다.

《주역》의 변화론

《주역》은 유교의 기본 경전 중에 하나로 《역경易經》이라고도 한다. 《주역》은 원래 주周나라 대의 역易이다. 은殷나라 말기나 주나라 초에 있었던 역은 풀(시초蓍草)로 점을 치는 원시적인 종교 형태였으나 이에 대한 해석서로 공자가 지었다고 하는 〈십익十翼〉이나 점괘와 해석서를 한데 엮은 《역경》이 출현하면서 철학적 성격을 갖게 되었다. 역에서 괘상인 팔괘八卦는 자연의 변화를 관찰하고 형상화한 것이다. 〈계사전繫辭傳〉에서는 역은 만물이 끊임없이 생장하는 것이라고 하고 그 도는 한 순간도 고정되지 않고 변화한다고 하였다. 유학에서는 이런 역 속의 변화론을 사람에게 응용하여 인사人事의 규칙으로 삼고자 했다.

정치 규범이고 이를 실현하기 위해 살신성인하는 성리학 특유의 도통道統적 규범이었습니다.

정도전, 불교를 배척하는 논리를 세우다

정도전鄭道傳(1342~1398)은 조선 왕조가 안정적 기반을 확립하고 이념 체계를 정비하는 데 주도적 역할을 한 인물입니다. 조선 건국 초에 이루어진 중요한 사업은 거의 대부분 정도전에 의해 추진되었지요. 그는 왕자의 난으로 희생되기까지 많은 업적을 남겼습니다. 정도전은 《조선경국전朝鮮徑國典》과 《경제문감經濟文鑑》 등의 저술을 통해 유교 이념에 기반을 둔 사회 구성 체계를 제시했고, 다른 한편으로는 《심기리편心氣理篇》과 《불씨잡변佛氏雜辨》 등의 저술을 통해 불교적 전통 질서를 개혁하기 위한 비판 이론을 제시했습니다. 그는 철학적으로는 성리학에 기초하면서, 사회적으로는 도학의 경세론經世論을 정립하는 것을 목표로 하였습니다.

《심기리편》에서는 불교의 근본 개념을 심心으로, 도가의 근본 개념은 기氣로 규정하여 유학의 이理와 대비시켰습니다. 그는 불교의 입장에서 보면, 심은 주체의 근원적 존재지만 기는 변화하는 대상 세계로 허망하기 때문에 근본이 될 수 없다고 하였습니다. 그러나 또 도교 입장에서 보면, 심은 욕망에 지배되어 과오와 고통을 일으킬 우려가 있기 때문에 기가 오히려 생성의 바탕이 되는 자연의 실재라고 하였습니다. 정도전은 이를 통하여 불교와 도교 양자가 서로 비난의 대상이 될 수 있고 모두 완전한 이론이 되지 못한다는 사실을 밝히려고 하였습니다. 그는 이 양자를 극복할 수 있는 개념이 유교의 이理라고 하였지요. 이理를 통하여 심心이나 기氣가 제약됨으로써 올바른 지위를 얻게 된다는 겁니다. 곧 이理가 심心의 준칙이자 기氣의 본원이 되어야 한다는 이야기지요. 그는 또 《불씨잡변》에서 불교에서 진리를 설명하는 허虛나 적寂이라는 개념은 존재하지 않고 소멸되는 것으로 부정에 빠진 개념이지만, 유교에서 말하는 허나 적은 빈 듯하면서 있고 고요하면서 감응하는 것으로 부정과 긍정이 융합되어 한 차원 높은 긍정으로 나아가는 것이라고 설명했습니다. 정도전은 여기서 불교는 작용의 현실과 단절된 허무이고 유교는 진실이라고 단언합니다.

하지만 정도전의 이러한 도교와 불교 비판은 유학 이념의 정통성을 확보한다는 정치적 목적에서 비롯되었기 때문에 이들의 근본 원리와

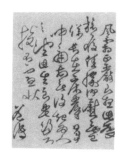 

◀ 정도전의 글씨와 책
왼쪽은 글씨, 〈유묵〉 중에서. 오른쪽은 책, 《조선경국전》 중에서 〈정보위〉 부분. 조선 왕조의 통치 규범을 종합적으로 제시한다.

입장을 균형 있게 해명하지 못했다는 한계가 있습니다.

정도전은 경제·사회 면에서도 철저하게 유학의 경세론을 실현하고자 하였습니다. 《조선경국전朝鮮徑國典》은 《주례周禮*》의 육조 체계에 따라 〈치전治典〉·〈부전賦典〉·〈예전禮典〉·〈정전政典〉·〈헌전憲典〉·〈공전工典〉으로 구성되어 있고 민본民本과 덕치德治의 이념을 바탕으로 합니다. 그는 여기서 "백성은 지극히 약하지만 힘으로 위협할 수 없고 지극히 어리석지만 지혜로써 속일 수 없는 것이다. 그들의 마음을 얻으면 복종하게 되고 그들의 마음을 얻지 못하면 배반하게 된다."라고 하여 백성이 국가의 존립 기반임을 밝혔습니다. 또 "백성의 마음을 얻는다는 것은 사사로운 생각으로 구차스럽게 얻는 것이 아니요, 도道를 어기면서 칭찬을 구하는 방법으로 얻는 것이 아니다. 역시 인仁으로 얻을 뿐이다."라고 하여 인정仁政만이 통치권을 바로 쓰는 길임을 지적했습니다. 그가 제시한 육조 체계는 모두 민본과 인정을 기준으로 정립된 것들이지요.

《경제문감經濟文鑑》은 이를 기준으로 중국과 우리나라의 역대 왕조의 정치 득실을 평가한 책입니다. 정도전의 사상과 그의 행적들은 유교 이념을 사회적으로 구체화하고 제도화하여 유교적 이상을 실현하고자 하는 신념의 표현이었습니다.

주례
유교 경전 중의 하나로, 주나라 때의 관제官制를 기록한 일종의 행정 법전이다. 주공단周公旦이라는 사람이 성왕 대에 지었다고 한다. 천天·지地·춘春·하夏·추秋·동冬이라는 여섯 가지를 상징하여 관제를 세웠기 때문에 육전六典이라고도 한다.

권근, 성리학을 널리 알리는 데 앞장서다

권근權近(1352~1409)은 정도전과 함께 유교에 바탕을 둔 이상 국가를 수립하기 위해 노력했던 조선 초기의 대표적인 유학자입니다. 하지만 정도전은 개국 공신으로서 조선 개창 시부터 국가의 기틀을 세우는 데 주력했지만, 권근은 개국의 과정에는 참여하지 않았다는 것이 다릅니다. 권근은 왕자의 난 후에 비로소 등용되어 이후로 안정적인 관직 생활을 하게 됩니다. 고려 공민왕 시절 이미 관직에 발을 디뎠었지만,

좀더 알기

✖ 훈민정음의 창제 원리
– 하늘 · 땅 · 사람의 조화를 바탕으로 소리글자를 만들다

세종대왕이 직접 쓴 《훈민정음訓民正音》 서문은 "世·솅宗御·엉製·졩訓·훈民민正·졍音흠"으로 시작한다. 이 문구를 어떻게 읽어야 할까? "솅·종·엉·졩·훈·민·졍·음"이라고 읽었다면 그건 틀린 것이다. "세·종·어·제·훈·민·정·음"이라고 해야 맞다. 왜 그럴까? ㅇ은 단순히 당시에 음가가 없었기 때문일까? 그것도 맞는 얘기다. 그렇다면 음가가 없는 음을 쓴 이유는 무엇일까? 여기에는 아주 중요한 의미가 담겨져 있다. 음가가 없는 음을 사용한 이유 속에 한글 창제의 근본 원리가 들어 있기 때문이다.

한글은 첫소리 · 가운뎃소리 · 끝소리의 결합으로 이루어진다. 《훈민정음》의 원리를 설명한 〈해례본解例本〉에 의하면, "첫소리는 피어나 움직이는 뜻이 있으니 하늘의 일이요, 끝소리는 그쳐 정하는 뜻이 있으니 땅의 일이요, 가운뎃소리는 첫소리의 생生하는 것을 받아서 끝소리의 이루는 데에 접하니 사람의 일"이며, "첫소리와 끝소리가 (가운뎃소리와) 합하여서 글자의 음을 이루는 것이 마치 하늘과 땅이 만물을 생하고 이루되, 그 마름질

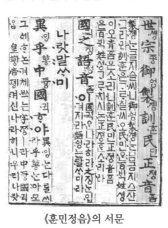

《훈민정음》의 서문

하여 이루고 보필하여 돕는 것은 반드시 사람의 힘에 의지함과 같다."고 한다. 그러니까 첫소리 · 가운뎃소리 · 끝소리의 결합은 하늘과 땅과 사람의 조화와 같은 원리이고 이들 셋 중에 어느 하나도 빠져서는 안 된다. 그렇기 때문에 음가 없는 음을 사용한 것이다. 하늘 · 땅 · 사람, 삼재三才 조화의 구성 원리는 가운뎃소리의 형성 원리에도 적용되었다.

가운뎃소리는 모두 11자로 '· · — · ㅣ · ㅗ · ㅏ · ㅜ · ㅓ · ㅛ · ㅑ · ㅠ · ㅕ'등이 있다.

이 중에서 기본 글자는 '·· — ㅣ'다. 〈해례본解例本〉에서는 "·는 혀가 오그라들고 소리가 깊으니 형상이 둥근 것은 하늘을 본뜬 것이다. — 는 혀가 조금 오그라들고 소리가 깊지도 얕지도 않으니 형상이 평평한 것은 땅을 본뜬 것이다. ㅣ는 혀가 오그라지지 않고 소리가 얕으니 형상이 선 것은 사람을 본뜬 것이다."라고 하였다.

또 'ㅗ·ㅏ·ㅜ·ㅓ'는 초출初出이라 하는데, 여기에서 ㅗ는 ·와 —가 합하여 하늘과 땅의 처음 사귐을 의미한다. ㅏ는 ㅣ와 ·가 합하여 이루어진 것인데 하늘과 땅의 작용이 사물에서 피어나되 사람을 기다려서 이루어짐을 취한 것이다. ㅜ는 그 형상은 —와 ·가 합하여 이루어진 것이니 다시 하늘과 땅이 처음 사귀는 뜻을 취한 것이고, ㅓ는 ·와 ㅣ가 합하여 이루어진 것이니 또한 하늘과 땅의 작용이 사물에 피어나되 사람을 기다려서 이루어짐을 취한 것이다. 'ㅛ·ㅑ·ㅠ·ㅕ'는 하늘과 땅에서 비롯되나 사람(ㅣ)에서 이루어진 것들로 재출再出이라고 한다.

이 밖에도 훈민정음에는 오행과 역의 원리가 적용되었다. 첫소리는 오행을 근본으로 해서 목소리가 나오는 형태를 구분하였다. 또 발음할 때, 첫소리가 다시 끝소리가 되고 끝소리가 다시 첫소리가 되는 것은 끝난 데서 다시 시작하고 겨울에서 다시 봄이 되는 변화, 역의 원리와 같은 것이다.

정인지는 정음의 제작은 조술된 것이 아니요, 자연에서 이루어진 것이고 형태를 본뜨고 옛 전을 본뜬 것이라고 하였다. 이런 측면에서 훈민정음이 옛 고조선의 글자를 본떴다든가 일본 가나글자의 기원이 된다는 등 여러 설이 나왔다. 이 중에서 어떤 것이 정설이라고 하기는 어렵다. 분명한 것은 정음은 완전한 창작도 완전한 답습도 아닌, 과거를 집대성하고 창조적으로 정리한 것이라는 사실이다. 또 〈해례본解例本〉에서 설명하는 대로 천지인 삼재의 조화를 가장 큰 원리로 삼았다는 것이다.

누차에 걸친 탄핵과 사략 유배로 산림에 은거하던 시절이 더 많았지요. 권근은 치국治國과 관련된 시각이 아닌 순수 학문적 입장에서 성리학 연구과 후진 양성에 몰두했습니다. 권근과 그의 학통을 이은 제자들은 여러 성리학 서적을 편찬함으로써 실질적인 성리학 보급에 힘썼습니다. 하지만 도학을 숭상하는 후대 유학자들은 양촌이 절의를 버리고 두 왕조를 섬겼다는 것을 이유로 도학의 정통 계보에서 그를 제외시켰습니다. 성리학에 대해 방대한 저술로 친다면 당시에 권근을 능가할 수 있는 학자는 없었지만 도학자들이 생명처럼 여긴 것은 의리지, 학문적 업적이 아니었습니다.

연구 업적으로만 평가한다면 권근은 조선 초기의 성리학을 대표한다고 할 수 있습니다. 그는 《입학도설入學圖說》·《오경천견록五經淺見錄》·《사서오경구결四書五經口訣》뿐만 아니라, 《동국사략東國史略》·《동현사략東賢史略》과 같은 역사서도 서술하였지요. 그리고 그 외에도 40권에 달하는 방대한 양의 《양촌집》이 오늘날까지 전해지고 있습니다. 이 중에서 권근의 성리학자적 면모를 가장 잘 보여 주는 저술은 《입학도설》입니다.

《입학도설》은 유교 경전인 《중용》과 《대학》을 배우려는 초학도를 위해 지어진 것으로 성리학의 기본 개념을 그림과 해설로 정리한 책이지요. 권근은 여기서 심성心性을 통해서 천인天人이 합일合一되는 경지를 이룰 수 있음을 보여 주기 위해서 천인합일지도天人合一之圖를 맨 앞에 놓고, 그 다음에 천인심성분석지도天人心性分釋之圖를 놓고, 이어서 인人·심心·성性에 대한 설명을 붙였습니다. 그는 만사 만물은 하나의 근원인 태극太極, 곧 이理에서 나오기 때문에 만물은 모두 이를 품부받은 성性이 내재해 있고 이를 통해 다시 천인이 합일할 수 있음을 강조하였습니다. 그는 또 사단四端은 이理에 근원하여 순선純善하고 칠정七情은 기氣에 근원하여 선악善惡을 겸한 것이라 했는데, 이것은 후일 퇴계 이황의 '이기호발설理氣互發說'에 영향을 미칩니다.

천인심성합일지도
권근의 《입학도설》 중 제1도

천인 합일의 경지?!!...

한편, 권근은 불교와 도가 사상이 효제충신孝悌忠信과 수기치인修己治人의 내용을 담고 있지 않고 인륜과 사리를 저버린다고 하여 이를 이단으로 규정했습니다. 그는 정도전처럼 이들과 직접적으로 대결하는 비판서를 쓴 것은 아니지만, 올바른 자아와 사회를 확립하기 위해서는 이단을 배척하여야 한다고 주장했습니다. 이러한 벽이단闢異端 사상은 성리학을 국가 사회의 이념으로 확립하는 데 큰 역할을 하였지만, 훗날에는 이단의 범위가 넓어져 성리학을 제외한 다른 학문이 모두 배척되고, 이단 배척이 급기야는 '도통론道統論'으로 굳어져 많은 문제를 초래하게 됩니다.

조광조, 도의 정치의 기틀을 세우다

조광조趙光祖(1482~1519)는 조선 중종 대에 활약했던 학자입니다. 조광조는 율곡 이이가 그를 조선 도학의 시조로 지목한 이래로, 한국 도학을 성립시키고 그 기본적 성격을 형성하였으며, 후대의 유학자들에게 지대한 영향을 끼친 도학자로 평가받고 있습니다.

조광조는 무오사화로 유배 중이던 김굉필金宏弼(1454~1504)로부터 도학을 배웠고, 29세 때 진사 시험에 장원하고 34세 때야 조정에 진출했습니다. 그가 사로仕路에 들었던 당시는 연산군기 이후로 정치의 근본이 본질적으로 훼손되어 왕권은 부실하고 신료들 사이에서는 무사안일과 보신주의가 팽배하던 시기였습니다. 중종 이후 반정 세력들은 이러한 상황을 더욱 악화시켜, 각종 벼슬을 독점하여 왕을 사실상 유명무실한 존재로 만들었습니다. 거기다가 반정 이후 그 숫자가 크게 늘어난 부호들까지도 조정을 장악하고 횡포를 일삼아 정국 혼란과 민생의 고통이 가중되었습니다. 세조 이후 중종반정에 이르는 동안 빈번하고 과다한 공신의 책정으로 국가 재정은 심각한 상황을 맞고 있었습니다. 중종 즉위 12년이 지나면서 공신 책정의 문제점이 자주 제기되었지

조광조
중종의 사림파 등용으로 정계에 진출하게 된 조광조는 도의 정치의 실현을 위해서는 군주의 마음을 바르게 하는 것이 중요하다고 믿어, 경연을 강화하고 언론 활동을 활성화하는 데 노력했다.

만, 전혀 개선될 기미를 보이지 않고 있었지요.

또한 중종 대에는 '소빙기(1500~1750) 현상'으로 인하여 기상이변 현상도 빈발하였는데, 특히 조광조가 활약한 중종 11년에서 14년간에는 다른 해의 두 배가 넘는 재난이 발생했습니다. 반정으로 등극한 중종은 권력 기반이 취약하여 천재지변과 같은 재난에 민감할 수밖에 없었지요. 당시에는 재변이 잘못된 인사人事의 결과라는 인식이 있었기 때문에 민심은 동요하고 미신적 요소가 성행하는 등 사회적 불안이 확산되었습니다.

조광조는 이러한 문제점들을 타개해 나가기 위해 종래의 인습을 타파하고 새로운 질서를 수립하고자 하는 지치주의至治主義 운동을 전개합니다. 이것은 나라를 성현이 사는 곳으로 만들고 요순堯舜의 정치를 실현코자 하는 높은 이상을 갖는 것이지요. 그는 오로지 인과 의에 바탕을 두는 왕도 정치로 광명정대한 치세의 대업을 이루는 것을 목표로 삼았습니다. 그리고 그의 철학 사상은 모두 지치의 정신을 지향하는 것이었습니다. 그는 마음을 곧고 강하게 하며 이것이 반드시 사실에 나타나야 한다고 하였습니다. 그는 "도는 마음에 담겨져 있는 것이요, 떠나있는 것이 아니며, 마음은 성실함이 아니면 행할 수 없는 것이다."라고 하여 도가 내 마음에서 벗어난 것이 아닌 만큼 주체적 각성을 통해 행동하고 실천하면 도가 이루어진다고 하였습니다. 그렇기 때문에 마음을 바로잡는 '수기修己'의 문제가 중요하게 되지요. 조광조는 무엇보다도 정치를 주관하는 군주가 마음을 바로잡는 것이 중요하다고 하였습니다. 따라서 자연히 이것은 바른 정치를 실현하는 '치인治人'의 문제로 수렴되지요.

조광조는 중종에게 '정일의 공부(정일지공精一之功)'를 강조해 "한결같음은 곧고 반듯한 것으로 의리를 바르게 지키는 것이요, 정밀함은 순수하고 밝은 것으로 정사正邪를 분별하는 것이다."라고 간언하였습니다. 그는, 곧 '일一'은 임금의 마음을 바로잡아 왕도의 정치를 베풀 수

도학

　도학은 송 대 성리학의 별칭으로, 도가나 불교가 현실을 떠난 공허한 것임에 반해 현실에서의 의리의 실천을 중시한다는 것을 강조한 학문이다. 도학에서는 송 대에 맹자 이후 천 년간 전해지지 못한 근본 유학의 본령이 이어져 여러 성인들로부터 전해 온 도통을 계승했다는 인식이 일반화되어 있었다. 그러나 주희朱熹는 이른바 요堯 · 순舜 · 우禹 · 탕湯 · 문왕文王 · 무왕武王 · 주공周公 · 공자孔子 · 증자曾子 · 자사子思 · 맹자孟子로 전하고 이어져 온 도통道統 이념이 송 대에 이르러 주렴계 · 정이천 · 정명도에 의해 연결되어 다시 세상에 드러나게 되었다고 봤다. 또 그 이후로는 주희가 그 정맥을 이어 나갔다고 보는 것이 통설이다.

있게 하는 것이요, '정精'은 올바름과 그릇됨을 분별하여 의리의 길을 열고 이익을 추구하는 욕심의 원천을 막게 하는 것이라 하였습니다. 그는 옳다고 여기는 것이면 무엇이든 곧바로 임금에게 간하였습니다. 그 것은 그가 의리뿐만 아니라, 공론公論의 중요성을 절감하고 언론을 국가의 사활이 걸린 문제로 여겼기 때문에 가능한 것이었습니다. 그는 언로言路가 통하면 정치가 안정되고 막히면 망한다고 여겼습니다. 그리하여 대신들뿐만 아니라, 백성들이 임금에게 간할 수 있는 언로를 열어 두고자 노력하였고 조광조 자신도 직간을 서슴지 않았던 것입니다.

　그는 더 나아가서 군신공치君臣共治를 주장했습니다. 군주가 독단하거나 신하가 자임해서는 안 되고 상호 신뢰를 바탕으로 함께 정치를 해야 한다는 것이지요. 그는 군주가 신하를 도를 실현하는 동반자로 여기고 중대한 임무를 맡기면서 신뢰한다면 지치至治가 이루어진다고 하였습니다.

　조광조는 사람들이 사사로운 이익을 근본으로 하는 생각을 뽑아 버리고 실제로 부정을 행할 수 있는 길을 막고자 하였습니다. 그래서 자

좀더 알기

✖ 성리학의 기본 개념

태극

태극太極이란 말은 원래 《주역周易》 〈계사전繫辭傳〉에 나오는 말로 만물의 근원이자 우주의 본체를 의미합니다. 이런 태극의 의미가 성리학의 중심 개념으로 등장한 것은 주돈이周敦頤 《태극도설太極圖說》의 무극이면서 태극(무극이태극無極而太極)이라는 말을 통해서였습니다. 이 말은 태극이 실질적인 우주 만물의 원리면서 동시에 감각적으로는 알 수 없는 형이상학적인 본체라는 의미를 강조한 것입니다. 성리학의 집대성자인 주희는 이런 태극의 개념을 계승하여, 태극이란 인간의 도덕 본체인 인극人極이면서 동시에 우주의 본체라고 정리했습니다. 그리고 우주 만물의 근본 원리인 태극은 하나지만 낱낱의 개별적 사물들이 모두 완전한 우주의 근본 원리를 지니고 있다고 하였습니다(만물통체일태극萬物統體一太極, 일물각구일태극一物各具一太極).

이기

주희는 주돈이의 《태극도설》과 정이程頤의 도기론道器論을 통합하여 세계를 설명하는 두 개의 축을 설정했는데, 그것이 바로 이理와 기氣입니다. 이는 앞서 설명한 태극과 같은 의미이고 기는 음양을 말하지요. 여기서 이는 우주 만물의 존재 원리이고 기는 우주 만물을 구성하고 있는 질료와 에너지입니다. 이는 형태나 소리나 냄새도 없고 무엇을 움직이거나 하는 작위가 없는 존재입니다. 여기에 비해서 기는 구체적인 현상을 이루는 모든 것이기에 형태를 짓기도 하고 움직이기도 합니다. 모든 존재는 이를 부여받은 뒤에 성性을 갖게 되고 기를 부여받은 뒤에 형체를 갖게 되지요. 성리학에서는 추상적인 원리인 이와 구체적인 현상인 기를 서로 없어서는 안 되는 뗄 수 없는 관계(불상리不相離)면서 서로 혼동되어 섞일 수 없는 관계(불상잡不相雜)로 봅니다. 또 성리학에서 이기는 우주론에만 국한되는 개념이 아닙니다. 이는 만물의 존재 원리면서 동시에 도덕의 궁극적 근거가 됩니다. 이는 존재의 문제에 있어서는 만물이 '그러한 까닭(소이연지고所以然之故)'인 동시에 가치의 문제에 있어서는 '마땅히 그렇게 해야 할 바의 준칙(소당연지칙所當然之則)'이 되지요. 도덕의 선천적 근거인 이는 순선純善하지만, 이것을 구체적으로 실현하는 기는 그것이 맑은가 탁한가에 따라 선하기도 하고 악하기도 합니다.

심성정

성리학의 심성론은 이기론에 입각해서 인간의 선악 문제를 해명하고자 하는 이론입니다. 성리학에 의하면, 인간은 우주 내의 존재이므로 인간은 당연히 이와 기를 통해 만들어졌습니다. 이는 인간의 본성이 되고 기는 인간의 육체와 에너지를 이루지요. 인간이 애초에 태어날 때는 하늘로부터 완전하고 순선무악純善無惡한 도덕 본성을 부여받는다고 합니다. 그러나 그와 동시에 기를 바탕으로 하는 육체와 에너지를 갖게 되고 그 과정에서 기질의 차이와 가려짐이 있게 됩니다. 기에는 바르고 기욺, 맑고 탁함의 차이가 있기 때문에, 이와 기를 함께 부여받은 현실상에서는 겉모습의 차이는 물론이고, 지혜로움이나 어리석음, 어질거나 덕 없음 등의 차이가 생기게 됩니다. 하지만 기질 때문에 애초의 선한 본성이 완전히 없어진 것은 아니기 때문에 수양을 통해서 이것을 온전히 발현시킬 수 있도록 노력해야 합니다. 그래서 성리학에서는 항상 수양이 중요하다고 합니다. 또 이때 수양의 중심이 되는 마음의 구조는 성性과 정情으로 이루어져 있다고 합니다. 성은 본성이고 정은 인간의 추상적인 본성이 희로애락喜怒哀樂의 구체적인 감정으로 발현된 것을 말하지요. 그리고 마음은 이 두 가지를 다 통괄하는 것(심통성정心統性情)입니다.

인심 · 도심

《서경書經》〈대우모大禹謨〉편에 순舜이 우禹에게 "인심人心은 오직 위태롭고 도심道心은 오직 미미하다. 인심과 도심을 정밀하게 살펴 도심을 전일專一하게 하여 진실로 중中을 지키라."라고 한 데서 근원합니다. 인심과 도심은 모두 한마음인데 도심은 도리를 깨달은 상태이고 인심은 욕심에 사로잡혀 있는 상태를 말합니다. 도심은 성性의 바름에서 비롯되기 때문에 순선하고, 인심은 형기의 사사로움에서 비롯되기 때문에 악함이 있게 됩니다. 이 두 마음 상태 중에서 인심을 절제하고 도심을 보존해야 천리를 보존하는 것이 됩니다.

본연지성 · 기질지성

본연지성本然之性은 천리인 본성을 지칭하는 것이고, 기질지성氣質之性은 인간의 본성을 선한 면도 있고 악한 면도 있는 차별적인 기질과 관련해서 파악한 것입니다. 성이란 본래 하나입니다. 본연지성과 기질지성은 어떤 실체를 말하는 것이 아니고 성을 논리적으로만 구분해 본 것입니다. 사실적으로는 이와 기가 구분되지 않지만, 관념적으로는 이와 기를 구분해 볼 수 있습니다. 마찬가지로 사실상은 기질과 함께하는 기질지성만 존재하지만, 성을 논할 때 절대적이고 순선한 천리만을 지칭한다면 본연지성이라 할 수 있고 기의 제한성 속에서 논한다면 기질지성이라고 할 수 있습니다.

사단칠정

사단四端이란 맹자가 말한 불쌍히 여길 줄 아는 마음(측은지심惻隱之心), 부끄러워할 줄 아는 마음(수오지심羞惡之心), 겸손히 양보할 줄 아는 마음(사양지심辭讓之心), 옳고 그름을 가릴 줄 아는 마음(시비지심是非之心)입니다. 사단은 인仁 · 의義 · 예禮 · 지智라는 네 가지 덕의 단서가 되지요. 칠정七情은 기쁨喜 · 노여움怒 · 슬픔哀 · 두려움懼 · 사랑愛 · 미움惡 · 욕심欲으로, 일반적으로 인간이 가진 일곱 가지 정서적 감각적 감정을 말합니다.

성경

성경誠敬은 수양론에서 제시되는 개념입니다. 성誠은 진실성 · 성실 · 정성 등을 의미하지요. 《중용中庸》에서는 "성誠이란 것은 하늘의 도道요, 성誠하고자 하는 것은 사람의 도다."라고 하고 성이 만물의 시작이자 끝이며 인격을 완성하는 요건이라고 하였습니다.

경敬은 성과 자주 혼동되어 사용되는 개념입니다. 하지만 성이 선천적인 천도天道의 문제라면, 경은 후천적인 노력과 관련된 인도人道의 문제라 할 수 있습니다. 경은 마음을 한곳으로 집중하여 다른 곳으로 달아나지 못하게 하는 것(주일무적主一無適)과 절제되고 엄숙한 생활(정제엄숙整齊嚴肅)로 구체화됩니다. 일상생활 속에서 항상 물욕이 본심을 해치지 않도록 하고 절제된 생활을 하는 것이 바로 경이지요. 성리학에서는 경으로 마음을 주재하는 것을 아주 중시합니다.

격물치지

《대학大學》의 8조목 "격물格物 · 치지致知 · 성의誠意 · 정심正心 · 수신修身 · 제가齊家 · 치국治國 · 평천하平天下" 중 하나입니다. 주희는 본래 《예기》에 실려 있던 《고본대학》에는 격물치지 조목에 관한 해석문이 빠져 있는 것으로 여기고 이를 보충하여 《대학장구》를 지었습니다. 그는 격물치지란 "사물에 나아가서 그 이치를 궁구하는 것"이며 "개개 사물의 이치를 탐구하여(격물) 지식을 확충하면(치지) 자연히 활연관통하여 모든 이치를 깨닫는 완전한 지를 얻을 수 있다."라고 하였습니다. 그래서 이치의 저장고인 경서의 습득을 중요시하였지요. 그러나 같은 시대를 살았던 육구연陸九淵은 사물의 이치를 먼저 구명하는 공부 방법을 반대했습니다. 그리고 명대의 왕수인王守仁은 같은 시각에서 주희의 격물치지론을 비판했습니다. 그는 《고본대학》을 그대로 인정하고 격물치지의 해석문은 빠진 것이 아니라 《고본대학》 원문 중에 있다고 봤습니다. 왕수인은 "마음의 부정을 바로잡아 회복하는 것이 격물이요, 마음을 발휘하여 모든 사물이 이를 얻는 것이 치지다."라고 하여 격물치지를 우리의 마음을 바로잡는 것으로 풀이하였습니다.

기의 직분 이외에서 이익을 취하거나 공이 있었다고 하여 사리를 도모하고 비리를 자행하는 것은 결코 용납할 수 없다고 보았습니다. 그래서 반정 시에 남획된 정국공신을 개정하고자 공신들의 위훈 삭제를 주장하였습니다. 그리고 실제로 위훈 삭제가 행해졌습니다. 그러나 단 며칠 뒤에 조광조는 훈구파 공신들로부터 반격을 당하게 되지요. 훈구파 공신들은 자신들의 기반이 흔들릴 것을 우려해 조광조를 모략합니다. 《선조실록》에는 당시 훈구파의 모의가 기록되어 있습니다.

미안해요

> 당초에 조광조 등에게 교류를 청했으나 조광조 등이 허락하지 않자, 남곤은 유감을 품고서 조광조 등을 죽이려고 했다. 이리하여 나뭇잎의 감즙을 갉아먹는 벌레를 잡아 모으고 꿀로 나뭇잎에다 '주초위왕走肖爲王(주초가 왕이 된다)' 이라는 네 글자를 많이 쓰고서 벌레를 놓아 갉아먹게 하고 …… 벌레가 갉아먹은 나뭇잎을 물에 띄워 대궐 안의 어구에 흘려보냈다. 중종이 이를 보고 매우 놀라자 이윽고 고변하여 화를 조성했다.

이 일이 있은 후에 훈구파 공신들과 그 측근들은 계속해서 조광조를 참소하였고, 중종은 조광조의 위훈 삭제론이 중종반정을 반역으로 몰아가려는 것이라고 의심했습니다. 그래서 결국 중종은 조광조를 비롯한 사림파를 축출하게 됩니다. 그것이 바로 기묘사화(1519)입니다. 조광조가 주창했던 지치중흥至治中興의 정치는 그와 여러 사람들의 죽음으로 좌절되고 말았습니다. 조광조는 정치적으로 실패했지만 후대의 유학자들에게는 정신적 지표가 되었고, 이것은 곧 사림정신士林精神의

◀ 조광조 추모비
전남 화순 능주 소재. 조광조는 이곳에 귀양 온 지 한 달 만에 사약을 받았다.
비문은 우암 송시열이 쓴 것이다.

새로운 전통을 심었습니다.

조광조의 개혁에 대해서는 지나치게 급진적이었다는 것과 당시의 상황으로서는 그것이 최선이었다는 두 가지 평이 엇갈립니다. 하지만 그의 곧은 정신과 절의가 후대에 미친 영향이 크다는 것은 누구도 부인할 수 없는 사실입니다.

조선 전기의 불교 사상

고려 말엽에 일기 시작한 유학자들의 배불 운동은 새로운 이념 국가 체제로의 전환을 시도하는 것이었지만, 한편으로는 고려 왕실과 구귀족의 몰락이라는 계층 변화를 꾀하는 것이기도 했습니다. 대부분의 불교 배척은 순수한 이념보다는 정치적인 목적에서 이루어졌지요.

조선 전기에 지공指空・보우普雨(1509~1565)・나옹懶翁(1320~1376) 등의 명승이 나타났지만 유학자들의 정치적 공세로 인하여 태종부터 인종(1545) 대에 이르기까지 불교계는 암흑기를 맞게 됩니다. 함허涵虛 기화己和(1376~1433)의 유・불회통론도 있었고, 세조 대 일시적인 비호시책으로 간경도감刊經都監에서 국가적 규모의 불경 간행 사업을 벌인 적도 있었습니다. 하지만 이것도 배불적 성향이 강한 집현전 학자들의 주도하에 몇몇 승려들의 협조를 얻어 이루어졌던 일이었습니다. 세조의 뒤를 이은 성종 대에 가면 다시 억불 정책을 쓰게 되지요. 이런 상황에서 불교의 명맥을 유지하고 신라와 고려의 불교 전통을 오늘날까지 계승되게 하는 계기를 마련한 것은 명종 대에 섭정을 한 문정왕후文定王后(1501~1565)＊에 의해서였습니다.

문정왕후는 섭정이 시작되자 설악산 백담사百潭寺의 승려 보우를 중용했습니다. 그리고 그의 의견을 들어 봉은사奉恩寺를 선종禪宗, 봉선사奉先寺를 교종敎宗의 근거로 삼고, 보우와 수진을 각각 양사의 주지

나만 갖고 그래
....

문정왕후

조선 중종의 계비繼妃. 성은 윤尹. 중종 12년에 왕비에 책봉되었으며, 아들 명종이 12세 때 왕위에 오르자 대신 정치를 맡아 권력을 잡았다. 동생 윤원형과 함께 을사사화를 일으켰고 보우를 가까이하여 불교의 부흥을 꾀하였다.

로 삼았지요. 보우는 이를 계기로 선교 양종의 불교 재건을 기대했습니다. 하지만 보우 역시 오래 활동하지 못하고 유생의 미움을 받아 비명의 죽음을 당하고 말았습니다.

조선 시대 전반에 걸쳐 배불 정책, 혹은 억불 정책이 진행되었다고 보아야 할 것입니다. 이러한 상황에서 불교계는 유교와 불교가 본래적인 의미에서 서로 다르지 않다는 회통론이 사상의 한 흐름을 이루게 되었습니다.

김시습, 승려의 모습으로 왕도 정치를 추구하다

김시습의 진영

김시습金時習(1435~1493)은 세간과 출세간을 넘나들며 승려도 아니고 속인도 아닌 기구한 삶을 살았던 철학가입니다. 그는 어릴 때 신동으로 뭇사람들로부터 시선을 많이 받았습니다. 3세 때부터 시 짓는 법을 배워 간단한 시구를 많이 지었고 5세 때는 《자설字說》과 《소학小學》, 심지어 《대학大學》과 《중용中庸》까지 익혔으니까요. 김시습의 소문은 세종에게까지 알려져 "김시습의 학문이 성취됨을 기다려 크게 쓰고자 하니 부지런히 노력하라."는 당부를 받게 되는데, 이때부터 김시습은 도학을 학문의 이상으로 삼고 왕도 정치를 구현하는 것을 자기 학문의 목표로 삼았습니다. 왕도 정치의 구현은 김시습의 평생 숙원이었습니다. 김시습이 어린 시절, 세종 당시의 학문 풍토는 도학이 주된 흐름이었기 때문에 그가 받은 유학 교육은 모두 왕도 정치로 수렴되는 것이었고 어린 김시습이 이 속에서 꿈을 키워 나간 것은 당연한 일이었지요. 그는 13세가 될 때까지 《논어》·《맹자》·《춘추》·《서경》·《주역》·《예기》를 배웠고 계속해서 장성할 때까지 차근차근 도학자의 길을 밟아 나갔습니다. 그런데 이런 김시습이 승려도 아니고 속인도 아닌 삶을 살게 된 이유는 무엇이었을까요?

부지런히 학문을 익혀 요순 시대*와 같은 태평성대를 이룩하는 데

요순 시대
요임금과 순임금이 덕으로 천하를 다스리던 태평한 시대. 유학에서는 치세治世의 모범으로 삼는다.

이바지하겠다는 젊은 김시습의 소망은 세종과 문종을 이어 세조가 등극하는 일을 계기로 좌절되고 맙니다. 세조가 무단으로 왕위를 찬탈하는 사건이 벌어지자 김시습은 대성통곡을 하고는 자신이 가지고 있던 책을 모두 불살라 버렸습니다. 그의 나이 21세 때였지요. 그는 더 이상 출사할 조정도 없고 공부할 의미도 없다고 여겨 그 길로 승려의 모습을 하고 방랑을 떠나게 됩니다. 그는 관서와 관동, 그리고 호남을 차례로 유람하고 31세 때(1465) 이후로 7년 동안 경주 금오산에 은둔했다가 다시 1472년(성종 3년)에 서울로 옵니다.

김시습은 강산을 유람하며 느낀 감상을 적은 글들을 모아《유관서록遊關西錄》·《유관동록遊關東錄》·《유호남록遊湖南錄》·《유금오록遊金鰲錄》 등을 지었지요. 그는 현실과 이상의 불일치에서 오는 갈등을 마음의 다스림을 통해 극복하고자 하였습니다. 그리하여 여행 중에 여러 선사와 도사들을 만나 불교와 도교를 익혔습니다. 그러나 그렇다고 해서 김시습이 불교와 도교를 그의 마음속에 자리 잡은 왕도 정치를 실현하기에 적합한 이론으로 여겼던 것은 아니었습니다. 그는 여전히 유학자였던 것이지요. 이이는 김시습의 이런 면모를 일컬어 '적불유심迹佛儒心' 이라 하였습니다. 김시습의 행적은 불자佛者였지만 마음은 유자儒者였다는 것입니다.

김시습이 서울에 있었던 시기는 그가 현실에서 도학 정치를 실현할 수 있다고 여겼던 시기였습니다. 성종이 즉위한 이후에는 유교 정치 이념을 공고히 하기 위한 정책들이 대거 추진되었던 것입니다. 그는 1481년(성종 12년) 47세 때 머리를 기르고 할아버지와 아버지에게 제사를 지내면서 글을 지어 그동안의 불효에 대해 용서를 구했습니다. 그리고 뒤늦게나마 혼인을 하여 가정을 이루었습니다. 하지만 김시습이 이런 마음을 가졌다 하더라도 그의 지난 행적들은 불교 승려의 모습이었으므로 쉽게 출사가 이루어지지 않았

김시습 사당
매월당 김시습이 기림사에 머문 인연으로 후학들이 세운 사당이다.

습니다. 승려의 모습으로 강산을 유람한 데다가, 한때 세조가 추진한 역경譯經 사업과 원각사 낙성식에 참여한 적도 있었기 때문이지요. 하지만 정작 세조가 본격적으로 불러들이고자 했을 때, 그는 불교로 나설 뜻이 없음을 분명히 밝혔습니다.

김시습의 뜻을 알아준 사람은 세조 대의 정치를 적극적으로 비판하고 나섰던 이정은·남효온과 같은 몇몇 인물에 불과했습니다. 김시습은 끝내 출사하지 못했고 정치적 이상도 펼칠 수 없었습니다. 그는 부인을 잃은 후에 다시 입산했다가 1493년(성종 24년) 59세에 충청도 무량사에서 숨을 거두었습니다. 그는 만년에 후인들에게 자신이 죽은 뒤 비문에 '꿈꾸다 죽은 늙은이'라고 적어 달라고 부탁했으며 임종에 앞서서는 자신을 화장하지 말라는 유언을 남겼습니다. 스스로도 현실 세상과 조화를 이루지 못했던 삶을 한탄하였고 왕도 정치 구현에 이바지하지 못한 한이 남았던 것이지요.

김시습은 선의 입장에서 화엄학을 이해하면서도 현실 세계를 중시하였습니다. 그는 모든 현상과 본체는 결국 하나인데, 참된 본체와 진리를 먼 데서 찾으려 하기 때문에 이를 보지 못한다고 하였습니다. 그는 범부 중생의 현실 속에서 바로 참된 법계의 진리를 찾으려는 현실관을 전개하였습니다. 내 몸과 진리의 법계는 서로 품고 있는 관계이기 때문에 자기 자신의 몸에서 진리를 찾고 이를 깨달으면 천지자연의 조화가 바로 내 것이 되고 우주의 본체인 태허가 나에게서 떨어진 별개의 것이 아니라고 하였습니다. 법계가 드러난 것이 바로 자기 자신이라는 것이지요. 이런 의미에서 김시습은 화두 참선에만 빠지는 선을 비판하기도 하고 노장의 은일 사상이 '자기 한 몸의 보전만 알고 세도世道에는 무관심하기 때문에 무익한 것'이라고 단정하였습니다. 더 나아가서 신비적인 도교나 신선술은 철저히 배격하였지요.

김시습은 그의 인생 역정처럼, 어느 한 분야에 얽매이지 않고 자유롭게 유·불·도를 넘나들며 학구열을 불태웠습니다. 하지만 그 중심은

왕도정치 …
왕도정치
왕도정치
왕도 …
필 승

항상 도학의 이상인 왕도 정치의 실현에 있었습니다. 도교는 개인적인 열망을 채우는 일이라 여겨 크게 몰두하지 않았고 불교의 경우에는 마음을 다스리는 법에 천착하면서 상당한 수준에 올랐지요. 그러나 항상 현실에 뿌리를 두고 그 속에서 진리를 찾으려는 의식은 불교의 심신 수양에 머물지 않고 도덕적인 인격과 사회의 건립을 추구하는 유학에 바탕을 두었다고 하겠습니다.

기화, 유교와 불교가 서로 통함을 알리다

기화(1376~1433)는 조선을 건국한 태조의 왕사였던 무학대사(1327~1405)의 수제자로서 조선 초의 배불 정책 속에서 불교를 수호하고자 노력했던 승려입니다. 그는 유·불·도 삼교가 별개의 다른 사상이 아니고 서로 회통한다는 사실을 들어서 불교를 살려 나가려고 했지요. 그의 회통론會通論은 《현정론顯正論》과 《유석질의론儒釋質疑論》에 잘 나타나 있습니다.

그는 유·불·도에서 말하는 도리가 표현만 다를 뿐 내용적으로는 같아서 그 의미를 깊이 이해하고 실천해 보면 세 갈래가 아닌 한 갈래에서 나오는 가르침과 같다고 하였습니다. 도교 사상의 핵심은 '하지 않으면서도 하지 않음이 없음(무위이무불위無爲而無不爲)'이며, 불교 사상의 핵심은 '고요하면서 항상 비춤(적이상조寂而常照)'이고, 유교 사상의 핵심은 '고요하면서 항상 감응함(적이상감寂而常感)'이라 보았지요. 그러니까 각 사상의 궁극적 진리관이 결국 하나라고 본 것입니다. 기화는 삼교가 결국 일치점에 도달하는 것이므로 서로 대립할 필요가 없고 화합하고 융화해야 한다는 것을 강조했습니다. 그는 서로 대립하다 보면 오히려 각 사상의 큰 뜻은 보지 못하고 지엽 말단적인 부분에 얽매여 논쟁만 일삼게 된다고 하였습니다. 아울러 무엇보다도 근본 원리를 토대로 융합하면서 삼교가 가진 각각의 분야와 특성을 인정하

무학대사
고려 말기에서 조선 초기의 승려. 속성은 박朴. 이름은 자초自超. 18세에 승려가 되어 혜명국사慧明國師에게서 불법을 배웠다. 진주길상사, 묘향산 금강굴에서 수도하다가 원나라 연경에 유학하여 혜근의 법을 이어받았다. 조선 개국 후 왕사가 되었고 새 수도의 지상地相을 보러 계룡산과 한양 등지를 돌아다녔다. 저서에 《인공음印空吟》이 있다.

는 것이 중요하다고 하였습니다. 하늘에 사시四時가 있어 각각 그 주가 되는 바에 의해 운행이 이루어지듯이, 삼교도 각각 주체가 있어 운용된다는 것이지요. 도교는 기氣에 주안점을 두고 불교는 성性에 주안점을 두며 유교는 심心에 주안점을 두는데, 이들의 근원이 되는 것은 또 사람의 마음이라고 하였습니다.

기화는 불교의 성체관性體觀을 근본으로 하면서 유교에서 대본大本에 입각해 사물의 의리를 밝히는 것을 따르며, 마지막으로 도교에서 중시하는 무위無爲의 영묘한 조화를 추구해야 한다고 하였습니다. 이것이 진리와 그 작용이 가장 조화롭게 융합되는 원융한 논리이고 가장 바람직한 종교관이라는 것이지요. 기화의 회통론은 언뜻 보면 불교를 우위에 두는 것 같지만, 실상은 그가 말한 대로 삼교의 각 특성을 살려 궁극적 진리를 잘 구현할 수 있는 새로운 방법을 제시한 것으로 볼 수 있습니다.

보우, 불교의 부활을 꿈꾸다

보우(1509~1565)는 명종 대에 섭정을 했던 문정왕후의 정치 세력을 배경으로 불교 회생을 추진했던 인물입니다. 그는 1551년 선종과 교종 제도를 부활시키고 뒤이어 승과 제도를 부활시켰습니다. 이때 승과제를 거쳐 배출된 승려로는 임진왜란이라는 국가 혼란기에 활약했던 서산대사(휴정)와 사명대사(유정)가 있지요. 하지만 이러한 보우의 시책에 대한 유생儒生들의 반발은 매우 심각했습니다. 1년에 400여 회의 상소가 올려질 정도였으니까요. 결국 보우는 문정왕후가 승하한 그해에 유생들에 의해 제주도로 유배를 가게 되고 거기서 살해를 당합니다. 보우의 죽음과 동시에 불교에 대한 박해는 더욱 심해졌지요.

보우는 배타적인 유생들과의 대화를 위해 《일정론一正論》을 저술하여 유교와 불교가 근본적인 취지에서 회통한다는 점을 밝히려고 했습

대화 좀
하자구 …

니다. 또 불교계에서 지속적으로 문제가 되었던 선종과 교종의 우열愚
劣과 심천深淺을 논쟁하는 풍조를 비판하고 이들이 모두 하나임을 강
조했습니다. 보우는 불교와 유교는 모두 인간이 알고 따라야 할 보편적
인 도리를 논했다는 점에서 일치하고 깊이를 비교할 수 없다고 하였습
니다. 그리고 불교가 군주와 부모에 대한 충효를 져버린다는 비판에 대
해서도 오히려 "대비大悲의 문을 열고 중생에게 임하는 불교는 임금과
부모에 대한 충과 효를 적극적으로 가르친다."고 항변하였습니다.

그는 《일정론》에서 일一은 우주적 원리이며 정正은 도덕적 원리인
데, 일은 천리이고 정은 인간의 마음이라고 하여 이들이 본질적으로는
서로 걸림이 없다고 하였습니다. 성리학에서 말하는 천리와 인심의 관
계를 일정론으로 설명하고 있는 것이지요. 일정론의 논리는 화엄 사상
에서 일체의 걸림이 없이 모두 회통함을 설명하는 무애無碍의 논리입
니다. 보우는 이를 통해서 불교와 유교의 핵심이 회통한다는 사실을 보
여 주려 하였습니다.

보우는 억불 정책이 극심하던 시기에 불교를 보호하고자 했던 일부
정치 세력의 비호 아래 불교계 전체의 구제를 위해 힘썼고, 실제로 존
망의 위기에 처한 불교계의 명맥을 유지했던 승려였습니다.

쉬어가기

✖ 사림파의 수난 – 사화

조선 초기에 사림파들은 무오년戊午年(1498) · 갑자년甲子年(1504) · 기묘년己卯年(1519) · 을사년乙巳年(1545)에 네 번의 큰 사화를 겪었다.

우선, 무오사화(연산군 4년, 1498)는 훈구파가 계유정난에 대한 사림파의 역사 인식을 역모로 몰면서 발생했다. 김종직金宗直(1431~1492)이 지은 〈조의제문弔義帝文〉이라는 사초가 문제가 된 것이다. 이것은 이미 사망한 김종직이 생전에 자신이 꾼 꿈에 대해 쓴 글인데, 신인이 나타나 본인은 초나라 희왕인 의제인데 항우에게 살해되어 빈 강에 잠겼다고 말하고는 보이지 않았다는 내용이다. 단종의 일과 유사하다. 의제를 애도한다는 이 글은 사실은 단종을 애도하는 글이었던 것이다. 이 일로 훈구파는 사림파를 세조의 정통성을 부인하는 불온한 정치 세력으로 규정하였다. 연산군은 이미 죽은 김종직의 관을 파헤쳐서 그 목을 베고 그의 제자들을 탄압하였다.

김종직
세조 5년(1459)에 문과에 급제하고,
형조판서 · 지중추부사 등을 지냈다.

이로부터 6년 뒤에 벌어진 갑자사화는 무오사화로 대부분의 사림파를 제거한 훈구파 내부의 권력 다툼에서 빚어졌다. 당시 훈구파는 왕실의 인척인 궁중파와 의정부와 육조에 포진한 부중파로 나뉘었다. 궁중파가 연산군의 생모인 폐비 윤씨 사건을 구실로 부중파 제거에 나서면서 사림도 연루시킴으로써 훈구파와 사림파 모두 화를 입게 된 경우다. 연산군의 생모가 폐위되어 사약을 받은 일에 관련된 자들과 윤씨의 복위를 반대한 자들이 모두 죽거나 귀양을 갔다.

갑자사화 이후 연산군은 향락으로 일관하다가 결국 축출 당했다. 그리고 성희안과 박원종 등이 성종의 둘째 아들인 진성대군晉城大君을 왕으로 추대했다. 바로 중종반정(1506)이 일어난 것이다. 중종이 즉위한 초기에는 중종반정의 논공행상인 정국공신이 정치를 주도했다. 중종은 다시 훈구파를 견제하기 위해 사림파를 등용했는데, 이때 정계에 진출한 대표적인 사림이 바로 조광조다. 중종은 공신들을 견제하면서 강력한 왕권을 구축하고 싶어 했지만, 조광조는 강력한 왕권보다 성리학의 정치적 이상인 도학정치를 실현하고자 하였다. 처음에 중종은 조광조의 개혁을 상당 부분 수용했지만 공신들의 녹훈을 삭제하는 부분에서는 끝까지 조광조의 편을 들어주지 못했다. 중종은 이미 왕을 압박하여 뜻을 관철시키는 사림파에 대한 불만을 갖고 있었고, 훈구파는 위훈 삭제를 통해 자신들의 존립 기반이 흔들리는 것을 필사적으로 막으려 했다. 그래서 조광조를 비롯한 사림들은 역모로 몰려 화를 당하는데, 이것이 바로 기묘사화(1519)다.

중종이 사망한(1544) 후, 조정은 제1계비 장경왕후의 친정인 대윤大尹과 제2계비 문정왕후의 친정인 소윤小尹으로 갈라졌다. 이들 대윤과 소윤의 권력 투쟁에서 발생한 것이 바로 을사사화(명종 원년, 1545)다. 중종 이후에 장경왕후 소생의 인종이 즉위하자, 장경왕후의 오빠인 윤임이 실권을 장악했다. 윤임은 기묘사화 이후 은퇴한 사림들을 다시 정권에 참여시키고 기묘사화 당시에 사형당한 사림들을 복직시켰다. 하지만, 인종이 재위 9개월 만에 사망하고 다시 문정왕후의 아들인 명종이 즉위하면서 사림 등용책은 수포로 돌아갔다. 명종은 12살이라 문정왕후가 수렴청정을 하게 되었고, 그의 형제들인 윤원로와 윤원형이 권력 장악에 나섰다. 이 과정에서 대윤과 소윤이 서로 무고하다가 결국 대윤이 축출되었다. 대윤과 사림들이 명종을 폐하고 다른 임금을 추대하려고 했다는 역모죄로 처벌받은 사화가 일어난 것이다.

을사사화 2년 후인 정미년에는 양재역에 '여자 임금이 위에서 정권을 잡고 간신이 아래에서 권력을 농단하고 있으니, 나라가 망할 것을 기다리는 격'이라는 내용의 벽서가 붙는 사건이 발생했다. 이 사건으로 을사사화에서 겨우 살아남았던 사림파들이 다시 결정적인 타격을 받게 되었다. 하지만, 문정 왕후가 죽은 이후 소윤의 핵심은 자멸했고 사림파의 집권은 역사의 대세가 되었다.

16세기 이후 명종 말엽에서 선조 초엽에는 도학을 숭상한 사림파가

정국의 주도권을 장악하였습니다. 몇 차례 큰 사화가 있었지만, 꾸준히 지방 세력을 형성하면서 성장해 왔던 것입니다.

사림파는 집권 직후, 삼사(사헌부·사간원·홍문관) 관리의 추천권을 가진 이조전랑의 추천을 놓고 동인과 서인으로 나뉘었고 동인들이 다시 남인과 북인으로 나뉘면서 분열을 거듭했습니다. 이런 상황에서 임진왜란(1592)이 발생했지요. 임진왜란 이후에는 가장 많은 의병장을 배출한 북인이 정권을 잡았다가, 북인이 광해군을 지지하는 세력과 영창대군을 지지하는 세력인 대북과 소북으로 분열한 뒤 광해군이 즉위하면서 대북이 집권했습니다. 광해군은 명분보다는 현실 정책을 우선하여 대동법을 실시하고, 당시 중원에서 성장하고 있던 금과 명 사이에서 실리 외교를 폈습니다. 그러나 대북 정권은 영창대군 사사와 인목대비 폐모 등 과도하게 정권 안정을 추구하다가 명분을 중시하던 서인과 남인의 공격을 받게 되었습니다. 그리하여 인조반정(1623)이 일어났습니다.

인조반정의 주축이 된 서인들은 영창대군 사사를 반정의 명분으로 삼고 '숭명대의崇明大義'의 외교 정책을 내걸었습니다. 금에 대한 대북 정권의 외교 정책을 굴욕적인 것으로 비판하면서 임진왜란의 은인인 명을 높이자는 명분론을 편 것이지요. 그러나 이들의 친명반청親明反淸 정책은 정묘호란(1627)과 병자호란(1636)을 초래했고 국가 기반을 흔들어 놓았습니다. 전쟁을 치르면서 전 국토가 피폐해졌고, 청과 군신 관계를 맺게 된 것이지요.이후로 조선은 내부적으로 피폐해진 국가를 바로 세우는 국가 재조론을 폈고 북벌의 계획을 세우기도 했으나 대외적으로는 여전히 청과 군신 관계를 유지할 수밖에 없었습니다. 인조의 뒤를 이은 효종이 실질적이고 군사적인 북벌 계획을 갖고 이를 추진하려 하였지만, 결국 뜻을 이루지 못했습니다. 당시에 산림의 영수이자 정권을 장악하고 있었던 송시열 중심의 서인 정권이 군사적인 북벌은 사실상 불가능하다고 봤기 때문이지요. 이들은 명이 청에 망한 이후로 도가 실현되는 문명국은 조선 하나라는 생각으로 조선중화주의를 주장하고 북벌론을 폈지만, 이것은 문화적인 면에 치중하는 것이었습니다.

당시 집권층들은 또 혼란해진 신분 질서와 국가 체제를 바로잡기 위해 예학을 연구하고 종법 질서를 강조했습니다. 예학은 학문적으로는 성리학의 심성론을 구체적 현실 속에서 규범화한 것이고 사회적으로는 사대부 중심의 지배 질서를 공고히 하려는 작업이었습니다. 또 이를 위해서 일반 백성에게 모범이 되는 왕가의 예가 중시되었는데, 이런 배경 속에서 예송 논쟁이 일어났습니다. 효종과 효종비를 둘러싼 복제와 복상 기간의 문제가 논쟁의 대상이 되었지요. 초기의 예송 논쟁은 학문적인 것에서 출발했지만, 점차 당파성을 띠게 되면서 서로 죽고 죽이는 당쟁을 불러일으켰습니다.

인조반정 이후 정권을 장악했던 서인은 성리학을 집대성한 주희의 학문을 그대로 신봉하는 교조적인 성향을 띠었고, 이에 반하는 남인 계열에서는 성리학 경전을 다양하게 해석하려는 반주자학적 성향의 학자들이 있었습니다. 당쟁의 결과로 남인과 서인이 번갈아 집권하고 서로 배척하는 불안한 정국이 계속되었지요. 그러다가 집권 서인이 남인에 대한 처우를 놓고 다시 노론과 소론으로 분열하였는데, 장기적으로 정권을 장악한 것은 노론이었습니다. 노론의 사상은 주자정통주의에 해당하는 것이었고, 소론은 이에 대해 양명학이나 노장 사상 등의 다양한 학문을 섭렵하려는 것이었습니다. 이런 와중에 정치에 직접 참여하지 않으면서 독자적인 학문 연구를 펼친 강화학파가 형성되었고, 기층의 변화에 탄력적으로 대응하지 못하는 지배 논리에 대한 자각과 반성이 일어났습니다.

02 성리학 연구의 심화와 불교계의 방향

학파의 뿌리가 된 사람들

산림
학식과 덕이 높으나 벼슬을 하지 않고 숨어 지내는 선비

사화를 겪으면서 사림들은 재야에 숨어 지내는 '산림유山林儒'와 출사하여 정치에 참여하는 '묘당유廟堂儒'로 나뉘게 됩니다. 하지만 후대로 갈수록 이들의 구분은 모호해지고, 사림들은 산림에 은거하는 처사를 좀더 높게 평가하였습니다. 그래서 조정에 출사한 뒤에도 질병 등을 이유로 벼슬을 사양하고 산림에 은거하여 학문 연구에 몰두하는 것이 공공연한 일이 되었지요.

하지만 산림들이 여론 형성을 통해 정계에 미치는 영향은 상당한 것이어서 조정에서는 항상 산림들의 동향에 주목하였고 산림을 등용하기 위해 애썼습니다. 산림들의 학문 연구란 대개 성리학을 바탕으로 한 것이기 때문에 점차 성리학에 대한 이해가 심화되고 이들 사이에서 여러 학술 논쟁이 일어났으며 그에 따라 학파가 형성되었습니다. 이제 성리학 이론은 외래 사상으로 이해되어 일부 정책에 사용되는 차원이 아니라, 조선의 사회 문화 속에서 체화되는 사상으로 거듭나게 된 것이지요. 하지만 이것은 사림파들의 정치적인 대립을 수반하는 것이었습니다. 수신제가 뒤에 치국평천하를 추구하고 왕도 정치의 구현을 공부의 끝으로 삼는 성리학의 논리상 학자들은 정치와 무관할 수 없었습니다. 그런데 여기에, 지나친 명분과 정치적 이익이 개입되면서 당쟁이 극심해졌습니다.

성리학에 통달하여 이론과 실천의 모범이 되고 학파의 뿌리가 된 대표적인 학자로는 화담 서경덕 · 남명 조식 · 퇴계 이황 · 율곡 이이 등을 들 수 있습니다. 이 중에서 서경덕과 조식을 이은 학파들은 후대에 적지 않은 영향을 미쳤음에도 불구하고 오랫동안 존속하지는 못했습니다. 그러나 이황과 이이의 경우는 달랐지요. 이들은 조선 중 · 후기를 거쳐 지속적으로 학파의 종주로 추앙되었습니다.

학파의 특성이나 계보를 명확하게 구분 짓기는 어렵습니다. 학자들 중에는 특별히 자기 학문의 종주를 밝히지 않는 경우도 많았고, 학문적 특성을 어느 한곳에 배대하기가 어려운 경우도 많았지요. 그리고 무엇보다 중요한 것은 후대로 갈수록 학파 형성에 정치적인 요인이 개입되는 경우가 많았다는 것입니다. 그래서 이황이나 이이의 학문적 본령과 거리가 먼 사람들이 각각 그 학파에 속하는 경우도 있었지요. 자신을 수양하고 집안을 다스린 뒤에, 나라를 다스리고 천하를 평정하여 왕도 정치를 실현해야 한다는 성리학의 논리상, 성리학자들은 순수한 학문 연구자로만 있을 수는 없었습니다. 어떤 식으로든 정치에 참여하였지요. 그러나 학술 대립이 정치 대립으로 이어지고 이것이 당쟁으로 심화되면서, 진정으로 나라와 백성을 위한다는 근본정신이 정치적 명분과 이익 속에 매몰되는 일이 벌어지게 된 것입니다. 학파의 진정한 학술 대립이라는 의미는 퇴색된 것이지요. 여기서는 우선, 조선 성리학파의 뿌리가 되고 후대의 스승이 된 학자들에 대해 살펴보겠습니다.

서경덕, 관찰과 추론으로 진리를 자득하다

서경덕徐敬德(1489~1546)은 독학으로 학문을 연구한 것으로 유명한 조선 중종 대의 성리학자입니다. 18세에 《대학大學》의 〈격물치지장格物致知章〉을 읽고 독서보다 사물을 직접 관찰하고 추론하는 격물이 우선임을 깨달은 후 진리를 스스로 터득하는 자세를 중시하였습니다. 서경덕은 평생 안빈낙도安貧樂道의 자세로 살면서 학문 연구와 저술에 전념하여 독특한 철학 체계를 세웠습니다. 그의 대표적인 저서로는 《원리기原理氣》·《이기설理氣說》·《태허설太虛說》·《귀신사생론鬼神死生論》 등을 들 수 있는데 대부분 기를 중심으로 세계를 설명하는 것이지요.

서경덕은 변화하는 현상 세계를 떠나서 독립된 진리란 존재할 수 없다는 것을 강조하기 위해 현상적이고 실재적인 '기'의 근원에 천착했습니다. 서경덕은 성리학에서 기의 근원인 '태허'에 대해 철저하게 추구하지 못한 점을 보완하고 도교나 불교에서 말하는 공空과 허虛의 개념을 비판하고자 하였습니다. 서경덕은 "태허는 고요하고 형체가 없으니 선천先天이라고 한다. 그것은 공간적으로 무한하며 시간적으로 영원하다. 그 근원을 알 수 없으며 텅 비어 있으니, 기의 근원이다."라고 규정하였습니다. 시공의 제약을 벗어난 완전한 우주적 실체가 바로 태허라는 것이지요.

그는 불교에서 말하는 진공眞空·허공虛空과 도교에서 없음[無]의 허虛로부터 있음[有]이 생긴다는 말은 모두 '허'가 곧 '기'임을 모르는 데서 비롯된 착오라고 비판합니다. 없음으로부터 실재적인 있음이 생긴다는 것은 어불성설이란 말입니다. 그는 '허'는 곧 '기'이며 실재적인 것이라고 합니다. 또 기는 절대적인 우주적 실체이며 시작과 끝이 없고 '이'가 '기'보다

화담 서경덕의 시(상)와
독서하는 상징 동판

앞선다고 할 수도 없다고 합니다. 만약 '이'가 '기'보다 앞선다고 한다면, 기가 시작이 있다는 뜻이 되기 때문이지요. 즉 '이'가 '기'보다 앞서서 존재한다면 '기' 없이 '이'만 존재한다는 것이 가능하고, 따라서 '기'는 언젠가 다시 없음의 상태로 환원될 수 있는 불완전한 존재가 되어 버린다는 것입니다. 그렇다면 이쯤에서 서경덕은 '기'가 '이'에 앞서는 것이라고 했을까요?

서경덕은 '이'가 '기'에 앞서지 않지만 그렇다고 해서 '기'가 '이'에 앞서는 것도 아니라고 했습니다. 그는 "'이'만 홀로 존재한다면 공허하고 '기'만 홀로 존재한다면 조잡하니, 합하면 묘하고 묘하다."라고 하였습니다. 그가 '이'라는 본질적 진리에 대해서 '태허'라는 현상의 근원을 강조하긴 했지만, 사실 중요한 것은 '이'만으로는 현상의 변화가 불가능하고 '기'만으로는 현상의 질서가 성립하지 못한다는 사실이었습니다.

서경덕은 '기'를 선천先天과 후천後天으로 나누어 보았습니다. 선천은 태허이며 일기一氣이고, 후천은 음양이기陰陽二氣나 이기二氣의 운동에 의해 형성된 우주 만물을 의미합니다. 선천이란 음양이기로 변화할 수 있는 절대적인 가능태로서의 '기 자체'이고, 후천은 이것이 삼라만상으로 확산하여 구체화된 것이지요. 또 여기서 중요한 것은 선천이 후천을 발생시키는 것이 아니고 선천 자체의 작용이 바로 후천이라는 것입니다. 후천은 선천의 양면입니다.

그렇다면 서경덕 철학의 체계에서 '이'란 무슨 의미를 지닐까요? 서경덕은 '이'가 '기'의 주재主宰이고, '기' 운동이 그러한 까닭임을 분명히 하였습니다. 다만 여기서 '주재'라는 것이 '밖에서부터 와서 주재하는 것이 아니고 기의 움직임이 올바름을 잃지 않는 것'이라는 단서를 달았지요. '이'란 '기'의 바깥에 따로 존재하면서 '기'를 주재하는 것이 아니라 능동적으로 움직이는 것은 '기'뿐이고, 이러한 '기'가 조리 있게 운용되는 일종의 내재적인 원리가 바로 '이'라는 것입니다.

이것은 '이'를 본체적으로 보고 '기'를 기능적으로 보는 주자학과는 다른 견해입니다. 서경덕은 이를 '이理의 시時'라고 하였지요.

서경덕은 생전에 많은 제자들을 포용했으나 만년에는 대부분 퇴계나 율곡 계열로 흡수되거나 산골의 은사로 머물렀습니다. 후일 퇴계와 율곡은 서경덕의 '기' 철학이 '이'와 '기'를 혼동한 면이 있다고 비판하였지요.

그러나 그의 '기' 철학은 한국 성리학에서 최초로 체계적인 전개를 시도한 것이고, 그의 저서 또한 그가 죽은 지 200년 뒤에 중국의 《사고전서四庫全書》에 한국의 개인 저서로는 유일하게 수록될 만큼 훌륭한 것이었습니다. 서경덕의 철학은 그에 대한 비판만큼 후대에 미친 영향 또한 컸습니다.

조식, 학식보다 실행이 우선임을 강조하다

산림에 은거하면서 사림의 정신을 주도하였던 또 하나의 인물로 조식曹植(1501~1572)을 들 수 있습니다. 조식은 비록 출사하여 정치 일선에 나선 인물은 아니었지만, 도학을 연구하고 실천하는 산림유로서 많은 제자를 두고 있었습니다. 삼정승三政丞*과는 거리가 멀었지만, 그의 영향력은 대단했지요. 더욱이 선조 초에는 여러 번의 사화로 인해 정치에 무관심해진 선비들을 다시 정치에 끌어들이기 위한 산림 우대 정책을 썼기 때문에, 산림이라 할지라도 자신의 뜻을 어느 정도 실현시킬 수 있었습니다.

조식은 사화로 거듭되는 정치적 혼란이 관리들의 세력이 비대해져서 오는 것

삼정승
의정부에서 국가 주요 정책을 결정하는 일을 맡아보던 세 벼슬. 영의정·좌의정·우의정을 이른다.

▶ 조식
남명기념관 소장

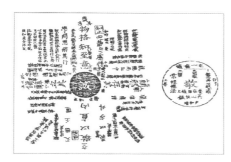

경성도
조식 《학기류편》 중 〈학기도學記圖〉 제6도

▲ 산천재
조식이 덕산에 지은 것으로 죽을 때까지 이곳에 머물며 제자를 가르쳤다. 산천재山天齋는 《주역》 대축괘에서 따온 것으로, 산속에 있는 하늘의 형상을 본받아 군자가 강건하고 독실하게 스스로를 빛냄으로써 날로 그 덕을 새롭게 한다는 뜻이다.

이라 판단했습니다. 관리들이 권위주의와 관료주의에 빠져 왕권을 경시하고 그릇된 행위를 일삼는다는 것이지요. 그리하여 조식은 왕이 실질적인 정치를 장악하고, 사림이 언로를 통해 관리들의 잘못된 정치를 비판하고 감시하는 역할을 해야 한다고 보았습니다. 그러려면 먼저 군주가 덕성을 닦아 항상 대본大本을 세우고 있어야 하며 자력과 소신으로 정치를 운영해야 합니다. 조식은 실제로 명종을 소견召見한 자리에서 모든 정교가 군주로부터 출발하므로 스스로 인격을 수양하고 학문을 닦는 데 힘쓰라고 진언했습니다. 그리고 군신 간에 틈 없이 대화할 수 있도록 언로를 열어 직간直諫을 받아들이는 데 성의를 다해야 한다고 하였지요. 명종은 조식에게 벼슬을 내렸지만, 조식은 명종이 이런 자신의 정책을 받아들이고 실천하기에는 나약한 임금이라는 판단을 내리고는 귀향해 버렸습니다.

그는 비록 정치 일선에는 나서지 않았지만, 잠시도 정국의 혼란을 걱정하지 않은 일이 없었습니다. 고상한 선비로서 벼슬에 나가지 않는다고 해서 세상일을 남의 일처럼 방관해서는 안 된다고 하면서 지성인의 사회적 책임을 강조했습니다. 그리고 동년배로서 조정에 나가 있는 퇴계 이황에게 말로만 천리天理를 떠들고 실무는 모르며 이름을 도둑질해서 남을 속이는 학자들의 퇴폐 풍조를 고치는 데 힘써 달라는 충언을 하기도 했습니다.

조식은 학문을 중시하였지만 강론이나 연구, 저술보다는 실천을 더 가치 있는 것이라 여겼습니다. 그래서 많은 저술을 남기지는 않았지요. 그는 《학기유편學記類編》에서 이기론理氣論·명성론明誠論·지행론知行論·치도治道 등에 대해 논했습니다. 본원적인 입장에서는 '이'가 '기'에 앞서고, 품부받은 것과 현실에 대해 논할 때는 '기'가 앞서고 '이'가 따른다고 하였지요. 또한 외부의 사물로부터 터득한 지식을 가지고 내재적 심정을 자각하도록 하는 것이 '명明'이고 내재적 심정으로 외부 사물에 나아가는 것이 '성誠'인데, 이 둘은 결국 같다고 하였습니다. 그리고 명이나 성은 학문하는 근본이지만, 선후를 따진다면 격치格致라는 인식 활동을 먼저 해야 한다고 보았지요. 이 점은 지행에 대해서도 마찬가지였습니다. 하지만 결국엔 학식보다는 실행이 어렵다는 것을 강조했습니다.

조식의 문인으로는 정치에 참여하여 과단하게 정국을 이끌어 간 정인홍鄭仁弘(1535~1623), 다양한 학문에 관심을 가지면서 성리학의 이론이나 예학에도 충실했던 정구鄭逑(1543~1620), 의병장으로 활약한 후에 도가에 깊이 심취했던 곽재우郭再祐(1552~1617) 등을 들 수 있습니다. 조식의 문인들은 서경덕의 문인들과 함께 후대에 북인의 중심 세력이 되고 사상적으로도 다른 당색에 비해 주자성리학에 덜 구속적이고 다양했습니다.

조식이 죽은 후에 정인홍의 주관으로 문집이 간행되고 영의정에 추증되었지만, 정인홍이 역적으로 몰리게 되자 조식의 문집도 소각됩니다. 조식은 퇴계와 함께 영남 산림의 영수로서 사림의 정신을 주도했던 인물이었지만 벼슬과 저술, 제자들이 정치 문벌 세력을 어떻게 형성했는가에 따라 업적이 좌우되는 선입견 때문에 제대로 평가받지 못했습니다.

벼슬하며 진리를 실현하고자 한 스승

이황, 진리가 이르는 경지를 보다

정치 일선에서 행정권을 가지고 현실 사회를 통제할 수 있었던 묘당
유의 대표적인 인물로는 이황李滉(1501~1570)을 들 수 있습니다. 하지
만 이황은 조정에 머물며 정치하기를 즐겨했던 인물은 아닙니다. 그는
34세 때 대과에 급제한 이후로 줄곧 벼슬길에 올라 순탄한 관료 생활을
했지만, 43세 때를 기점으로 고향으로 내려가 학문 연구에 몰두할 뜻
을 두었습니다. 벼슬이 만년까지 계속 주어졌지만 그때마다 신병을 이

이황의 진영

영남학파

영남학파嶺南學派는 영남의 두 거유巨儒인 퇴계 이황과 남명 조식의 학문과 사상을 계승하면서
이루어졌다. 퇴계학파는 주로 세심한 사색을 통한 인성론의 탐구와 이理의 능동성을 중시하는 성
리 사상을 전개했고, 남명학파는 이론보다는 실천을 중시하는 학풍을 이어갔다. 퇴계학파의 대표
적인 인물로는 월천月川 조목趙穆(1524~1606)·학봉鶴峯 김성일金誠一(1538~1593)·서애西厓 유성
룡柳成龍(1542~1607)·갈암葛庵 이현일李玄逸(1627~1704)·밀암密庵 이재李栽(1657~1730)·대산大
山 이상정李象靖(1711~1781)·한주寒洲 이진상李震相(1818~1866) 등을 들 수 있다. 또 남명학파의
대표적인 인물로는 내암來菴 정인홍鄭仁弘(1535~1623)·수우당守愚堂
최영경崔永慶(1529~1590)·한강寒岡 정구鄭逑(1543~1620)·망우忘憂 곽
재우郭再祐(1552~1617)·동강東岡 김우옹金宇顒(1540~1630) 등이 있다.
이 중에 정구와 김우옹 등은 퇴계의 문하에서도 학문을 연마했다. 남명
학파는 지리산을 중심으로 실천 유학을 진흥시키고 국가가 위기에 처했
을 때에는 철저한 선비 정신을 보여 주었다. 그러나 정인홍이 대북파의
영수로서 조정에 참여했다가 인조반정으로 처형됨으로써, 남명학파는 학맥이 사실상 단절되고
퇴계학파가 영남학파를 대표하게 되었다.

아 ~
남명학파도
이젠 끝이구나

유로 사퇴하거나 사양해 버렸지요. 정치 일선에서 활동하면서도 마음은 항상 산림에 두고 있었던 것입니다.

말년에 관직에서 물러나 고향으로 돌아온 이황은 오로지 학문과 교육에만 열의를 다하며 더 일찍 물러나지 못한 것을 후회했습니다. 그리고 학문 연구에 전념한 끝에 수많은 저술을 남기고 훌륭한 제자들을 양성해 냈습니다. 후대에 퇴계의 문인들과 후학들은 영남학파의 대표적인 학맥을 이루게 됩니다.

이황이 관료로서 가졌던 경세 사상은 그의 학문적인 목표와 맥을 같이하는 유학 본래의 '왕도 정치'였습니다. 그는 나라를 지탱하는 도의의 원천으로서 선비의 역할을 매우 중시하였습니다. 그리고 선비 본연의 역할은 남에게 보이기 위한 공부(위인지학爲人之學)가 아닌, 자신을 닦는 공부(위기지학爲己之學)를 하는 데서 출발하는 것임을 강조했지요. 이황은 그 누구보다도 철저한 자기 수양을 통해서 학문을 완성하고자 했기에 언제나 엄밀하고 완전한 것을 지향했습니다. 이런 점은 그의 학문적인 바탕이라 할 수 있는 이기심성론理氣心性論에서도 잘 나타나지요.

이(理)가 중요한 거야

난 일(1)이 좋은데…

이황은 인간이 따르고 체득해야 할 완전한 '이理'를 항상 강조했습니다. 그는 '이'가 형이상자로서 하나이며 두루 있고 영원하므로 여러 운동을 통하여 천차만별하게 전개되는 '기'와는 당연히 품격이 다르고 더 귀하다고 하였습니다. 그는 '이'를 따르면 성인이 되고 '기'를 따르면 중인이 된다고 하였습니다. 그래서 사람들에게 인간의 마음을 설명하는 단계에서 더더욱 '이'를 강조하게 되지요.

이황은 자기보다 26세나 아래인 고봉高峯 기대승奇大升(1527~1572)과 수년간 편지를 주고받으며 인간의 심성心性에 관해서 논했습니다. 여기서 이황은 순선한 도덕심이 드러난 사단四端은 '이'에서 발동되어 나오고 일반적인 감정인 칠정七情은 '기'에서 발동되어 나온다고 하였습니다. 그러나 기대승은, '이'는 원리이고 본질이기 때문에 움직

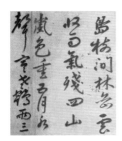

이황의 친필과 문집

임이나 발동 등의 작위가 없고 '이'와 '기'가 서로 떨어져 있을 수 없는 점을 들어서 이를 반박했습니다. '이'에서 무언가 발동되어 나온다는 것 자체가 성립될 수 없다는 것이지요. 여기에 대해서 이황은 순선한 도덕 본심이 드러난 사단과 일반 감정인 칠정이 각각 어디를 따라서 나오느냐를 따져 묻는 것이 매우 중요하다고 하였습니다. 그래서 기존의 입장을 약간 보완하여, 사단은 '이'가 발동하여 '기'가 '이'에 따르는 것(사단리발이기수지四端理發而氣隨之)이고, 칠정은 '기'가 발동하고 '이'가 그것을 타는 것(칠정기발이리승지七情氣發而理乘之)이라는 결론을 내리게 됩니다. 이것은 고봉 기대승과의 논쟁에서 '이'와 '기'는 서로 뗄 수 없다는 점을 수긍하면서도 '이'와 '기'가 서로 발동한

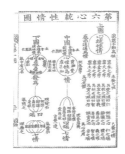

심통성정도心統性情圖

《성학십도聖學十圖》 중 제6도

도산서원 전경

퇴계 이황이 세상을 떠난 후, 제자들이 본래 있던 서당 뒤편에 창건하였다.

다는 자신의 입장을 재정립한 것이라 할 수 있습니다.

이황은 여기서 더 나아가, 스스로 수양하고 노력하기만 한다면 선의 뿌리이자 만물의 원리인 '이'가 나에게 온다(이도理到)고 하였습니다. 이것은 사변적인 이론이 아니라, 종교적 심성으로 열심히 수양한 이황의 직접적인 체험이 담겨 있는 것입니다. 그는 '이'가 멀리 있는 것이 아니라 '일상생활 속에 가득 차 있는 것'이기 때문에 추상적인 허구를 추구해서는 안 된다고 했습니다. 그래서 작은 것, 쉬운 것에서부터 차근차근 알아 나가서 그 앎이 진실로 자기 것이 되는 것을 중요하게 여겼지요.

아울러 이황은 마음이 항상 이를 체득할 수 있는 합당한 상태가 되게 해야 한다고 하였는데, 그것은 다름 아닌 '경건함(경敬)'입니다. 그는 진리인 '이'를 궁구하면서 경건한 상태에 머무는 공부에 전력을 다하면 '이'가 나에게 이르니, 이르지 못할까를 걱정하지 말고 내가 제대로 공부하지 못하는 부분을 걱정하라고 하였습니다.

이황은 '이'와 '기'를 논리적인 개념이 아니라 주로 도덕적인 개념으로 이해하여, 천리에 해당하는 '이'와 인욕에 해당하는 '기'를 철저히 이원화하고 '이'를 우위에 두었습니다. 따라서 공부론상에서도 '기'의 영향을 받지 않은 '이'를 체득하는 것이 진정한 공부라고 본 것이지요. 이황에 따르면 '이'의 체득이란, 모든 실존들이 각자 자기 위치에서 바로 자기 앞에 놓인, 그리고 자기 안에 있는 실상에 접하면서 차근차근 알아 가는 것인데, 그 궁극점은 인간의 본래성을 구현하는 것이고 인간다움을 성취하는 일입니다.

내가 노력하면 '이'가 나에게 이른다는 것은 '이'는 움직임이나 작위가 없다는 성리학의 기본 입장과는 다른 것이고, 합리적으로 설명하기 어려운 것임은 분명합니다. 하지만 이 이론은 이황의 절실한 철학적 체험이 담겨 있는 의미 있는 사상이라고 할 수 있습니다.

이이, 치우치지 않는 통일론을 제시하다

이이李珥(1536~1584)는 퇴계 이황과 더불어 조선조 유학의 쌍벽을 이루는 학자로 기호학파의 연원을 열었습니다. 이이는 정통 성리학적인 입장을 견지하면서도 단순히 성리학만을 고수한 것이 아니라 불교와 노장 철학을 위시한 제자백가諸子百家의 학설과 양명학 등에 대해서도 깊이 이해한 학자입니다.

이이는 어머니 사임당의 정성스러운 교육에 의해 나무랄 데 없는 인격과 학문적 소양을 갖추게 되었습니다. 16세 때 어머니와 사별하자 삶의 허무함을 통탄해하다가 19세 때 금강산에 입산하여 수도를 하기도 했습니다. 그러나 그로부터 1년 반 뒤에 하산하여 '조금이라도 성현에 미치지 못하면 나의 할 일은 끝난 것이 아니다.' 라는 결심을 세우고 성리학에 전념하였습니다. 그리하여 21세 때 한성시에 장원하였고 23세 때에는 별시에 응시하여《천도책天道策》을 작성했는데, 이것으로 천하에 이름을 떨치게 되었습니다. 이를 전후로 과거 때마다 장원을 하여 구도장원九度壯元이란 칭송을 받기도 하였지요.

이이는 1564년(명종 19년) 호조좌랑이 된 것을 시초로 관계에 진출하여 현실 정치 속에서 이상을 실현하고자 노력하였습니다. 그는 관직 생활을 하는 가운데도 학문을 열심히 닦아 37세 때에는 우계牛溪 성혼成渾(1535~1598)과의 논쟁 속에서 이기론과 심성론에 대한 철학적 입장을 정리하였습니다. 그리고 40세 때에는 선조에게《성학집요聖學輯要》를 올려 성군聖君의 길을 밝혔으며 벼슬을 그만두고 난 뒤인 42세 때에는 성리학 계몽서인

◀ 이이
문성사文成祠 소장

《격몽요결擊蒙要決》을 완성했습니다.

이이는 퇴계 이황이 '이'와 '기'를 마치 별개의 두 가지 사물인 것처럼 설명한다고 비판하였습니다. "이理는 형체도 없고 작위도 없는 원리로, 행위와 작용의 원인은 될 수 있지만 행위하는 자는 될 수 없다. 그리고 이理가 현실에 드러나고 작용하는 것은 오직 기氣를 통해서만 가능하다."고 하였습니다. 이 입장은 언뜻 보면 '이'보다 '기'를 더 중시한 것 같지만, 사실은 '이'와 '기'가 서로 뗄 수 없는 관계라는 성리학의 기본 원칙에 충실한 것입니다.

이이는 더 나아가서 '이'와 '기'는 하나면서도 둘이고 둘이면서도 하나인 묘합妙合의 관계에 있다(이기지묘理氣之妙)고 하였습니다. 또 '이'는 보편적이고 어디에나 통하며(이통理通), '기'는 개별적이고 형상에 국한되어 있다(기국氣局)고 하였습니다. 이이는 이황을 진정한 유

기호학파

기호학파는 영남학파에 대하여 이름 지어진 것이다. 기호학파라는 명칭은 처음부터 있었던 것이 아니고 이황을 조종으로 하는 일군의 학자들과 철학적 논쟁이 이루어지는 과정에서 자연스럽게 형성된 것이다. 기호학파는 율곡 이이 · 우계 성혼 · 송익필宋翼弼(1534~1599)을 중심으로 시작되었고 그 제자들이 학파를 형성하여 후대에는 율곡 이이를 조종으로 삼게 되었다. 기호학파의 대표적인 문인으로는 송익필과 이이에게서 예학과 성리학을 배운 사계沙溪 김장생金長生(1548~1631)과 그 문인들인 김집 · 송시열 · 송준길 · 윤선거 · 장유 · 최명길 · 김경여 · 정홍명 등이 있다. 기호학파는 예학을 하나의 독립된 학문으로 정립하는 역할을 하였고 조선 후기의 실학 사상에도 지대한 영향을 미쳤다. 율곡 이이 철학의 현실 중심주의는 홍대용洪大容 · 박지원朴趾源 · 박제가朴齊家 등 북학파 학자들뿐만 아니라 유형원柳馨遠 · 이익李瀷 · 정약용丁若鏞 등의 남인계 학자들에게까지 영향을 미쳤다.

자운서원 전경
율곡 이이의 학문과 덕행을 추모하기 위해 지은 서원이다.

이이의 신도비 비문
율곡 이이의 일대기를 담은 금석문이
다. 내용은 이항복李恒福(1556~1618)이
지었다.

학자라고 평하면서도 이기를 분명하게 나누는 것은 잘못이라고 보았
습니다. '이'와 '기'는 대립되는 것이 아니라 통일적인 것이라는 거지
요. 이이는 원리와 현상, 그리고 현실 경험과 생각 등에 대해서 객관적
인 입장을 갖는 것이 올바른 학문 체계라고 여겼습니다. 그는 어느 한
쪽에도 치우치지 않는 논리를 가지고 세상을 이해하는 것이 중요하고
그렇게 균형 잡힌 논리 속에서 바른 수양의 길을 찾으려고 하였습니다.

균형…

　이이는 도덕심과 일반적인 감정에 대한 이황의 입장에 대해서도 "어
떻게 한마음에 두 개의 근본이 있을 수 있는가?"라는 의문을 제기합니
다. 그는 순수한 도덕심이 드러난 사단四端과 일반적인 감정인 칠정七
情은 모두 '기'가 발동하고 '이'가 그 위에 타는 것이라고 설명합니다
(기발이승일도설氣發理乘一途說). 또 도덕심은 일반적인 감정 중에서 선
한 것만을 말한 것이지, 두 가지가 별개는 아니라고 합니다. 사단과 칠
정, 도심道心과 인심人心을 관련시켜 말한다면 사단은 도심이라고 할
수 있고, 칠정은 인심과 도심을 총괄해서 말하는 것이라고 했습니다.
이러한 논리는, 이황의 사단은 도심이고 칠정은 인심이라는 논리와는

구별되는 것이지요. 이이에 의하면 인심에는 천리天理도 있으며 인욕
人欲도 있는데, 다만 도의道義를 위해서 발했느냐 육체적 욕망을 위해
발했느냐에 따라서 구분해 볼 수 있을 뿐이라고 합니다. 또한 도의를
위해 발했다고 하더라도 거기에 사욕私欲이 개입한다면 그것은 인욕
으로 떨어지게 되며, 육체적 욕망을 위해 발했다 하더라도 올바른 이
치에서 벗어나지 않았다면 그것은 천리라고 할 수 있다고 하였습니다.

　이이는 같은 맥락에서, 선과 악의 근거도 두 가지가 아니라고 보았습
니다. 악이 일어나는 것은 탁한 기질에 구속되는 것에 근거하지만, 선
이 드러나는 것은 맑은 기질이 발해야 하는 것입니다. 그러니까 선과
악을 가르는 관건은 모두 '기'에 있는 것이지요. 그래서 이이는 기질
변화가 중요하다고 하였습니다. 즉 마음의 모든 활동은 하늘이 준 우리
인간의 본성에 근거하지만, 이것을 현실에 실현시키는 심기가 본래의
모습을 잃으면 본성이 제대로 실현되지 못하기 때문에 항상 심기를 본
래의 모습으로 회복시키기 위해 기질을 바꾸는 훈련을 해야 한다는 것
입니다.

　이이는 이기론과 심성론에 있어서 통일적인 입장을 견지하면서도
항상 현실 세계에 관건이 되는 '기'에 주목하였습니다. 이이는 궁극적
인 도체道體와 '이'의 구현도 '기'의 본연을 회복하는 것 이외에는 다
른 것이 아니고 현실의 이상화도 현실 밖에서 이루어지는 것이 아니라
고 보았습니다. 그렇기 때문에 이이는 항상 현실 자체의 개혁을 중시하
였습니다. 그가 철학뿐만 아니라 정치·경제·교육·국방에 대해서도
깊은 관심을 갖고, 동서붕당의 조정을 위해 노력하고 대란을 예방하고
자 양병론養兵論을 제시한 것, 민생의 고통을 덜기 위해 폐법弊法을 개
혁하고자 한 것, 교육의 쇄신을 추구한 것, 현대의 의회 제도와 여론 정
치의 효시라고 할 수 있는 경제사經濟司 설치를 제안한 것 등 탁월한
방책을 제시한 것이 바로 이 점을 대변하는 것입니다.

예학, 성리학 정신을 실현하려는 노력

임진왜란 이후부터 실학이 대두하기 이전 백여 년간을 보통 '예학禮學의 시대' 라고 합니다. 이 시기 예학의 발전은 중국과는 다른 한국만의 특색이라고 할 수 있지요. 성리학과 예학은 이론과 실천의 관계로 이해할 수 있습니다. 당시 도학자들은 구체적인 예제의 정립과 실천을 통해서 도학 정신이 현실에 직접 구현된다고 여겼습니다. 성리학 이론을 구체적으로 규범화한 것이 바로 예학이지요. 그래서 몸소 엄격하고 철저하게 예를 실천하고 당시의 상황에 맞는 예제 질서를 확립하는 데 힘을 쏟았습니다. 이런 측면에서 예학의 발전은 성리학의 학문적 연구가 심화된 결과라고 할 수 있겠습니다.

또 당시는 임진왜란과 병자호란 등을 거치면서 사회 질서가 혼란스러웠기 때문에 이를 재정비할 필요가 있었습니다. 당시 지배층의 사상적 배경은 성리학이었으므로 유교 사회 질서를 확립하고 강상綱常* 윤리를 재건하기 위해서 예제의 확립과 예의 정신을 강조하게 되었던 것입니다. 그래서 종법에 기초한 《주자가례朱子家禮*》를 깊이 연구하고 철저히 생활화하여 유교적 국가 사회를 재건하려는 시도가 있게 됩니다. 그러나 이러한 국가재조론에 대해서는 일반 민중을 도외시하고 지배층의 이해만 중시한 시대착오적 발상이었다는 비판도 있습니다. 예학은 학문 전개상 긍정적인 측면도 있지만, 후대로 갈수록 구체적인 형식으로서의 예에 대한 연구와 논쟁을 지나치게 강조해 부정적인 결과를 낳기도 했습니다. 후기의 예송 논쟁은 사실상 국가 발전을 저해하는 소모전이었다고 할 수 있습니다.

강상

유교의 전통적 질서 의식인 삼강三綱과 오상五常을 동시에 이르는 말이다. 삼강은 '임금은 신하의 벼리(근본)가 되고(君爲臣綱), 아버지는 아들의 벼리가 되고(父爲子綱), 남편은 아내의 벼리가 된다(夫爲婦綱)' 는 것이다. 오륜은 '부자는 친함이 있어야 하고(父子有親), 군신은 의리가 있어야 하고(君臣有義), 부부는 분별이 있어야 하고(夫婦有別), 어른과 아이 사이에는 서열이 있어야 하고(長幼有序), 친구는 신의가 있어야 한다(朋友有信)' 는 것이다. 모두 유학이 관학화되는 한 대 이후부터 널리 보급되었다.

주자가례

송 대 성리학자 주희朱熹(1130~1200)가 유가의 일상생활에 관한 예설을 집록한 책으로, 《주문공가례朱文公家禮》라고도 한다. 후대 사람이 위작하여 지었다는 설도 있었지만, 주희의 저작이라고 보는 것이 통설이다. 주희가 부친상을 당하고 나서 17~18세부터 예에 관한 자료를 수집·정리하기 시작하여 40세 때(모친상)에 찬술이 일단락된 것으로 알려져 있다. 이후에도 지속적으로 수정해 가던 도중, 만년에 유실되었다가 주희의 장례식 때 한 조문객에 의해 세상에 드러났다고 한다. 《주자가례》는 우리나라에 성리학과 함께 전래되어 17세기 이후에는 사대부가의 의례로 정착되는 등 조선 성리학에 지대한 영향을 미쳤다.

예학 연구의 두 가지 방향

조선 초기의 예학은 국가례인《국조오례의國朝五禮儀》와《경국대전經國大典》등의 법제적인 측면의 연구가 대부분이었습니다. 그러나 16세기 이후에는 성리학에 대한 연구가 심화되면서 관혼상제冠婚喪祭 중에 상례와 제례를 중심으로 하는 가례家禮 연구가 활발해졌습니다. 이런 양상은 17세기 이후에 왜란과 호란의 영향으로 더욱 가속화되었지요. 당시 사림은 종법적 예 질서를 통해 국가 사회와 가정을 유교적으로 만들어 나가려고 했기 때문에 가례를 국가 전반에 걸쳐 시행하는 것이 하나의 과제가 되었습니다.

17세기의 예학은 크게 두 계열로 나뉘어 발전했습니다. 하나는 기호학파에 속한 사계沙溪 김장생金長生(1548~1631)과 그 문하의 예학이고, 다른 하나는 영남학파에 속한 한강寒岡 정구鄭逑(1543~1620)와 그 문하의 예학입니다. 김장생을 중심으로 하는 기호예학은 가례를 중시하고 주자의 예설을 존숭한 반면, 정구를 중심으로 하는 영남예학은 국가의 전장제도典章制度부터 일상례日常禮에 이르기까지 예의 전반적인 영역을 폭넓게 연구했습니다.

우선 김장생은 예학을 각종 의례를 실천하기 위한 실용적 측면이 아닌 학문적 측면에서 연구했습니다. 그는 예제를 무의식적으로 준행하는 것이 아니라, 그 시행을 뒷받침하는 본원을 고증하고 정립하는 데 노력을 기울여 의식적으로 실천할 수 있도록 하였지요. 김장생은 예학을 학문의 독립적인 한 분야로 끌어올렸고, 그가 저술한《가례집람家禮輯覽》과《의례문해疑禮問解》는 예에 관한 학술적 연구의 한 지표가 되었습니다. 예학 연구의 선두주자였던 기호학파 성리학자들은 왕실례와 별개로 가례를 연구하면서 가례에서 보편적인 질서의 기준을 찾고자 하였습니다. 그리하여 가례를 사대부만의 소유가 아니라 인간의 보편적인 의례 근거가 되고 더 나아가서는 왕실례도 포함할 수 있는 것

김장생의 친필

으로 확립하려고 하였습니다.

한편, 정구는 가례 위주의 예학에 만족하지 않고 고금古今의 예제를 체계적으로 정리하고자 노력했습니다. 그는 《주자가례》가 관혼상제의 기본적인 예만을 제시하는 것이고 조선의 실정에 맞지 않는 부분도 있다고 여기면서 일상적인 예에 대한 지식과 우리 실정에 맞는 의례 준칙을 마련하고자 하였습니다. 그는 예제의 근본을 고제古制로 삼고 예의 근본이 마음에 있다고 하여 마음 수양과 실천을 강조한 《소학小學》과 《심경心經》 공부를 중시했습니다. 아울러 마음을 다스리는 요체가 '경敬'임을 강조하였지요. 정구의 예학은 미수眉叟 허목許穆(1595~1682)*으로 이어졌습니다. 허목도 고례古禮*에 입각한 예학을 중심으로 했습니다. 그는 관혼상제의 예법뿐만 아니라 왕조례와 사대부례 등 예 전반에 대해 연구하고 이를 바탕으로 《예설禮說》을 저술하였습니다. 허목은 일상례와 국가 의례뿐만 아니라, 만사가 모두 예를 바탕으로 행해져야 천하가 바로 선다고 하였습니다.

이렇게 두 학파는 다른 양상으로 예학을 연구하고 실천하였습니다. 그러나 그 궁극적인 목적은 모두 천리를 보전하고 인욕을 제거한다(존천리거인욕存天理去人欲)는 실천 의식을 바탕으로 한 것입니다. 예는 인간 개개인의 이기심이나 욕심, 사사로운 감정을 극복하고 객관적인 예제를 준행하여 사회적인 안정과 조화를 추구하려는 것입니다. 자기를 극복하는 수련이 바로 예지요.

17세기 조선의 성리학자들은 가정에서 준행해야 할 예의 구체적인 형식으로 종법 제도를 강조했습니다. 종법 질서의 확립으로 인해 부계父系 중심적·문중門衆 중심적인 사회 질서가 확립되고 여성은 부계 가족을 위해 희생하는 수절을 강요받게 되었습니다. 수양의 구체적인 모델을 규범화하고 사회 질서를 확립하는 과정에서 비인간적이고 불평등한 요소가 자리 잡게 된 것은 사실

우리에게 맞는 예가 필요해

허목

조선 숙종 대의 문신·학자. 제자백가와 경서 연구에 전념하였으며 특히 예학에 밝았다. 저서에 《경설經說》, 《동사東事》 등이 있다.

고례

고대의 예에 관한 문헌으로, 보통 《주례周禮》, 《의례儀禮》, 《예기禮記》의 삼례三禮를 말한다. 《주례》는 정부의 조직 가운데 중추적인 관제官制를 기술한 것이고, 《의례》는 선비들의 예절 의식을 기록한 것이다. 그리고 《예기》는 예의 및 공자와 그 제자들의 중요한 언행들을 기록한 것으로 《의례》를 해석한 전傳이라고 한다. 조선에서는 17세기 이후에 위의 삼례만을 고례로 칭하였지만, 16세기에는 《주자가례》도 고례에 포함되었다.

국상
일제 시대 순종의 국상

입니다. 예학 자체가 사회 변화를 무시하고 사대부 중심의 사회 지배 체제를 고착시키기 위한 수단에 지나지 않는다는 비판도 있습니다. 그러나 예라는 형식을 통해 성리학의 인문 정신과 철저한 자기 수양을 추구한 것이 예학이라는 점에서 그 근본 정신은 되새겨 볼 필요가 있습니다.

바른 예 규범에 대한 논란

예송 논쟁은 효종과 효종비에 대한 자의대비慈懿大妃(1624~1688)의 복상 기간을 둘러싸고 현종과 숙종 대에 발생한 서인과 남인 간의 논쟁입니다. 기해 예송(1차)과 갑인 예송(2차)으로 두 차례 전개되었지요.

자의대비는 효종의 생모인 인열왕후仁烈王后(1594~1635)[*]가 죽은 뒤에 인조가 그의 나이 43세에 맞이한 새 왕후였습니다. 그때 당시 자의대비는 장렬왕후莊烈王后(조대비趙大妃)로 불렸는데 인조와 혼인한 때는 만 14세에 불과했습니다. 자의대비는 효종보다 5살이나 어렸습니다. 또 효종의 비보다는 6살이 어렸지요. 효종이 승하했을 때 자의대비의 나이는 만 35세였습니다. 그리고 효종의 비이자 현종의 어머니였던 인성왕후가 56세의 나이로 세상을 떠났을 때 자의대비의 나이는 50세였습니다.

기해 예송은 1659년 효종이 죽자 자의대비의 복상 기간을 기년(만 1년)으로 할 것인가, 3년으로 할 것인가에 대한 논란으로 시작되었습니다. 일반적으로 사가私家는 《주자가례》에 따라 사례(관혼상제)를 행하고 있었고, 왕가는 성종 대에 제정된 《국조오례의》를 기준으로 했습니다. 그런데 《국조오례의》에는 효종처럼 큰아들(장자)이 아닌 둘째아들(차자)로서 왕위에 올랐다가 죽었을 경우 어머니가 어떤 상복을 입어야 하는지에 관해 자세한 규정이 없었기 때문에 문제가 발생했습니다. 그리하여 복제를 둘러싸고 논란이 진행되면서 남인인 윤휴尹鑴[*]는 장자가 죽으면 적처(본처) 소생의 둘째아들을 장자로 세운다는 《의례儀

3년! 1년!

禮*》의 말을 인용하여 효종은 비록 차자지만 적자(본처 소생의 아들)로서 왕위를 계승했기 때문에 삼년상을 치러야 한다고 주장했고, 송시열은 《의례》의 사종지설四種之說(왕위를 계승했어도 삼년상을 치를 수 없는 네 가지 이유) 중 체이부정體而不正(직접 혈통이지만 적자나 장손이 아닌 경우)에 입각하여 효종은 인조의 둘째아들이므로 일년상이 옳다고 반박했습니다. 윤휴는 또 누구든지 왕위를 계승하면 어머니도 신하가 되어야 한다는 입장에서 삼년상을 주장했습니다.

이에 대해 송시열은 아들이 되어 어머니를 신하로 삼을 수 없다고 하였지요. 그러자 윤휴는 왕자의 예는 일반 사대부와 다르다며 반론을 제기했습니다. 당시의 집권층인 서인들은 사대부의 예와 제왕의 예가 같아야 한다는 논리를 갖고 있었습니다. 결국 대신들은 당시의 국제*에 따라 기년복을 채택했습니다. 겉으로 제시한 근거는 국제에 의한 것이었지만, 내부의 논리는 고례를 따라 효종이 왕업을 잇고 조상을 모신 종통宗統이기는 하나 차자이기 때문에 기년복을 입어야 한다는 당론에 따른 것이었습니다. 하지만 남인들은 왕가의 예는 사대부와 달라야 한다고 생각했기 때문에 복제를 채택한 후에도 논쟁은 계속되었습니다.

결국 복제를 정한 그 이듬해 남인인 허목의 상소로 예송 논쟁이 다시 일어나게 되었습니다. 허목은 윤휴의 삼년상을 찬성하면서 첩의 자식으로 왕위에 오른 경우만 체이부정에 해당된다고 하였습니다. 이어 남인 윤선도가 기년복 채택의 논리를 따른다면 효종의 종통은 애매하게 되고, 소현세자와 그의 자손들에게 적통嫡統을 주는 것이 마땅하게 된다고 비판하면서 심각한 당파성을 띠게 되었습니다. 사실 효종의 왕위 책봉은 장자인 소현세자의 아들들을 제치고 이루어졌으므로 종법상에는 문제가 있는 것이었습니다. 그리고 당시에 소현세자의 셋째아들이 살아 있었기 때문에 효종이 인조의 직접 혈통이나 장자가 아니라는 주장은 적통인 소현세자의 아들에게 왕위가 다시 돌아가야 한다는 것으

윤휴

조선 효종·현종 대의 학자(1617~1680). 경서를 독창적으로 해석하였으며, 이황과 이이의 학설을 절충하여 '사단칠정四端七情 인심도심설人心道心說'을 내세웠다. 경신출척庚申黜陟 이후 귀양 갔다가 처형되었다.

의례

《주례周禮》, 《예기禮記》와 함께 삼례에 속하는 유교 경전으로, 이 중에서 가장 기초적이면서도 어려운 책이다. 전통적인 경설經說에 의하면 주공周公이 제작한 것이라든가 공자가 수정한 것이라고 하지만, 춘추전국 시대에 이루어진 것이라고 보는 것이 통설이다. 《의례》는 선비의 의례를 중심으로 하는데 20세에 관을 쓰고, 30세에 아내를 맞이하며, 40세에 벼슬하고 고을의 대부大夫·장長으로서 향음鄕飮·향사鄕射를 행하며, 죽어서는 장사 지내고 사당에서 제사를 받는 등, 일종의 통과 의례의 형식을 취하고 있다.

당시의 국제

《대명률》과 《경국대전》을 말한다. 여기서는 장자와 차자의 구분 없이 기년복을 입는다고 하였다.

로 오해할 수 있었습니다. 따라서 윤선도는 서인들의 논리가 종통과 적통을 둘로 나누고 임금을 비천하게 하는 것이라며 공격했던 것이지요. 이런 비판에 대해 위기감을 느낀 서인들은 윤선도가 예론을 빙자해 흉악한 모함을 하는 것이라고 성토하여 삼수로 유배를 보내게 됩니다. 반면 남인들은 윤선도를 구원하면서 송시열을 공격하다가 관직을 잃거나 좌천되었습니다. 이 일로 서인과 남인의 대립이 격화되자, 현종은 기해년 복제는 사실상 국제(《국조오례의》)에 따른 것이지 고례(《주자가례》나 《의례》 등)를 채택한 것이 아니니, 다시 복제를 가지고 서로 모함하는 자가 있으면 중형으로 다스리겠다고 하여 1차예송은 일단락되었습니다. 하지만 국제에 의거했다는 서인들의 주장은 표면적인 것에 불과했기 때문에 15년 뒤에 같은 맥락에서 예송이 다시 일어납니다.

1674년, 효종의 비가 죽자 금지되었던 예송이 재연되었습니다. 바로 갑인 예송이지요. 《주자가례》에 의하면 효종의 비는 차자의 부인이므로 대공(9개월)을 채택해야 하고, 《국조오례의》에 의하면 효종의 비를 장자의 부인으로 보든 차자의 부인으로 보든 모두 기년을 채택해야 했습니다. 하지만 서인은 기해 예송 때 사실상 국제의 논리를 따른 것이 아니라 고례에 의해 기년복을 채택한 것이었기 때문에, 효종의 비가 차자의 부인이므로 자의대비는 대공복을 입어야 한다고 주장했습니다. 현종은 서인들의 논리를 공박하면서 기해년의 복제는 고례를 쓴 것이 아니라 국제를 쓴 것인데 선왕의 은혜를 입고도 체이부정이란 말을 할 수 있느냐며 기년복을 찬성했습니다.

하지만 서인들은 끝내 당론을 접지 않았지요. 서인들은 같은 서인 계열이면서도 송시열을 제거하고, 정권을 장악하기 위해 남인과 연계한 외척 김우명과 김석주의 공격으로 결국 실각하게 됩니다. 그러한 상황에서 현종이 갑자기 죽고, 어린 숙종이 왕위에 올랐지요. 숙종은 기해 예송에서 서인의 영수인 송시열이 예를 잘못 인용하여 효종과 현종의 적통을 그르쳤다는 진주 유생 곽세건의 상소를 받아들여 현종의 묘지

명에 그 사실을 기록했고, 송시열을 귀양 보냈습니다. 서인들은 송시열을 구하려는 상소를 올리게 되고, 남인들은 송시열과 그를 옹호하는 서인 세력들까지 처벌하려는 가운데 서인과 남인 간에 대립이 다시 격화되었습니다. 서인이 실각함으로써 남인들이 우세하게 되었지만, 예송으로 시작된 당쟁은 끊이지 않았습니다. 이에 숙종은 1679년 3월, 앞으로 예론을 가지고 말을 하거나 상소를 올리는 자가 있으면 역률로써 다스리겠다고 하면서 논쟁을 금지시켰습니다. 이로써 2차예송은 끝이 났습니다.

예론을 가지고 말을 하는자는 역률로써 다스리겠다

기해년의 예송은 예의 불변성을 강조하는 서인과 가변성을 강조하는 남인의 학문적인 견해차에서 출발했습니다. 이것은 주자학의 핵심 내용인 종법을 누구에게나 예외 없이 적용해야 한다는 주자정통주의와, 국왕의 경우는 예외이고 주자의 종법을 그대로 따를 필요는 없다는 비판론자의 사상적 대립이었다고도 볼 수 있습니다.

그러나 예송 논쟁은 후기로 갈수록 국왕의 전제권을 인정하지 않으려는 서인과 그것을 인정하려는 남인 간의 권력 투쟁을 추동하는 정치 논리로 변질되어 갔습니다. 그리고 예송에서 비롯된 당쟁은 어떤 학문적인 논리나 국가의 안위보다도 자기 당의 정권 장악만을 추구하여 심각한 사회문제를 초래하게 됩니다.

중화 의식과 의리 정신의 이중주

이 시기 조선의 외교관은 사대교린事大交隣 의 원칙에 의해 움직이고 있었습니다. 이것은 국가 간에도 예절을 지켜야 한다는 것으로 문화 종주국에 대해서는 사대를 하고 이웃나라와는 대등한 입장에서 사귀어 국가의 안정을 도모한다는 것입니다. 당시의 문화 종주국은 성리학을 국가 이념으로 하는 명나라였습니다. 조선 유학자들은 경제나 군사

사대교린

본래 《맹자》에서 나온 말이다. 전국 시대의 제나라 선왕이 이웃나라와 교제하는 방법(교린지도交隣之道)을 물었는데 맹자가 대답하기를 "사대事大와 사소事小가 있어 인자仁者라는 것은 능히 대국大國이 소국小國을 섬기는 것이고, 지자智者라는 것은 능히 소국이 대국을 섬기는 것이다."라고 한 데서 유래한다.

와는 관계없이 명분과 인륜 질서를 숭상하고 이러한 도의道義 문화가 발달한 것에 따라서 큰 나라와 그렇지 않은 나라를 구분했습니다. 이것을 춘추대의春秋大義 정신이라고 하지요. 당시는 바로 이 춘추대의가 시대정신이었습니다. 춘추대의에 따르면, 명나라를 치고 중원을 장악한 청나라는 정당한 명분 없이 남의 나라를 침략한 무도無道한 오랑캐 나라였습니다. 조선 시대 유학자들은 화華와 이夷의 기준이 '도의 문화'의 유무를 말하는 것이기 때문에 문화 종주국으로서 중국을 사대事大하는 게 마땅하지만, 만약 중국 땅에 이러한 화의 문화가 상실된다면 중국은 더 이상 중화中華가 아니라고 여겼습니다. 그러니까 조선 유학자들에게 중화 문화는 도의 문화와 같은 말이었고 이것은 중국만의 전유물이 아니라 인류라면 다 지닐 수 있고 또 지녀야 하는 보편적인 문화 질서였던 것이지요.

유학자들은 명분과 인륜 질서에 의해 전 세계가 통일되어야 한다는 춘추대일통사상春秋大一統思想도 가지고 있었습니다. 청나라가 중국을 장악한 이후로 중국에서 중화의 맥이 끊어졌다고 여긴 조선 유학자들은 이러한 중화 문화를 주도해야 할 담당자는 이제 조선밖에 없다는 조선 중화 의식으로 무장하게 되었습니다. 이런 중화 의식이 병자호란 이후에 새롭게 생긴 것은 아닙니다. 전에도 명나라와 함께 세계 최고의 문화를 향유한다는 동질 의식을 가지고 있었지요. 이런 소중화小中華 의식이 병자호란 이후 조선의 정체성을 확인하고 국가를 재건하는 사상적 역할을 담당하게 됩니다. 조선 유학자들의 중화 의식은 청에 대한 북벌론과 명에 대한 의리론*으로 제기되고 대내적으로 중화 문명의 핵심인 예 질서를 강조하는 정책을 양산하게 됩니다.

송시열, 곧음과 의리 정신을 보배로 여기다

송시열宋時烈(1607~1689)은 조선 시대 성리학의 의리 사상을 대표하

의리냐 ... 싫리냐 ...

의리론
명에 대한 의리론은 만동묘와 대보단大報壇으로 구체화되었다. 만동묘는 임진왜란 때 파병한 명의 신종과 의종 황제를 제사 지내던 곳이었다. 만동묘는 송시열을 중심으로 한 서인계 지식인들이 민간 차원에서 조성한 것이었는데, 1704년(숙종 20년) 명이 멸망한 지 60년, 즉 환갑이 되던 해에 대보단이라는 국가 제의로 수용되었다. 대보단은 이후 황단皇壇으로 불렸고 명의 신종과 의종뿐만 아니라 명 태조까지 모셨다. 또 양란의 충신·열사를 대보단에서 배향하게 되었는데, 이들은 중화 질서의 수호자로 추대된 것이다.

는 철학자입니다. 그가 살던 시기는 사림들이 광해군을 몰아내고 인조
반정을 한 뒤 성리학 이념을 바탕으로 새로운 나라를 건설하던 시기였
습니다. 송시열은 효종·현종·숙종 연간에 사림士林(유림)과 서인의
영수領袖로서 정치의 중심에 서 있었습니다. 조광조·이이·김장생으
로 이어진 조선 기호학파의 학통을 충실히 계승하고 의리와 절의를 지
키며 춘추대의를 실현하는 것을 학문의 처음과 끝으로 여겼습니다. 그
리하여 안으로는 의리명분론을 정통으로 천명하고 밖으로는 북벌론을
주장하였습니다. 예송에 관해서건 세자 책봉에 관해서건, 정치에 대한
송시열의 기본 입장은 정통正統과 명분을 중시하는 것이었습니다.

송시열의 진영

송시열의 당시 행도行道의 과제는 군주를 도와 청나라에 복수하여
삼전도의 치욕을 씻는 것이었습니다. 여기서 복수의 의미는 조선이 흠
모하는 문화의 종주국이자 임진왜란 때 조선을 도운 명나라에 대한 보
은에 있었습니다. 송시열은 '신하된 자로서 통분하여 복수 설치하는
의리에 죽음을 다하는 일을 천리·인정으로 그만두지 못할 것'이라고
여겼습니다. 복수설치론이 비단 송시열만의 견해는 아니었습니다. 많
은 유학자들이 여기에 동의하였고 효종은 군사를 키우기 위해 많은 노
력을 기울였습니다. 하지만 송시열에게는 좀더 근본적인 논리가 있었
습니다. 그것은 인의仁義의 문화를 폭력과 야만으로부터 수호해야 한
다는 것이었습니다. 북벌은 감정적인 복수심이나 명에 대한 보은이라
는 차원을 넘어 인류 질서를 수호한다는 의미에서 이를 파괴한 것에 대
한 '토죄討罪'여야 한다고 생각한 것입니다.

송시열은 《논어》에서 "덕은 덕으로 갚고 원수는 직直으로 갚는다."
고 한 말에 따라 직을 강조하여 "곧음으로 원수를 갚는 것은 공평하여
사욕이 없는 자라야 가능하다."고 하였습니다. 이로움이나 시세에 따
르지 않고 오직 '곧음(직直)'과 '의로움(의義)'으로 대처해야 한다는
것이지요. 춘추대일통사상에 의하면, 야만의 문화를 인의의 문화로 바
꿔 나가는 것이 의리상 합당한 일입니다. 청나라를 벌하고 청나라에 인

의의 문화를 심어 주는 것이 춘추대의에 맞는 것이지만, 군사력이 청나라에 미치지 못하는 상황에서는 더 이상 인의의 문화를 잃지 않고 지켜 나가는 방어적인 자세로 내일을 기약할 수밖에 없었습니다. 실제로 효종은 북벌을 위해 차근차근 군사를 정비해 나갔고 송시열 또한 이에 동조했습니다. 하지만 효종이 북벌을 막상 실천으로 옮기고자 했을 때, 송시열은 선뜻 동의하지 못했습니다. 결과적으로는 북벌 의지를 가졌지만, 한 번도 이를 구체적으로 실행하지는 못했던 것이지요. 그만큼 현실의 벽이 컸다고 할 수 있습니다.

송시열의 북벌 의식은 명나라 다음으로 참다운 문명을 향유한 조선이 이제 세계 유일의 문화국이라는 사고와 함께 유교적 인륜 질서를 굳게 지켜 나가야 한다는 사명감과 궤를 같이합니다. 이것이 바로 소중화 의식이지요. 송시열은 예송 문제도 이런 차원에서 대했습니다. 정통正統을 중시하는 것이 참다운 인륜 질서이고 이를 지키는 것이 의리이기 때문에 자의대비의 복제 문제를 기년설로 일관하면서 사람들을 이끌어 갔던 것이지요.

송시열에 대한 평가는 현대에 이르기까지도 긍정과 부정의 상반된 견해로 나뉩니다. 그것은 조선 후기와 성리학에 대한 평가가 긍정과 부정으로 상반되는 것과 같은 맥락이지요. 일제 시대의 식민사관하에서 송시열은 조선 후기에 공리공담空理空談과 당쟁을 일삼은 장본인으로 평가받았습니다. 또 해방 이후 민족사관하에서도 민중의 이해와 사회 발전에 역행하는 지배층의 논리로 조선을 멸망으로 몰아간 대표적인 성리학자로 지목되었습니다. 반면 송시열에 대한 긍정적인 평가는 영·정조 시대가 조선의 독창적이고 훌륭한 문화가 꽃핀 진경眞景 시대라고 평하는 현대 학자들 사이에서 비롯되었습니다. 송시열이 진경 시대의 기반을 닦은 대표적인 철학자였다는 것이지요. 하지만 송시열이 사회 전반에 끼친 영향의 공과를 잘 살펴 긍정과 부정의 측면을 모두 인정하는 것이 가장 합리적일 것입니다.

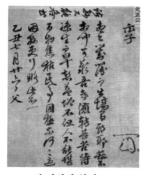

송시열의 친필

주자학에 대한 맹종을 비판한 사람들

조선 중기에는 성리학의 이론적 연구가 심화되면서 주희의 성리학 연구를 신봉하고 철저히 실천하려는 학자들이 있었습니다. 주로 송시열을 중심으로 하는 서인 계층이 그랬지요. 하지만 반면에 이러한 교조주의적 풍토에 반대하여 성리학 경전을 주자의 해석을 거치지 않고 있는 그대로 보고 해석하려는 학자들도 생겨났습니다. 이들은 주자에 얽매이지 않는 태도로 독자적인 학문 연구에 몰두하다가 집권층으로부터 정통 학문을 어지럽히는 사문난적斯文亂賊*으로 지목되어 죽거나 유형을 살기도 하였습니다. 대표적인 학자로는 윤휴와 박세당을 들 수 있지요. 반주자학 성향의 학자들은 정치적으로 큰 세력을 갖지는 못했지만, 조선 성리학계의 경직된 성향을 쇄신하는 역할을 했고 후대의 사상 형성에 많은 영향을 미쳤습니다.

사문난적
성리학에서 교리를 어지럽히고 사상에 어긋나는 언행을 하는 사람을 이르는 말

윤휴, 주자의 경전 해석 방법을 비판하다

윤휴尹鑴(1617~1680)는 스스로 터득하는 학문 자세를 중시하여 20대 초반에 이미 《사단칠정四端七情 인심도심설人心道心說》·《주례설周禮說》·《중용설中庸說》·《대학설大學說》 등을 지었습니다. 그는 주자학의 권위에 대한 맹종을 비판하고 성리학 경전을 이해할 때 반드시 주자의 해석에 따르는 공부법에 반대했습니다. 《독서기》 11권은 경전 해석에 관한 그의 대표적인 저서인데, 여기서 윤휴는 주자의 주석이 아닌 옛 주석들을 참고하였습니다. 특히 《대학大學》에 대해서는 주자와 다르게 고본古本 《대학》을 그대로 취했습니다. 그는 주자가 고본 《대학》의 순서가 바뀌고 빠진 부분이 있다고 하여 격물치지보망장格物致知補亡章을 보충한 것에 대해 비판하고는 고본 《대학》을 7절로 나누어 독

윤휴의 진영

유학의 경전-사서오경

유학의 기본 경전은 사서오경四書五經이다. 이들은 공자 당시에 성립된 것은 아니고 대부분 그 이전부터 있었던 것으로 유학의 발전과 더불어 조금씩 변화되어 왔다. 먼저 사서는 송 대의 주희朱 熹가 이를 주석하여 《사서집주四書集註》를 편성한 이후로, 유자儒者가 본격적인 공부에 앞서 반드 시 익혀야 하는 것으로 규정되었다. 사서는 《논어》·《맹자》·《대학》·《중용》을 말한다. 이 중 《대 학》·《중용》은 원래 《예기》 중의 두 편編을 각각 독립시켜 별책으로 한 것이다. 유학을 우주에서 부터 심성에 이르기까지 하나의 시스템 철학으로 구축해 낸 주희는 《대학》·《논어》·《맹자》· 《중용》의 순으로 학습하고 그 후에 오경을 배우라고 하였다.

오경은 한 대에 중시된 《시경》·《서경》·《주역》·《예기》·《춘추》의 오서에서 기원된 것이다. 원래 오경의 종류는 시대에 따라 약간씩 차이가 있었는데, 당 대의 유학자 공영달이 《오경정의五 經正義》라는 주석서를 내면서 위와 같이 확정되었다. 한·당 대에는 오경이 유학의 중심이 되었다 가 송 대에는 사서가 중심이 되었다. 그리고 '경서는 마음의 주석에 지나지 않는다' 는 양명학의 사상이 유행하던 시기에는 사서와 오경이 모두 경시되기도 했다. 그러다가 청나라 대에는 언어학 적·고증학적 차원에서 경서가 새롭게 연구되었다. 유학은 중국에서 한 대에 국교로 채택된 이후 로 청대에 이르기까지 계속 발전하여 학문과 통치의 길잡이가 되었다.

자적인 해석을 했습니다. 고본 《대학》은 격물치지格物致知가 아니라 성의誠意·정심正心으로 시작합니다. 주희는 사물의 이치를 궁구하게 하고 인식의 폭을 넓혀서(격물) 뜻을 진실하게 하고 마음을 바르게 하 면(성의·정심) 밝은 덕을 밝힐 수 있다고 하였습니다(명덕明德). 그런 데 윤휴는 진실함과 경건함(성경誠敬), 그리고 사변의 과정을 거치면 사물의 이치가 마음에 감통하는 것이 격물이라고 보았습니다. 또 치지 는 단순히 지식을 습득하는 것이 아니라 내 마음의 양지가 스스로 드러 나 선악 시비를 판별할 수 있는 것이라고 하였습니다.

백호는 또 《중용》에 대해서도 주자와는 다른 방식으로 내용을 나누 고 새롭게 주석하였습니다. 그는 인간에게 있는 본성이 하늘에서 내려

주었다는 사실보다 선한 본성이 인간에게 갖추어져 있다는 것을 강조하여 좀더 실천적인 중용관을 폈습니다.

그가 주희와 다른 방식으로 경전을 해석했다고 해서 주자학을 전면적으로 부정했던 것은 아닙니다. 오히려 주희의 학구적인 자세를 높이 평가하였지요. 그는 주희가 학구적인 자세로 위대한 학문적 업적을 이루어 놓은 것처럼 후대의 다른 학자들도 기성의 권위에 구애되지 않고 스스로 열심히 터득하여 성현의 참뜻을 알아내는 것이 중요하다고 보았던 것입니다.

하지만 당시 주자정통주의자였던 송시열은 백호가 주희의 권위를 훼손하고 능멸한 것이며 이는 역모의 죄보다도 더 크다고 공격하였습니다. 그래서 백호는 결국 사문난적의 죄와 허견許堅(?~1680)*의 역모 사건에 연루되어 죽임을 당하게 됩니다.

허견
조선 숙종 대의 문신. 남인의 우두머리로, 1680년 복창군福昌君·복선군福善君·복평군福平君 등과 모의하여 복선군을 왕으로 내세우려다가 서인 김석주金錫冑의 고변告變으로 살해당하였다.

박세당, 노장을 연구하여 사문난적이 되다

윤휴의 철학적 관심이 성리학의 범위에 남아 있는 것이라고 한다면, 박세당朴世堂(1629~1703)은 성리학을 넘어선 다양한 학문 분야를 연구하고 이를 통해 현실에서 도를 추구하려고 했던 인물입니다.

박세당은 경전에 대한 주석서인《사변록思辨錄》을 저술하면서 사서와《서경書經》및《시경詩經》을 독자적으로 해석함으로써 탈주자학적 철학 체계를 모색했습니다. 그는 당시 주자 중심의 성리학이 지나치게 형이상학적이고 공소한 관념에 치우쳐 있어서 유가 본래의 학문 내용인 일상에서의 절실한 문제(효, 우애, 믿음과 같은 덕목들)를 소홀히 여기게 되었다고 비판합니다. 그래서 그는 가까운 곳과 구체적인 곳의 탐구로부터 고원한 곳으로 나아가는 공부 방법을 강조하고, 이러한 공부 방법이야말로 원시 유학의 실제성 중시 정신과 부합되는 것이라고 하였습니다. 박세당이 가장 중시한 것은 유학 본연의 실천 정신이었던 것

박세당의 진영

입니다.

박세당은 성리학계에서 이단시한 노장 사상에 주목하여《노자도덕경주老子道德經註》와《장자남화경주해산보莊子南華經註解刪補》를 저술하였습니다. 박세당은 노장 사상을 이단으로 경시할 것이 아니라 다같이 도를 구하는 학문으로 이해해야 한다고 보았습니다. 그는《도덕경》48장의 '배움을 행하면 날마다 더해지고 도를 행하면 날마다 덜어진다(위학일익爲學日益, 위도일손爲道日損)'는 구절을 학學을 도道에 대한 탐구로 보는 유가의 논리로 해석했습니다. 정통 도가에서 도는 앎에 대한 욕구(지욕知欲)을 제거하고 마음을 비우는 것이고, 학은 지욕을 인위적으로 키워감으로써 자연을 해치는 것이기 때문에, 배움[學]은 도와 상반되는 부정적 개념으로 규정됩니다. 그러나 박세당은 배움을 긍정하고 이것을 통해 도 혹은 천리天理를 파악할 수 있다고 본 것이지요. 박세당은 노장 사상 속에서도 유학에서 추구하는 학문 논리를 찾아내려고 했던 것입니다. 이런 측면에서 학문적으로 완전히 자유롭게 노장 사상 자체를 추구했다고 볼 수는 없지요. 하지만 오로지 성리학만추구하고 그 가운데서도 주자의 학설만 존숭하는 풍토에서는 올바른 학문 체계가 성립될 수 없다고 확신하고 다양한 학문을 섭렵했던 것입니다. 이것은 또한 다양한 학문 속에서 실질을 추구하려는 정신의 반영이라고 할 수 있습니다.

박세당은 현실적인 경세에 많은 관심을 기울였습니다. 그는 전란으로 피폐해진 민중의 생활을 안정시키기 위해서는 무엇보다도 농업을 발전시켜야 한다고 보았습니다. 그래서《색경穡經》을 저술하게 되지요.《색경》은 17세기 우리나라의 영농 방법과 농업 과학을 이론적으로 체계화한 농서입니다. 이 책은 상당히 높은 수준의 농업서였습니다. 그 속에는 토양학, 농사학, 과수학, 임학, 약초재배, 양잠학, 축산학, 농가 생활에 필요한 지식과 농촌 수공업, 농

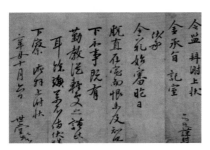
박세당의 친필

업 기상학적 지식 일반에 이르는 지식과 경험들이 집대성되어 있었지요. 《색경》은 봉건 시기 우리나라의 농업 발전에 크게 기여하였습니다. 게다가 후대에는 실학자들, 특히 박지원과 홍만선 등에 의해 연구되었으며 그들의 저작인 《과농소초課農小抄》와 《산림경제山林經濟》에 반영되었습니다. 서계의 사상은 한마디로 명분보다는 실질을 중요시하는 것으로 실학 사상의 맹아라고 할 수 있습니다.

또 다른 유학, 양명학을 연구한 사람들

양명학 연구의 전반적인 흐름

양명학이 우리나라에 처음 들어온 것은 명조·선조 연간으로 봅니다. 이때에 이미 퇴계는 《전습록논변傳習錄論辨》을 지어 양명학을 배척했습니다. 그는 "육왕陸王의 학문은 사물을 궁리하는 노력이 없고 초월하여 돈오頓悟의 법을 말하는 것은 다름 아닌 선가仙家나 불가佛家의 계통에서 나온 학설이니, 어찌 인륜과 경서의 교훈을 멸하는 데 관용을 베풀 수 있으랴."라고 하여 양명학을 불교의 영향을 받은 학설로 주자의 종지에 어긋나고 공맹孔孟의 전통 사상이 아니라고 하였지요. 그 후로 학자들은 누구나 퇴계의 학설에 따라 양명학을 이단으로 배척하였습니다.

그러나 16세기 말에서 17세기 전반에 걸친 전란으로 국토가 유린되고 국민 경제가 궁핍하게 되자 국가의 재건을 위한 새로운 학설이 일기 시작하였는데, 그중에 하나가 바로 양명학이었습니다. 양명학은 퇴계가 《전습록논변》을 저술한 지 50년 후, 인조반정(1623)을 전후하여 연구되기 시작했습니다.

양명학 연구의 시초를 연 인물로는 지천遲川 최명길崔鳴吉(1586~

과농소초

조선 정조 22년(1798)에 박지원이 농업 기술과 정책에 관하여 쓴 책. 중국의 기술을 도입하고, 재래의 경험과 기술을 개량할 것을 주장하였으며, 그 개혁책으로 한전법限田法을 제시하였다(15권 6책).

산림경제

조선 후기의 학자 유암流巖 홍만선洪萬選이 지은 4권 4책의 선정과 건축(복거卜居) 농서다. 주택의 곡식과 기타 특용작물의 재배법(치농治農), 과수와 임목의 육성(종수種樹), 가축·가금·벌·물고기 양식하는 법(목양牧養) 등 다양한 내용이 수록되어 있다. 《산림경제》는 단순한 농업 기술서가 아니라 넓은 의미에서의 향촌 경제서다.

전습록논변

퇴계 이황이 왕양명의 대표적인 저술인 《전습록傳習錄》을 주자학의 입장에서 비판한 논문이다. 이황은 여기서 왕양명의 친민설親民說·심즉리설心卽理說 등을 비판하고 객관적인 규범과 형식을 배제한 채 마음만을 내세우는 양명의 견해는 불교의 선학에 빠지는 것이라고 하였다. 이황이 《전습록논변》을 통해 양명학을 변척한 이래로 이황의 문하는 물론, 대부분의 유학자들이 양명학을 이단시하였다.

1647), 계곡谿谷 장유張維(1587~1638), 하곡霞谷 정제두鄭齊斗(1649~ 1736) 등을 들 수 있지요. 이들은 임진왜란 후 인조반정과 두 차례 전란 등, 중첩되는 내우외환의 현실을 타개하며 대응하여 나간 중심인물입니다. 당시의 의리학파들은 죽기를 마다 않으며 오히려 죽을 자리를 얻으면 다행으로 여겼지만, 이들은 좀더 현실적인 대책 마련에 힘을 쏟았습니다. 죽는 것이 능사가 아니라 현실의 난국을 성의와 지혜를 다하여 어떻게 대응하고 타개해 가느냐가 중요하다는 입장이었지요. 그래서 최명길은 훗날 춘추대의春秋大義에 의한 명분론에 의해 비난당할 것을 알면서도 병자호란 당시에 주화主和를 주장했습니다. 그는 스스로 "내 평생에 우환의 난감함을 당한 것이 한두 번이 아니지만, 양지良知·양능良能의 지각에 힘입어 낭패하기까지는 이르지 않았다."고 하였습니다. 장유도 "중국의 학인學人들은 자취가 자못 평범하지 않아 때에 뜻있는 선비가 있어 성실한 마음으로 학문을 닦아 그 자신이 좋아하는 바를 공부하여 각각 개성이 있게 실지를 얻은 바가 있지만, 우리나라 선비는 그렇지 못하여 악착하고 구속되어 도무지 기개가 없다."고 하여 주자학파의 편협성을 논박했습니다.

민족의 생존을위해
치욕을 인내해야
합니다 …

양명학자들은 종묘사직과 민족이 살아남는 길을 현실적으로 판단하여 명예 훼손이나 치욕을 인내해야 한다고 여겼습니다. 하지만 이들이 하나의 학파를 형성한 것은 아닙니다. 양명학 연구를 중심으로 하나의 학파가 성립된 것은 정제두가 독자적인 학문 체계를 성립한 후부터라고 할 수 있지요. 정제두를 위시로 한 양명학 연구자들은 실심實心으로서의 양지良知를 중시하고 실사實事·실공實功·실득實得을 강조하였습니다. 양지의 실심을 중시하는 사상은 실학의 실사구시實事求是 정신에 녹아 들어가 실학 사상의 형성에 영향을 미치게 됩니다. 또 서학 및 천주교의 수용 과정에서도 일정한 역할을 담당하게 되지요.

정약종의 아들인 정하상丁夏祥이 쓴 천주교 이론서인 《상제상서上宰相書》에서는 천지 위에 스스로 상제(천주)가 있다는 것은 만물과 양지와 성경을 통해서 알 수 있다고 하였습니다. 양명학의 양지 개념이 신을 긍정할 수 있는 매개로 활용된 것이지요. 당시의 천주교 교인들은 대부분 양명학에 심취해 있었습니다.

또 정제두가 강화로 이주하여 학문 연구에 심취한 이후로 그의 자손과 제자들을 중심으로 형성된 강화학파는 가학으로 전승되었지만, 실학 사상의 형성에 큰 영향을 미쳤습니다. 물론 실학의 형성에 영향을 미친 것은 서구의 과학·청조의 북학 및 성리학도 있지만, 다양한 분야의 학문 연구를 지향하고 여러 가지 이질적인 사상들의 대립과 갈등을 해소할 수 있었던 것은 바로 양명학의 영향 때문이었다고 할 수 있습니다.

정제두, 본격적으로 양명학을 연구하다

주자학과 함께 유학에 뿌리를 두고 있으면서도 주자학의 핵심 논리를 전면적으로 부정하는 양명학은 조선 시기의 전체를 통해서 유자들이 한결같이 배척하고 불온시해 온 대상이었습니다. 16세기 이후 조선의 정치·사상계는 주자학을 정통으로 삼았고, 격물설格物說을 통해 사물의 시비와 곡직을 따지는 주자학의 일면이 도학의 절개로 강조되는 풍토 속에 있었기 때문에 주자학 이외의 학문은 사문난적이라 하여 배척을 당하였습니다. 그런데 이러한 상황하에서도 주자학을 비판하고 양명학을 본격적으로 연구한 학자가 바로 정제두입니다. 정계와 학계는 물론 선배 동료들이 그의 학문을 반대하였지만, 그는 자신의 학문적 입장을 스스로 변호하고, 그러는 과정에서 더욱더 체계적이고 독자적인 이론을 구축해 나갔습니다. 그는 친구인 민이승에게 보낸 편지에 "만약 그것이 진정 옳다는 것을 확실히 알 수만 있다면 그것을 논하다가 죄를 입더라도 한스러울 것이 없다."고 밝히며, 끊임없이 자신이 믿어 의심하지 않을 수 있는 학문의 본원을 추구했습니다.

좀더 알기

✖ 양명학

　명대 중엽 왕수인王守仁이 주자학을 비판하면서 새롭게 제시한 유학 이론이 양명학陽明學이다. 양명은 왕수인의 호다. 양명학에서는 객관 세계의 모든 존재자들은 미리 가치가 정해져 있는 것이 아니라, 그것과 관계하는 주체와의 실천적인 장에서 정해진다고 보았다. 존재자와 주체가 서로 상응하고 주체에 의해서 존재자의 의미가 부여된다는 것이다. 예를 들어 '효孝'라는 가치가 있다면, 그것은 부모라는 존재자에 대해 이미 정해져 있는 것이 아니라, 자식과의 관계 속에서 자식에 의해 의미 지어진다는 것이다. 효라는 이치가 부모나 책 속에 있어서 그것을 궁구해야 하는 것이 아니라, 부모와 자식의 관계 속에서 자식의 마음에 의해 정해진다는 것이다. 물론 이때 정해지는 가치에도 질적인 차이는 있다. 의미가 부여되는 순간의 도덕적인 판단은 모두 주체의 몫이다.

　그래서 양명학에서는 마음을 중시한다. 양명학의 주요한 테제는 바로 '마음이 곧 이치(심즉리心卽理)'라는 것이다. 이것은 주자학에서 마음은 단지 진리나 가치를 아는 기능을 가진 것에 불과하고 마음속의 진정한 성性만이 진리라고 하는 것에 반론을 제기하는 이론이다. 진정한 도덕적 진리를 자기의 생동하는 마음에서 찾지 않고 외부에서만 찾게 되

주희의 진영　　　　왕수인의 진영

마음이 곧 진리라...

내 마음이
졸립데요
ㅋㅋㅋ

는 것을 경계한 것이다. 양명학에서는 객관 세계에 대한 이치를 궁구하고 그것을 통해서 진리에 이른다는 주자학의 주장을 비판하고 우리의 본 마음인 양지良知가 이미 완전한 진리라고 한다. 그래서 이것을 사욕에 가려지지 않도록 계속 확충해 나가는(치양지致良知) 것을 중시한다. 아이가 우물에 빠지려고 할 때, 그것을 보는 순간 바로 아이를 구하고자 하는 마음이 이는 것이지, 잠깐 생각한 후에나 혹은 누구의 지시에 의해 그런 마음이 일어나는 것이 아니다. 이런 의미에서 양명학에서는 주체의 마음에 대해서 객관 세계를 절대 대상화하지 않는다. 앎과 실천도 같은 맥락에서 서로 분리되지 않는 한 가지로 이해할 수 있다. 아는 것이 행하는 것의 시작이고 행하는 것은 아는 것의 결과이므로 이 둘은 결국 하나다.

중국에서 양명학은 널리 서민층까지 도덕 질서의 담당자로 상정하여 유교를 민중층으로 확대시키는 역할을 하였다. 양명 이후의 양명학도 민중 속에서 다양하게 전개되어 청대에 큰 발전을 보게 된다. 하지만 우리나라에서는 큰 호응을 얻지 못하고 이단으로 배척되었다. 단지 소수의 학자들만이 양명학을 연구하고 가학으로 계승하였다.

정제두의 친필

양지도良知圖
《하곡집霞谷集》에서 발췌

그렇다고 해서 정제두가 결국 사문난적으로 몰려 양명학의 순교자가 된 것은 아닙니다. 그는 정치를 비롯한 세간사에 간여하지 않고 자신을 내세우는 처신을 하지 않았기 때문에 당쟁에도 휘말리지 않았습니다. 그는 명가의 후예인 데다 학문과 도덕으로 높은 평판이 나서 조정에서 거듭 벼슬로 불러내었지만 번번이 사퇴하고 거의 나가지 않으면서 학문에만 몰두하였습니다.

정제두가 조정에 모습을 드러낸 것은 모두 일곱 차례였는데 처음 여섯 번은 한 달 남짓한 동안 경연에만 참석한 것이었으며, 마지막 일곱 번째는 6개월 뒤 효장세자의 죽음을 문상하기 위한 것이었습니다. 그는 즉위한 지 4~5년밖에 되지 않아 군주로서 정치 쇄신의 의욕이 드높았던 영조에게 경연을 통해서 깊은 인상을 주게 됩니다. 그는 명분론과 당위론에 맴도는 주장을 펴기보다는 자기 스스로의 경험과 지식에 근거한 소감이나 의견을 담담하고도 솔직하게 피력하고 판단이나 선택은 군주의 뜻에 맡기는 표현 방식을 썼습니다. 그가 참석한 여섯 차례의 경연에서 다루어진 논의의 대부분은 당시의 현안 중에서도 탕평론과 탕평책에 관한 것이었습니다. 당시의 다른 유자들은 요순시대의 정치는 천도가 실행되었지만 후대의 정치는 공리성만 추구한 결과 천도에서 이탈하여 정치와 교화가 분리된 것을 병폐로 여겼습니다. 그러나 정제두는 한·당 이래 후대의 정치가 요순시대에 미치지 못하는 것은 유능한 신하가 없었기 때문이며 천도를 실행했던 '선왕의 정치' 란 군주와 신하가 동심으로 협력하는 것이라 하였습니다. 그는 영조에게 균평均平의 자세에서 대화법을 통해 당시의 붕당 문제를 해결해야 한다는 견해를 피력하였습니다. 그러나 영조는 정제두를 신임하면서도, 정치 일선에서 그의 견해를 적극적으로 수용하지는 못했습니다.

정제두는 도덕적인 문제든 정치적인 문제든 사태를 파악하고 판단하는 기준은 이미 주어진 하나의 법칙이나 원리가 아니라, 그것을 인식하고 실천하는 주체인 '나' 자신에게 있음을 강조하였습니다. 그가 보기에 주자학은 의리라는 절대 가치를 밖에 두고 사람들의 심성과 판단 기준을 일정하게 통제하거나 표준화함으로써 그것을 실현하려는 것이었습니다. 따라서 그는 주체의 심성을 강조하고 신뢰하는 양명학의 입장에서 주자학을 비판하였던 것입니다. 그는 진리로서의 도덕적 가치는 대상적으로 주어지는 것이 아니라 일상에서 인간의 마음(心)으로 드러나고 인간 스스로가 이루어 가는 것이라 여겼습니다. 그는 이것을 '본래 가지고 있는 참마음', '하늘이 명한 성', '몸을 낳은 생명의 뿌리' 등으로 표현하였습니다. 그는 매순간 생생하게 활동하고 있는 참이치를 강조하기 위해서 생기生氣와 영소靈昭한 정신이 합쳐진 생리生理를 이리 개념의 중심으로 삼았습니다. 정제두는 물리적인 법칙이나 일이 흘러가는 이치 등은 물리物理라고 하여 도덕 가치인 생리와 차별을 두었으며, 활발한 생리가 인간의 주체적인 도덕 활동을 통하여 온전히 발현되는 것으로 보았습니다. 주자학에서는 진리인 '이' 를 만물의 존재 원리이자 도덕 원리로서, 존재하지만 활동하지는 않는 것으로 규정합니다. 하지만 양명학에서는 '이' 를 활동하는 것으로 봅니다.

정제두는 이 점을 분명히 보고 더욱 강조하기 위해서 생리라는 개념을 사용했습니다. 생리가 곧 인간의 마음으로 드러나고 인간의 마음이 곧 생리라는 것은 마음이 개개의 사물에 대한 도덕적인 가치 판단의 준칙을 가지고 있다는 말이지, 사물의 정해진 이치를 다 가지고 있다는 말은 아닙니다. 매순간 사물과의 감응 속에서 생생하게 활동하는 진리가 곧 내 마음의 본체이기 때문에 나는 어떠한 것도 대상화시키지 않고 매순간 순수한 본성의 판단대로 따르면 되는 것입니다.

우리가 효도라는 도덕적인 행위를 할 때, 누가 그렇게 해야 한다고 해서 하거나, 그것이 단지 도덕규범이기 때문에 '나는 효도를 해야 한다.' 는 의식을 가지고 한다면, 그것은 '효도' 라는 것을 대상화하여 내 밖에 있는 법칙을 따라가는 것이지 진정한 '효도' 는 아닙니다. 정제두는 이러한 '효도' 라는 도덕 감정이 부모에 대한 '사랑' 으로 우리의 본

성에 따라 자연히 자율적인 것으로 드러나는 것이고 그럴 때만 참된 것이라고 여기는 것이라고 합니다. 내가 누군가를 '사랑하겠다' 고 의식하고 행동하며, 사랑하는 그 사람을 대상화하는 것은 진정한 사랑이라고 볼 수 없습니다. '사랑하겠다' , '사랑한다' 고 생각하고 의식하면서 나오는 감정과 행위는 참된 것이 아니고, 이것이 더 발전되면 진심 없는 껍질로 사물화死物化되어 당위로만 남게 되거나, 허위 의식이 된다는 것입니다. 이것이 나 자신과 떨어져서 이런 식으로 밖에 남게 되면 내가 내 순수한 감정으로 판단하고 실천해야 할 때, 무엇이든 억지로 하게 되어 오히려 내게 장애가 될 수 있습니다. 내가 어떤 정치적인 판단을 해야 하고 그것이 남에게 조금이라도 영향을 미치는 것이라면 그 파장은 더 크다고 할 수 있겠지요. 물론 정제두는 우리 마음이 진심에서 작동하는 것이 아니라, 사욕에 이끌리는 면이 있다는 것도 부정하지 않았습니다.

그는 다른 유학자들과 마찬가지로 우리 마음이 도덕과 무관한 감정과 거짓에 이끌리는 것(임정종욕任情縱欲)을 경계하여 공부론을 제시합니다. 그는 우선 사욕의 발생과 제거를 한의학적 지식을 이용하여 설명합니다. 그는 사욕이 구체적으로 '기막包膜' 의 가려짐에서 발생한다고 보았습니다. 마음을 감싸고 있는 기막이 깨끗하지 않아 기질과 물욕에 가려지면 욕구를 즐기게 되어 진리에 밝을 수가 없고 기막이 깨끗해지면 진리에 밝아져서 이를 체득할 수가 있는 것입니다. 그는 기막을 맑게 하여 뜻이 바른 곳을 지향하게 하고 난폭하고 방자한 기운이 일어나지 않게 하는 것을 중요하게 여겼습니다. 이렇게 하여 진리를 바로 체득하고 그것이 실제 상황에서 바로 드러날 수 있게 한다면 '~할 줄 아는 것' 을 통해서 바르게 아는 것과 실천하는 것이 동시에 이루어질 수 있다는 것입니다.

정제두의 양명학에 대해서 그가 양명학과 주자학을 절충했다는 의견도 있지만, 그의 핵심적인 사상은 양명학과 일치하고 이것을 드러내기 위해 주자학에서 중시한 이기론적 설명을 덧붙였다고 볼 수 있습니다. 그는 당쟁의 시기에 가세의 몰락과 참상을 겪으면서 강화로 들어가 학문 연구에만 몰두했습니다. 그의 사상은 자손들과 친척들을 중심으로 하는 가학家學으로 전승되어 강화학파를 형성하게 되었습니다. 강화학파는 자신들의 사상을 표면적으로 적극 내세울 수 없는 시기를 거쳐 왔지만, 후대의 실학 사상과 민족주의 이념에 지대한 영향을 미쳤습니다.

강화에서 학파를 형성한 사람들

정제두의 학문은 그의 아들 정후일鄭厚一과 손자사위인 이광명李匡明, 이광명의 사촌인 이광사李匡師, 육촌인 이광려李匡呂, 또 정제두의 손자사위인 신대우申大羽 등에 의해 계승되었습니다. 강화학은 이들의 가학 형태로 이어졌지요. 이후의 계승자로서는 이광명의 양아들인 이충익李忠翊, 이광사의 아들인 이영익李令翊과 이긍익李肯翊, 신대우의 아들 신작申綽, 이광려의 제자인 정동유鄭東愈와 유희柳僖 등이 유명합니다. 이충익의 학문은 다시 아들인 이면백李勉伯, 손자인 이시원李是遠과 이지원李止遠으로 이어지며, 이지원의 손자가 이건방李建芳이고, 이시원의 아들이 이상학李象學, 이상학의 아들이 이건승李建承과 이건창李建昌입니다. 이건방은 정인보鄭寅普를 제자로 길렀습니다.

이들 강화학파는 양명학뿐만 아니라 불교와 노장 사상, 그리고 역사와 언어, 문자 등 다양한 학문 분야에 관심을 갖고 각 분야에서 탁월한 업적을 남겼습니다. 이들은 항상 실심實心과 실제와 현실에 주목하였기 때문에 현실을 토대로 하는 모든 문제들을 연구 대상으로 삼을 수 있었습니다. 대표적으로 이건창은 역사서인《당의통략黨議通略》을 저술하였고 이광사는 자신의 독자적인 서체인 원교체를 개발하고 서예 연구서인《원교집선圓嶠集選》과《원교서결圓嶠書訣》을 저술하였습니다. 이광사의 원교체는 추사체에 비견할 만한 서체로 알려져 있지요.

그리고 이충익은 노자 해석서인 《초원담로椒園談老》와 불교 해설서인 《진언집眞言集》을 저술하며 다양한 학문을 섭렵했습니다. 또 신작으로는 독자적인 경전 해설서인 《시차고詩次故》·《역차고易次故》·《서차고書次故》 등을 남겼습니다.

이들의 활동이 다양한 가운데서도 이들을 한 학파로 묶어 줄 수 있는 토대는 바로 '실심론實心論'입니다. 정제두는 마음 가운데서 악의 가능성을 제외한 순수한 도덕 주체성을 강조하여 실심이 곧 실리實理임을 강조했습니다. 그의 이러한 정신은 강화학파 전반을 관통하는 실심론으로 자리 잡게 되지요. 이광사는 정제두의 학문을 평가하면서 "대개 밖에서 오는 유혹을 물리치고 그 실리만을 보존하였을 뿐 그 이외의 경지는 없다."고 평가하며 스스로도 이를 지키기 위해 노력했습니다. 또 이광사는 "나의 본연의 양심에 근거해서 존양하고 성찰하는 실질적인 일에 힘을 쏟아야 할 것이다."라고 하였고, 신대우는 "이 마음을 보존하여 온갖 이치에 정밀하며 이 마음을 실實하게 하여서 모든 일에 응한다."고 하였습니다. 헛된 명분에 이끌리지 않고 마음을 실하게 하여 실질적인 일에 힘을 쏟는 것이 강화학파의 공부 목표였던 것입니다. 이런 점에서 본다면 강화학파가 다양한 학문 분야에서 활동한 것은 당연한 일이라고 할 수 있겠지요.

200여 년에 걸친 강화학파의 학맥은 정인보에 의해 마감되는 한편 근대적 사상으로 변모합니다. 강화학파는 정인보 외에 김택영金澤榮·박은식朴殷植·신채호申采浩 등 한말 일제하의 민족운동가와 사상가들에게도 적지 않은 영향을 주었습니다.

공자왈 맹자왈 보단
빈병수집이 훨씬
실질적인
일이죠

불교, 삼성각과 부모은중경으로 명맥을 유지하다

조선 중기는 삼국 시대 이래로 우리나라 역사에서 불교가 가장 탄압을 받으면서 쇠퇴하는 시기입니다. 당시는 성리학적 가치관이 사회 전반에 정착되고 성리학이 처음 도입될 당시 배불론도 함께 강화되었습니다. 1492년(성종 23년) 공식적으로 승려를 선발하는 도첩제*가 폐지된 이후 인조 원년부터는 승려에게 도성 출입 금지령까지 내려져 승려는 사회 구성원의 일원으로 인정받지 못하는 신분 계층이 되고 말았습니다. 도첩제 폐지 이후로 비공식적인 경로로 승려가 되는 사람들의 대부분은 생활고나 부역, 세금을 피하기 위한 경우가 많아 사회적으로 천대를 받았습니다. 아울러 중종 대에는 승려를 뽑는 과거시험인 승과가 폐지되어 우수한 자질을 가진 인재가 불문에 입문할 수도 없게 되었습니다. 이 제도는 문정왕후에 의해 잠시 부활되었다가 다시 폐지되었습니다. 또 승려가 경제·사회·문화의 중심지인 한양에 출입할 수 없다는 금지령은 승려들이 문화와 사상의 중심으로부터 소외될 수밖에 없는 상황을 만들었습니다. 조선 중기에는 유교식 사립 교육기관인 서원*이 설치되고 조정에서 이를 공인하여 사액을 내리는 등 지방 사회까지 유교 가치관이 토착화되었습니다. 상대적으로 불교는 전통적으로 내려오던 선종과 교종이 선종 하나로 통합되고 위축되었습니다. 이러한 일련의 조치와 유교적 사회 분위기는 조선 불교의 사상적 빈곤을 초래할 수밖에 없었습니다.

조선 중기의 불교는 유교나 도교, 혹은 민간 신앙과 결합되는 사례가 많았습니다. 우선 국가의 유교 토착화 정책 속에서 유교의 충효 사상에 영향을 받게 되지요. 이 시기의 불교는 충효라는 인륜 질서를 강조하는 사회 분위기에 부응해서 《부모은중경父母恩重經》이 유행합니다. 《부모은중경》에 대한 간행이나 개판 사업도 왕실이나 민간인 구별 없이 진

도첩제
승려가 출가했을 때 국가가 허가증을 발급해 주는 제도이다. 원래 이 제도는 국가에 대해 신역身役의 의무를 저버리고 양민이 함부로 산문山門에 들어가는 폐단을 막기 위한 데서 비롯되었다.

서원
많은 서원이 의도적으로 불교 사원의 터에 세워졌다. 최초의 사액서원인 소수서원紹修書院도 숙수사宿水寺라는 절터에 세워졌다.

소수서원 입구

소수서원은 주희의 서원을 백록동 서원을 모방해 백운동 서원이라고도 했다.

《불설부모은중경판》

정조가 《부모은중경》에 대한 설법을 듣고 목판을 만들어 용주사에 하사한 것이다. 목판의 그림은 김홍도가 그린 것이다.

지장보살

지장보살은 석가모니불의 입멸 후 미륵보살이 성불할 때까지, 부처가 없는 시대에 중생을 제도한다는 보살이다. 지장보살은 스스로 억압받는 자, 죽어가는 자, 나쁜 꿈에 시달리는 자, 지옥으로 떨어지는 벌을 받게 된 모든 사자死者의 영혼을 구제할 때까지 자신의 일을 그만두지 않겠다는 서원을 세웠다고 한다. 또 전생에 브라만 집안의 딸로 태어나 석가모니에게 헌신적으로 기도함으로써 자신의 사악한 어머니가 지옥에서 벗어날 수 있도록 한 적도 있다고 한다. 이런 이유로 지장보살은 효와 관련된 많은 설화를 가지고 있으며 우리나라뿐만 아니라 중국이나 일본에서 신앙의 대상으로 널리 숭배되었다. 보통 사찰의 명부전에 본존本尊으로 모셔져 있고 삭발하고 이마에 띠를 두른 형상을 하고 있다.

행되어 유교의 효경보다는 많이 보급되었다고 합니다. 또 사찰 속에 저승의 유명계를 옮겨 놓은 전각인 명부전冥府殿이 많이 들어서게 되었습니다. 명부전에는 유명계의 심판관인 시왕과 시왕의 무서운 심판에서 죽은 자를 구원해 주는 지장보살*이 모셔져 있는데, 이곳에서 부모와 조상의 명복을 비는 의례가 행해졌습니다. 불교를 탄압하던 조정에서도 유교 이념에 맞는 효 의식만큼은 허용했던 것입니다. 또 다른 한편으로는 강력한 억불 정책 속에서 불교 사찰을 유지하기 위해서 민간 신앙을 흡수하였습니다. 그리하여 산신을 모신 산신각山神閣, 수명의 장단을 담당하는 칠성각七星閣, 말세 중생에게 큰 복을 내린다는 나반존자를 모신 독성각獨聖閣, 그리고 산신·칠성·나반존자를 함께 모신 삼성각三聖閣 등이 사찰 내에 세워지게 되었습니다. 불교 밖에서 어느 정도 세력을 유지하고 있었던 민간 신앙과 타협함으로써 명맥을 유지하게 되었던 것이지요. 의례도 현세 기복적인 효험에 있어 가장 빠르고 확실하다는 진언眞言(다라니)을 중심으로 이루어졌습니다.

진언

본래 진언은 힌두교와 불교에서 신비하고 영적인 능력을 가진다고 생각되는 신성한 말(구절·단어·음절)을 말한다. 주문呪文이라고도 한다. 소리에는 모두 파장이 있어 나름대로의 기운을 가지고 있는데, 진언의 파장은 일정하여 사람의 의식을 고요한 곳으로 이끄는 힘이 있다고 한다. 대부분의 진언은 말 자체에는 의미가 없으나 그 속에 심오한 의미가 내재하는 영적인 지혜의 정수로 여긴다. 그러므로 특정 주문을 반복 암송하거나 명상한다면 탈아의 경지로 들어가게 되며 높은 차원의 정신적 깨달음에 도달하게 된다고 한다. 진언은 정신적 깨달음 외에도 신변을 보호하거나 병을 낫게 하는 등 심리적인 목적을 위해서도 사용된다.

휴정, 조선 불교계의 방향을 설정하다

휴정休靜(1520~1604)은 임진왜란 때 73세의 노승으로 구국에 앞장섰던 애국 거승이었고 불교가 억압당하던 시기에 불교계에 새로운 기원을 이룩한 고승입니다. 휴정은 문정왕후 당시에 잠시 부활된 승과에 합격한 뒤 보우의 뒤를 이어 승직을 맡았습니다. 그러나 얼마 지나지 않아 유학자들과의 마찰을 피해 금강산과 묘향산 등지에서 수행하며 제자를 기르는 데 전념하였지요. 그러다가 임진왜란이 발발하자, 선조의 요청으로 도총섭의 위치에서 승군을 조직하며 구국에 앞장섰습니다.

휴정은 임진왜란이 일어나기 훨씬 전부터 "나라를 사랑하고 종묘사직을 근심하는 것은 선승도 또한 하나의 신하이기 때문이다."라고 하였고 산속 깊은 곳에서 수행하는 산승도 언제나 부모, 국왕, 스승과 어른, 사회에 대한 은혜를 잊지 않고 보답하는 생활을 해야 한다고 하였습니다. 그의 사상은 속세와 유리된 것이 아닌 생활 속에서의 실천을

스님이 사람 잡네!

사람이 아니라 왜놈이지!

휴정의 진영

중시하는 것이었고 불교와 다른 가르침 속에서도 진리를 보고 회통점을 자각한 것이었습니다.

휴정의 저술로 남아 있는 것은 《선가귀감仙家龜鑑》·《선교석禪教釋》·《심법요초心法要抄》·《청허당집淸虛堂集》 등입니다. 휴정 사상의 핵심은 조사선祖師禪이라고 할 수 있지요. 조사선은 문자나 말을 통해 부처님의 가르침을 전하는 것이 아니라 부처님의 마음을 전하는 것을 중시하기 때문에 부처님의 말씀인 경전보다도 부처님의 마음을 전하는 선을 중시합니다. 휴정은 경전을 공부하는 교학보다도 선을 더 본질적인 것으로 여겼습니다. 그러나 교학을 부정하거나 비방하지는 않았습니다. 휴정은 모든 깨달음을 위한 방편 중에서 참선이 제일이라고 하였지만, 아무리 선문이라도 올바르게 들어가지 못한다면 교문보다도 더 못한 결과를 가지고 오게 되고, 교문을 바로 닦으면 결국은 선문으로 들어갈 수 있다고 하였습니다.

구경(究竟)의 깨달음을 아는가?

불구경이 최고죠?

휴정은 조사선을 뒷받침하는 근거로 진귀조사설眞歸祖師說을 채용했습니다. 진귀조사설에 의하면 세존이 설산에 6년간 있으면서 깨달음을 얻었지만 그것은 아직 궁극의 깨달음, 즉 깨달음의 마지막 단계인 완전한 구경究竟의 깨달음은 아니었습니다. 세존이 구경의 깨우침을 위해 몇 개월을 더 다니다가 진귀조사라는 분을 만나 마침내 구경의 깨달음을 전해 받았는데 이것이 교외별전教外別傳의 시작이라는 것입니다. 석가의 스승은 진귀조사인 셈이고 구경의 깨달음에 이르게 된 통로는 교教 밖에 있는 비밀스러운 가르침에 의해 가능했다는 것이지요. 휴정은 또 조사선으로 들어가기 위해서는 삼처전심三處傳心의 의미를 깨달아야 한다고 하였습니다. 석가모니가 세 번에 걸쳐서 마음을 전했다고 하는 것이 삼처전심인데, 이것을 체계적으로 발전시킨 것이 바로 화두입니다. 휴정은 화두에 의한 간화선*을 선의 정통으로 간주하고 화두에 집중하는 경절문經截門만이 조사선으로 들어가는 통로라고 여겼습니다.

휴정은 진리의 세계에서는 유가나 도가의 사상이 모두 회통한다고 하였습니다. 그는 우선 각 사상들이 모두 진리를 전하기 위한 방편으로 이름 지을 수 없는 존재에 이름을 짓고 개념 지은 것이라 하였습니다. 그리고 유가에서 말하는 하늘이나 태극이 한마음과 통하고 도가의 지극히 허하고 묘한 도리도 한마음으로 통하며 불교의 구경각도 한마음으로 통하기 때문에 모두 한마음을 고리로 회통한다고 하였습니다. 이것은 함허 기화 이후의 회통론을 그대로 계승한 것이라 할 수 있지요.

휴정은 이론적인 사상가나 학자가 아닌 순수한 선승이었습니다. 하지만 진리 면이나 현실 면에 모두 충실하여 선지를 밝히고 후진 양성에도 정성을 기울였으며 국난을 극복하기 위해 애썼습니다. 그리하여 암울했던 불교계에 새로운 기운을 불러일으켰고 이후 조선 불교계의 방향을 설정하였습니다.

간화선

하나의 화두를 놓고 그에 대한 의심을 깨뜨리기 위해 모든 정신을 집중하는 수행을 말한다. 송 대 선종의 한 유파인 임제종 양기파의 대혜종고(1089~1163)가 큰 의심 아래에서만 깨달음이 있다고 하여 화두와 정면으로 대결할 것을 역설하였는데, 이 이후로 선의 핵심을 이루는 정신 집중 수행은 화두의 타파로 압축되어 중국 선종의 주류를 이루게 된다.

삼처전심

석가모니가 세 번에 걸쳐서 미묘한 상징으로 깨달음의 소식을 전한 것을 말한다. 하나는 석가모니가 영산회상靈山會上에서 연꽃 한 송이를 잡고 대중에게 들어 보였을 때 제자인 가섭존자 혼자만 그 뜻을 알고 미소를 지었다는 염화미소拈華微笑다. 그리고 또 하나는 석가모니가 다자탑 앞에서 설법하고 있을 때 가섭존자가 늦게 도착하였는데도 자리를 내주어 앉게 했다는 다자탑전분좌多子塔前分座다. 마지막으로는 석가모니가 열반한 뒤 이레 후에 가섭존자가 도착하여 관을 세 번 도니까 석가모니가 관 밖으로 다리를 내보였다는 곽시쌍부槨示雙趺다.

쉬어가기

✖ 퇴계 이황의 활인심방 – 수련으로 몸의 병을 다스리다

퇴계 이황은 공부에 너무 열중해서 젊은 시절부터 건강이 안 좋았다. 독서와 사색에 집중하다가 몸을 잊어 병을 얻기도 하고 경敬 공부를 통한 인격 수양에 몰두하다가 병을 얻기도 하였다. 이황의 문집을 보면 수양 초기에 정확한 방법을 모른 채 속히 이룰 마음만 앞선 나머지 기가 들떠서 여러 가지 고통을 받았다는 내용이 나온다. 55세 때 친구인 송기수宋麒壽(1506~1581)에게 보낸 편지에서는 "잠을 자기 위해 누우면 무릎 아랫부분에 해당하는 구들에 습기가 있어서 결국 온몸이 붓고 아랫배에 물주머니 같은 것이 출렁거리는 증세로 고생한다."고 하였다. 하지만, 이런 증세를 평소에 연마한 도인기공법으로 그럭저럭 견디고 크게 발병하지 않도록 한다고도 하였다.

이황이 평소에 연마했다고 하는 기공법이 바로 '활인심방活人心方'이다. 독실한 성리학자인 이황이 도인기공법을 익혔다는 사실이 믿기지 않을 것이다. 하지만, 조선 시대에는 이황 이외에도 여러 선비들이 마음 수양과 짝하는 몸 수양을 했다. 그리고 겉으로는 배척하면서도 안으로는 노장 사상에 심취하는 경우도 있었고, 노장 주석서를 통해 노장 사상의 긍정적인 면을 찾으려는 노력도 있었다.

이황의 〈활인심방〉은 명나라 태조의 왕자였던 주권朱權(1378~1448)이 쓴 《구선활인심법臞僊活人心法》의 상권 부분을 필사한 것이다. 《구선활인심법》은 상·하 두 권인데, 상권은 양생법을 모아 놓은 것이고 하권은 도교의 비결들을 모아 놓은 것이다. 〈활인심방〉에서는 마음이 모든 병의 근원이라고 한다. 그래서 마음 다스림을 양생에서 가장 중요한 것으로 여긴다. 이런 점에서 이황의 인격 수양론과 일맥상통한다. 〈활인심방〉의 구체적인 수련법에는 중화탕中和湯·화기환和氣丸·도인기공법·호흡을 통한 기회전법·여섯 글자의 발성법인 육자결六字訣 등이 있다. 이 중 몇 가지 수련법을 한번 살펴보자.

먼저 '중화탕'은 《구선활인심법》에 '보화탕保和湯'이라고 되어 있다. 감정을 순화시켜 병을 치료하는 방법을 내용으로 해서, 성리학에서 감정의 발현이 모두 중절에 맞는 상태

▶《구선활인심법》의 〈서序〉

인 '중화中和'의 개념을 빌려 쓴 것이다. 중화탕에는 다음과 같은 30가지 심리적 약제를
사용한다.

1) 나쁜 생각을 하지 않는다(사무사思無邪).

2) 좋은 일을 행한다(행호사行好事).

3) 마음을 속이지 않는다(막기심莫欺心).

4) 적절한 방법으로 처리한다(행방편行方便).

5) 본분을 지킨다(수본분守本分).

6) 질투하지 않는다(막질투莫嫉妬).

7) 교활한 속임수를 없앤다(제교사除狡詐).

8) 성실하고자 힘쓴다(무성실務誠實).

9) 자연의 원리를 따른다(순천도順天道).

10) 운명의 한계를 안다(지명한知命限).

11) 마음을 맑게 한다(청심淸心).

12) 욕심을 적게 한다(과욕寡慾).

13) 참고 견딘다(인내忍耐).

14) 부드럽고 순하게 한다(유순柔順).

15) 겸손하고 온화하게 한다(겸화謙和).

16) 만족할 줄 안다(지족知足).

17) 깨끗한 마음으로 삼간다(염근廉謹).

18) 어진 덕을 가진다(존인存仁).

19) 절약하고 검소히 한다(절검節儉).

20) 중도에 처한다(처중處中).

21) 살생을 경계한다(계살戒殺).

22) 분노를 경계한다(계노戒怒).

23) 포악함을 경계한다(계포戒暴).

24) 탐욕을 경계한다(계탐戒貪).

25) 삼가하고 독실하게 한다(신독愼篤).

26) 일의 기미를 알아차린다(지기知機).

27) 보호하고 사랑한다(보애保愛).

28) 편안하게 물러난다(염퇴恬退).

29) 고요함을 지킨다(수정守靜).

30) 남모르는 덕을 쌓는다(음즐陰騭).

〈활인심방〉에서는 이 30가지 약제를 섞어 '약한 불로 반 정도에 이를 때까지 달여 놓고 끊임없이 살피면서 언제든지 따뜻하게 해서 먹으라'고 하였다. 그런데 이 심리적인 약제들을 어떻게 달여 먹을 수 있을까? 이 말은 일종의 비유법이라 할 수 있다. 30가지 명제들을 학문적으로 충분히 소화하고 주문 외듯 반복해서 외우면서 지키라는 것이다. 또 '약한 불로 반 정도에 이를 때까지 달인다'는 것은 마음의 초점을 배꼽 아래 단전에 맞추면서 길고 가늘게 호흡하는 단전호흡을 하라는 것으로 풀이된다.

'화기환'은 말 그대로 하면 기가 치밀어 오르는 병을 다스리는 환약을 말하는데, 이것도 역시 비유법이다. 화기환은 바로 심장에 칼을 얹고 있는 형상인 '참을 인忍'이다. 〈활인심방〉에서는 몸의 열기가 아래로부터 위로 치솟거나 답답하고 숨이 막히는 증세, 온몸이 마비되는 증세 등 의술로는 치료하지 못하는 기운을 모두 참을 '인' 자로 치료하라고 한다. 말을 하지 말고 침을 이용하여 이 환약을 꿀꺽 삼키라. 〈활인심방〉에서는 침을 삼키는 것도 수련이다. 이를 마주치며 정신을 집중하고 이때 생기는 침을 삼키는 것이다. 이것은 앉아서 하는 8단계 도인기공법(좌식팔단금坐式八段錦)에도 나온다. 여기서는 어금니를 36번 마주쳐 이때 생기는 침을 삼키기도 하고, 혀로 입속의 좌우 볼을 휘둘러서 침이 생기기를 기다렸다가 삼키기도 한다.

또 '육자결'은 우리 몸속의 오장五臟과 오장에 연결된 각 경락의 탁한 기운을 내보내는 방법이다. 휴·호·후·스·취·히 소리를 내면서 안 좋은 부분을 치료하는 것이다. 이 밖에도 〈활인심방〉에는 여러 가지 양생법이 실려 있다. 음악, 차, 잠자리, 바람 쐬는 것 등 일상생활과 건강의 관계가 잘 나와 있고 오늘날에도 참고할 만한 수련법이 많다.

영조는 숙종 대까지 이어진 극심한 당쟁에 대한 반성에서 탕평책을 실시했습니다. 그러나 영조 31년(1755) 나주객사에 "간신이 조정에 가득해 백성들의 삶이 도탄에 빠졌다."라는 내용의 벽서가 붙고 범인이 소론으로 지목되면서 탕평의 노력이 수포로 돌아갔습니다. 이 사건이 역모로까지 몰려 또 다시 소론이 몰락하게 되고 그 결과 노론 일당 독재의 시대가 열리게 되었지요. 노론은 친소론의 성향을 갖고 있던 사도세자까지 제거하고 그 아들인 세손까지도 폐위하려 하였지만, 영조의 보호로 세손은 왕위에 올랐습니다. 그가 바로 정조지요. 정조는 노론 우위의 정치 구조를 개편하고, 당색에 영향을 받지 않는 새로운 정치 세력을 양성하기 위해 규장각奎章閣과 장용영壯勇營을 설치하고 관리 임용에도 이를 적용하였습니다. 규장각은 왕실 도서관이었지만, 새로운 문신을 양성하는 역할을 담당했고 장용영은 정조의 친위 부대로서 무관을 양성하는 기관이었습니다. 정조는 기층에서 일어나는 신분제 해체 요구에 부응해서 서얼들을 등용하고 공노비를 해방하였으며 천주교에 좀더 관대한 자세를 취했습니다. 당시 조정은 천주교를 비롯한 서학에 대해 배척의 입장인 공서파攻西派와 수용의 입장인 신서파信西派로 나뉘어져 있었는데, 대부분의 노론이 공서파의 입장에 있었지요.

전라도 양반인 윤지충이 천주교 교리에 따라 제사를 지내지 않고 신주를 불태우는 사건이 발생하자, 평소에 "사교邪教는 자멸할 것이며 유학의 진흥으로 사학邪學을 막을 수 있다."라고 했던 정조는 윤지충을 사형시킴으로써 노론과 타협하게 되었습니다. 그리고 이런 상황에서 중국의 신부가 밀입국하는 등의 사건이 벌어지면서 신서파의 대표 인물인 이가환과 정약용이 천주교도로 몰려 좌천됩니다. 조정은 노론 중심으로 재편성되지요. 정조가 사망한 이후로는 세도 정치가 이어지면서 천주교 억압이 거세지고 개방 정책도 좌절되고 말았습니다.

이후의 조선은 세도 정치로 인해 사실상 정상적인 국가 체제가 붕괴되고 삼정三政*

의 문란이 극심해 각종 민란이 끊이질 않았습니다. 대표적인 경우가 순조 11년(1811)에 발생한 '홍경래의 난'이지요. 홍경래는 수차례 과거에서 낙방한 서북의 양반 출신이었지만, 거사 자금을 제공한 자는 역노驛奴 출신으로 대청무역을 통해 부를 축적한 가산의 부호였고 봉기의 주력군도 광산 노동자, 빈민, 유민이었습니다. 홍경래의 난은 지역 차별이나 신분제에 대한 저항에서 출발했지만, 궁극적으로는 조선 왕조의 타도를 내걸었다는 점에서 과거의 역모 사건과는 다른 것이었습니다. 홍경래의 난을 비롯해서 뒤이어 각 지역에서 발생한 민란들은 당시의 사회 모순에 직접적으로 노출되어 있던 민중을 이끌어 갈 새로운 이념 체계를 세우지 못한 채 난으로 끝났습니다. 부정한 관리를 퇴출하는 선에서 마무리된 민란도 많았지요. 하지만 이들 민란은 당시 조선 사회의 전반적인 퇴행을 반영하는 것이었고 집권층에 대한 전반적 경고였습니다. 당시 집권층은 주자학 정통주의로 일관하고 정쟁에 휩싸여 있었기 때문에 시대를 제대로 읽지 못했습니다.

삼정

전정田政, 군정軍政, 환곡還穀

03 실학, 현실개혁론의 등장과 도교의 흐름

조선 후기 유학의 쟁점

이 시기에는 탕평책으로 인해 지방학자들의 중앙 진출의 길이 막히고 정치권력이 몇몇 세도 가문에 집중되면서 17세기까지 조선의 사상계를 주도했던 지방 산림의 세력이 약화되었습니다. 이전까지의 학계는 '학파'를 중심으로 전개되었지만, 18세기 이후로는 서울과 지방이라는 '지역'을 중심으로 분화됩니다. 이 과정에서 호론과 낙론의 대립이 생기지요. 호락논쟁은 성리학의 테두리 안에서 시대의 위기를 풀어보려는 것이었습니다. 반면에 성리학에서 벗어나서 구체적인 사회경제적 모순을 해결하는 데에 더 관심을 갖는 사상도 일어났는데, 이것이 바로 오늘날 우리가 '실학'이라고 부르는 것입니다. 하지만 세도 정치 속에서 체제 유지에 조금이라도 반하는 사상은 전면적으로 배척당하는 상황이 지속되었기 때문에, 이러한 노력들이 결실을 맺기가 어려

간신이 조정에
가득해 백성
들의 삶이
도탄에
빠졌다.

예나
지금이나
똑같군

왔습니다.

순수 성리학의 마지막 논쟁, 인성과 물성

인물성동이人物性同異 논쟁은 사단칠정 논쟁과 더불어 한국 성리학
의 양대 논쟁으로 꼽힙니다. 이 논쟁의 핵심은 사람과 동물의 본성이
같은가, 다른가와 감정이 발하기 이전의 본연지성本然之性과 기질지성
氣質之性의 관계를 어떻게 보는가에 있습니다. 이 문제는 율곡을 중심
으로 하는 철학적 전통 안에서 박세당·송시열·김창협·권상하 등
여러 학자들 사이에서 논란이 된 적이 있습니다. 하지만 이 문제가 본
격적으로 논쟁이 된 것은 권상하의 문하에 있던 이간李柬(1677~1727)
과 한원진韓元震(1682~1751)에 의해서였습니다. 이간은 사람과 동물의
성이 같다고 주장하였는데, 그를 동조하는 학자들이 대부분 경기 지방
(낙하洛下)에 살았습니다. 그리고 한원진은 사람의 성과 동물의 성은
서로 다르다고 주장했는데, 그를 동조하는 학자들은 대부분 충청 지방
(호중湖中)에 살았습니다. 이런 이유로 전자를 낙론洛論이라 하고 후자
를 호론湖論이라고 부르게 되었고, 이들 사이의 논쟁을 보통 호락논쟁
이라고 불렀습니다.

한원진의 진영

호락논쟁은 처음엔 학술적인 논쟁으로 출발했다가 각 학파가 정립
된 이후로는 도통이 세워지고 이것이 다시 정치적 시비로 비화되는 과
정을 거쳤습니다. 호락논쟁은 학술상으로는 인물성동이의 문제에서
출발하여 성인과 범인의 마음이 같은가 다른가의 문제로 마무리되지
요. 18세기 이후로 이어진 호락논쟁은 노론 내에서 사회 변화에 대한
사상적 대응과 각 학파 간의 정치적 대립으로 복잡한 양상을 띱니다.
호론은 기존의 신분제와 지배 질서를 공고히 하기 위해 인물의 성이 다
르고 성인과 범인의 마음이 다르다는 식의 차별 논리를 펼쳐 갔습니다.
정치적으로도 탕평에 반대하는 입장에 섰지요. 호론은 정조 시대에 정

치력을 상실하고 순조 초에 노론 시파의 공격에 타격을 입고 향촌으로 돌아가 침잠하였습니다. 호론의 차별 의식과 중화론은 뒤에 위정척사파로 이어지지요.

반면 낙론은 주자학 정통주의에서 벗어나 절충적인 입장을 취하고 인물의 성이 같고 성인과 범인이 같다는 것을 강조함으로써 당시에 성장하고 있던 일반 민중을 인정하고 이들을 교화와 개혁책으로 지배 질서에 포섭하려고 하였습니다. 낙론은 배타적인 정책보다는 포용책으로 정치사회적 위기를 타개하려고 하였지요. 낙론은 영조 말년부터 노론 청명당淸明黨을 형성하여 비판적으로 정계에 참여했으며 정조 대에는 탕평에도 적극적으로 참여했습니다. 그러나 이들의 사회경제에 대한 이들의 개혁론은 제한적인 것이었고 역시 성리학을 중심으로 한 사회 재건과 지배 질서의 유지가 주된 목표였습니다. 여기서는 호락논쟁이 철학적 측면을 위주로 살펴보겠습니다.

사람의 성과 동물의 성이 같은가 다른가의 문제는 사실 성리학을 집대성한 주희의 철학에서 성性 개념이 명확하지 않은 데에서 비롯됩니다. 주희는 《중용中庸》의 〈천명지위성天命之謂性章〉에 대해서 "사람과 사물이 태어남에 각각 하늘이 부여한 '이理'를 얻은 것으로 건순오상健順五常의 덕을 삼으니, 이른바 성이다."라고 주석하여 사람과 동물이 모두 오상五常(인의예지신仁義禮智信)의 덕을 지닌 것으로 말하였습니다. 그런데, 《맹자孟子》의 〈생지위성장生之謂性章〉에 대해서는 "사람과 동물이 태어남에 모두 성性과 기氣를 지니고 있지 않음이 없다. 그러나 '기'로 말하면 지각 운동은 사

《맹자》

기원전 372~289으로 추정. 《맹자》 7편은 맹자의 말을 모은 것으로 후세의 편찬물이며, 내용은 맹자의 사상을 그대로 담은 것이다.

람과 동물이 다르지 않은 것 같으나, '이'로 말하면 인의예지신의 성품을 어찌 동물이 온전히 얻었겠는가?"라고 하여 사람의 성은 완전한 반면, 동물의 성은 완전하지 못하다고 하였습니다. 낙론은 전자를 강조하여 사람과 사물의 성이 같다고 주장하였고 호론은 후자를 근거로 다르다고 주장하였던 것입니다.

낙론은 '성'이 곧 '이'라는 성리학의 기본 원칙이 현상 세계의 모든 사물에도 적용된다고 보았습니다. 그래서 본연의 '이'인 '성'이라는 것 자체는 사람이나 동물이나 마찬가지라고 한 것입니다. 물론 이들이 현실에서 질적인 차이가 전혀 없다는 것은 아닙니다. 낙론은 사람과 동물이 본연의 '이'를 모두 갖추고 있다는 것 자체를 중시한 것입니다. 하지만 한원진은 '성'이란 본연의 '이'로 존재할 수 없고 항상 모두 '이'가 '기' 가운데 내재하는 상태로 있다고 보았습니다. 그러니까 '성'을 '기'와 결부된 사물의 개별성으로 한정한 것이지요. 형기 이후의 사람과 동물은 형상뿐만 아니라 성품도 다를 수밖에 없습니다. '성'을 본연의 '이'와 동일시하느냐, 아니면 '이'를 구분하여 기질지성으로 보느냐에 따라 사람의 '성'과 동물의 '성'에 대한 견해차가 생기게 된 것입니다. 낙론은 현상계 이면의 본질적인 '이'는 같고 통한다는 전통적인 성리학의 이론 체계를 강조했습니다. 그러나 호론은 객관적인 세계의 근원과 본질을 묻기에 앞서 직접적으로 지각되는 대상을 문제 삼았습니다. 그러니까 본연성이 항상 기질과 함께하는 현실에 주목해서 사람과 동물의 차이점을 설명한 것입니다. 이 문제는 또 기질지성을 어떻게 이해하는가의 문제로 이어집니다.

《중용》에 "희로애락喜怒哀樂이 아직 발하지 않은 것을 중中이라 하고, 발하여 모두 절도에 맞는 것을 화和라고 하니, 중은 천하의 대본大本이요, 화는 천하의 달도達道다."라는 구절이 있습니다. 이에 대해 주희는 희로애락은 정情이고 그것이 아직 드러나지 않은 것(미발未發)은 성性이라고 주석하며 성은 대본으로서 순수하고 지극히 선한 것이라고 하였습니다. 이것은 인간은 본래 선하다는 유학의 종지를 뒷받침하는 설명입니다. 그런데 이것만으로는 악이 존재하는 현실 문제를 설명할 수가 없어서 '기질지성'이라는 개념을 설정하게 되지요. 기질지성은 순수한 인간의 본성이, 청탁수박淸濁粹駁이라는 차이가 존재하는 기질과 함께하는 상태를 상정하여 말한 것입니다. 그래서 기질지성에는 선과 악이 모두 존재한다는 논리가 성립하게 되는데, 여기서 여러 가지 의문이 발생하게 됩니다. 기질지성에 선악이 함께 존재한다는 것과 성은 순선하다는 것은 서로 모순이 되기 때문이지요. 그래서 기질지성이 감정이 아직 드러나지 않은 미발 상태를 말하느냐, 아니면 감정이 이미 드러난 이발已發의 상태를 말하느냐 하는 문제가 다시 제기됩니다. 만일 이발이라면 그것은 정情이지 성性이 아닌 것이 되고, 또 미발이라고 한다면 미발일 때는 대본으로서 순선하다는 원칙에 어긋나기 때문입니다.

낙론을 주도한 이간은 희로애락의 감정이 아직 드러나지 않은 미발의 상태를 다시 깊은 것과 얕은 것으로 구분하여 이 문제를 해결하려고 하였습니다. 미발의 상태가 깊은 것은 심체心體이며 본연지성이고 얕은 것은 기질과 접해 있는 기질지성이라는 것이지요. 그래서 전자는 순선하고 후자는 선하고 선하지 못함이 함께한다고 하였습니다. 그런데 한원진은 감정이 아직 드러나지 않았다고 해도 그 상태에 기가 없었던 것은 아니기 때문에 기가 발한 뒤의 선악 문제는 발하기 이전에 이미 그 가능성을 가지고 있는 것이라고 하였습니다. 또 성을 상황에 따라 세 부분으로 구분해 볼 수 있다고 하였습니다.

호락논쟁은 기존의 성리학 이론의 불명확한 부분에 대한 논란으로 시작해서 한국 성리학을 독자적으로 발전시켜 나갔다는 의의를 가지고 있습니다. 또 유가적 도덕 정신을 심화하는 데 큰 작용을 하였지요. 호락논쟁은 인간이 선천적으로 선하다는 형이상학적 확신도 중요하지만 현실적인 인간의 마음에 깃들인 선악의 모순적 요소에 대한 성찰도

스승님
맞으면 맞을수록
기뻐하는 사람의
본성은 무엇입니까

중요하다는 점을 다시 환기시켜 준 계기가 되었던 것입니다. 인물성이론人物性異論을 주장한 호론은 뒤에 위정척사론과 연결되고, 인물성동론人物性同論을 주장한 낙론은 하늘의 입장에서 보면 인간과 사물이 균등하다는 북학파 실학자들의 사상 형성에 영향을 미칩니다.

실학, 학문의 실용에 눈을 돌린 사람들

실학은 원래 중국 송 대에 성리학자들이 노장 사상과 불교 사상에 대응하여 성리학을 일컬은 말입니다. 당시에는 노장과 불교 사상이 실질과 거리가 먼 공허한 형이상학적 담론만을 일삼는 것으로 비판을 받았지요. 그러나 성리학 이론도 의리라는 명분과 도덕 정신의 추구에 매몰되어 그 실용성을 잃는 때가 오게 됩니다. 이 점은 중국이나 조선의 경우 모두 마찬가지입니다. 성리학이 이론적으로 경직화되고 사회경제적 모순을 효과적으로 극복하지 못하게 되면서 성리학에 대응하는 '실학'이라는 것이 태동하게 되지요.

중국의 실학이 성리학에 대한 반발로서 출발하였다면, 한국의 실학은 철학적으로 성리학의 체계를 계승하면서도 성리학이 가지는 역사적 한계를 인식하고 이를 극복하고자 하는 데서 출발했습니다. 중국의 실학이 경서고증에 치중한 반면, 한국의 실학은 정치·경제·사회·문화·자연과학 등 학문 전반에 걸쳐 개혁론을 제기했습니다.

학문 + 실생활

조선 후기의 실학 사상은 크게 세 가지 방향으로 전개되었습니다. 하나는 토지 제도의 개혁을 통해 민생의 근본인 농업을 살리고자 하는 것이고, 다른 하나는 상공업의 유통과 기술 개발을 추구한 것입니다. 그리고 나머지 하나는 경서 고증이나 금석학 등 실증적인 경학 연구를 추구한 것이지요. 토지 개혁론은 성호학파를 중심으로, 상공업 발전론은 북학파를 중심으로 전개되었습니다. 이들의 개혁론은 봉건 체제 내부의 비판적 사상 조류를 형성하였지만, 그 자체가 근대적인 사상은 아니었습니다. 본질적으로는 유교적 전통 사상을 포함하면서 그 속에서 개혁을 추구했던 근대 사상의 맹아기에 해당한다고 볼 수 있지요. 이중에서 북학파는 화이華夷 사상*이라는 명분론을 극복하고 생산력을 높이는 경세 정책과 적극적인 문물 개방을 추진하는 등 근대 개화 사상을 형성하는 원류가 되었습니다.

화이 사상
중국 민족이 스스로를 중화中華라 하여 존중하고 주변 민족을 이적夷狄이라 하여 천시하던 사상

성호학파, 토지 균등을 주장하다

성호星湖 이익李瀷(1681~1763) 이전에 제도 개혁을 통해 실학을 추구하고 학문 체계를 정립한 학자로는 반계磻溪 유형원柳馨遠(1622~1673)을 들 수 있습니다. 유형원은 토지 개혁을 중심으로 농촌을 살리는 것이 문화와 경제를 되살리는 일이라고 하였습니다. 그러나 당시는 실학의 발생 단계로 뚜렷한 학맥은 없었습니다. 실학이 학파를 형성하기 시작한 것은 이익부터입니다.

이익은 당시의 학자들이 성리학을 맹목적이고 폐쇄적으로 연구하는 풍토를 비판하였습니다. 그는 자신이 존경해 마지않던 퇴계에 대해서도 "본원을 탐구하고 윤리적 행위에는 힘썼지만, 정사에 있어서는 미급하였다."고 평할 정도로 세상을 다스리는 데 유용한 학문을 중시하였습니다. 이익은 이황과 이이 이래의 심성 논쟁을 종합적으로 정리한 《사칠신편四七新編》을 저술했는데, 여기서 사단칠정론은 사사로운 이익을 배격하는 데 그 주안점을 두어야 한다고 하였습니다. 그는 또 성性을 사실상 사물의 속성으로 보고 이理와는 구별 지어 보았습니다. 또 성은 선이 될 수도 있고 악이 될 수도 있는 양면적인 경향성을 가지고 있지만, 후천적인 환경과 노력에 따라 달라질 수 있는 가능 존재로 파악했습니다. 그에 의하면, 인간의 모든 행동의 동기와 원인은 욕구에 있는데 여러 가지 욕구 중 긍정적인 것을 개발하면 성을 달라지게 할 수 있습니다.

이익은 서구의 자연과학 및 천주교 사상을 비판적으로 흡수하여 천

우리 사회에서 가장 중요한 문제는?

토지제도 문제 입니다

예엠

유형원의 유적비

문·지리·역사·제도·풍속에 이르기까지 광범위한 문제를 다룬 《성호사설星湖僿說》을 저술하였습니다. 여기서 그가 무엇보다도 중요하게 여긴 것은 바로 토지 제도의 문제였습니다. 이익은 왕도 정치의 실현은 토지의 균등한 분배로부터 이루어진다고 보았습니다. 그에 의하면, 가장 이상적인 토지 제도는 중국 주나라 대의 정전제인데, 그것은 이미 회복할 수 없기 때문에 그 대안으로서 영업전永業田을 제시합니다. 영업전은 국가가 한 집 살림살이의 규모에 맞는 토지의 표준을 정해 주는 것을 말하지요. 이익은 철저히 중농주의 입각해 있어서 상공업에 대해서는 농민들이 농업을 싫어하게 하여 결과적으로 농업을 피폐하게 만드는 부정적인 것으로 보았습니다.

이익의 진영

이익은 중국이라는 것은 지구라는 큰 땅 덩어리의 한 조각에 불과하며 어떤 나라도 세계의 중심이 될 수 있다고 하면서 자주적인 역사 의식을 가질 것을 강조했습니다. 그의 이러한 개방적인 학문 경향은 그 제자들에게 그대로 이어졌지요. 이익의 제자들은 서학에 대한 종교적인 관점에 따라 공서파攻西派와 신서파信西派로 나뉘게 됩니다. 공서파는 서양과학 사상은 대체로 수용하면서 천주교에 대해서는 비판적이었고, 신서파는 양자를 모두 적극 수용하는 입장을 취했습니다. 성호학파의 대표적인 인물인 순암順庵 안정복安鼎福(1712~1791)은 공서파에 속했습니다. 그는 이익의 역사 의식에 자극을 받아《동사강목東史綱目》이라는 역사서를 저술했습니다. 《동사강목》은 주체적인 안목에서 단군 조선부터 고려 말까지를 다룬 통사서입니다. 이 책은 근대 계몽기의 민족주의 사학자들에게 사상적으로 지대한 영향을 미쳤습니다. 하지만 성호학파는 천주교를 수용하고 신봉했던 신서파가 천주교 탄압으로 옥사하거나 참수 당함으로써 더 이상 학파로서 명맥을 유지하지 못하게 되었습니다.

북학파, 중화 의식을 버리고 청의 문물을 배우다

성호학파가 농업 중심의 개혁론에 몰두한 반면, 이용후생학파의 실학자들은 상공업의 발전을 중시하였습니다. 이들은 서울의 도시적 분위기에서 상인 수공업자들과의 접촉을 통해 일찍부터 상공업 발전의 필요성을 통감했습니다. 그리고 유통의 확대 내지 기술 개발을 통한 생산 자체의 발전이 국가 발전의 요소라고 여겼습니다. 성호학파의 학자들은 몰락한 남인 계통인 데 비해, 북학파 학자들이 당시 집권층인 서인 노론계였습니다. 이들은 빈번한 연행을 통해, 청의 선진 문물을 많이 접할 수 있었지요. 하지만 이들의 인식은 당시의 일반 사대부들의 인식과는 달랐습니다. 당시 사대부들은 명에 대한 보은과 춘추의리정신春秋義理精神에 입각한 북벌론北伐論을 주장한 데 반해, 이들은 청의 선진 문물을 받아들이고 배워야 한다는 북학론北學論을 주장하였습니다. 그래서 이들을 북학파北學派라고 부르게 된 것이지요.

북학파의 대표적인 인물로는 담헌湛軒 홍대용洪大容(1731~1783), 연암燕巖 박지원朴趾源(1737~1805), 초정楚亭 박제가朴齊家(1750~1815) 등을 들 수 있습니다. 이 중에서 북학파의 사상적 근원을 정립한 학자는 담헌 홍대용입니다. 홍대용은 《의산문답醫山問答》을 저술하여 당시에 허위의식에 사로잡혀 있던 성리학자들을 풍자했습니다. 그는 도학자를 허자虛者로 실학자를 실옹實翁으로 설정하여 도학의 허구성을 비판하고, 사람의 입장에서 사물을 관찰하는 주관적 편견에서 벗어나 하늘의 입장에서 사물을 관찰하는 과학 정신을 강조하였습니다. 하늘의 입장에서 보면 모든 사물은 다 균등하다는 것이지요. 이런 생각은 역사 의식에도 반영되어 중국 중심의 춘추의리론春秋義理論을 거부하고, "저

중국인 엄성이 그린 홍대용 초상

박지원의 진영

박제가의 《북학의》

북학파 사상을 가장 철저하고도 과감하게 논한 책이라고
한다.

박지원의 《열하일기》

정조 4년(1780)에 지은 책. 중국 청나라에 가는 사신을 따라 러
허熱河 강까지 갔을 때의 기행문으로, 중국 희본戱本의 명목名目
과 태서泰西의 신학문을 소개하였고, 〈허생전〉·〈호질〉 등의 단
편소설이 실려 있다.

마다 제齊나라 사람을 친하고, 제나라 임금을 높이며, 제나라를 지키
고, 제나라 풍습을 편히 여긴다.”는 역외춘추론域外春秋論을 주장하기
에 이릅니다. 홍대용은 국가의 자기중심성自己中心性을 인정함으로써
중국에 의한 일통론一統論을 넘어선 자주 의식의 근거를 제시하였습니
다. 또 신분 제도에 대해서는 사士·농農·공工·상商의 사민관을 유
지하되, 재능과 학식에 따라 직업을 선택할 수 있는 개혁론을 주장하
여 사민평등* 사상의 모태가 되었습니다.

　홍대용의 영향을 받은 박지원은 홍대용의 하늘의 입장에서 사물을
바라보는(이천시물以天視物) 가치상대론을 한층 더 발전시켜 사람과
사물은 하나라는 ‘인물균人物均’의 논리를 전개하여 사람의 성과 사물
의 성이 같다고 하였습니다. 또 이 같은 철학적 입장으로부터 화華와
이夷는 구분이 없다는 이론이 나옵니다. 그는 《열하일기熱河日記》에서
청조의 기와·벽돌·아궁이·굴뚝의 제도까지 세심히 관찰하여 우리
의 생활에 유용하게 이용할 방법을 강구하고, 수레의 제도가 백성들의
빈곤을 구제하는 데 급선무임을 강조하였습니다. 그는 “이용利用이 있
은 연후에 후생厚生할 수 있고, 후생 연후에 정덕正德을 이룰 수 있다.”

사민평등
모든 백성이 평등하게 자유와 권리
를 가지는 일

고 하였습니다. 박제가도 물건을 편리하게 쓰는 이용과 생활이 넉넉한 후생 중 어느 하나라도 빠지면 바른 덕을 해치게 되므로 항상 정덕보다 이용후생을 먼저 해야 한다는 점을 강조하였지요.

박제가는 서얼 출신의 신분 제약에도 불구하고 홍대용 · 박지원과 교유하면서 누구보다도 북학 사상에 철저했던 인물입니다. 그는 북학파 중에서 가장 적극적으로 청조 문물을 수용하자고 주장했습니다. 그는 문물수용론을 체계화시켜 《북학의北學議》를 저술하였지요. 그리고 수레나 배 등 교통수단을 비롯하여 우마牛馬와 시정市井 등 이용후생에 유용한 것들을 정리하고, 서양인들을 초빙하여 조선의 청년들이 발달된 과학 기술을 배우게 해야 한다고 주장했습니다. 소비가 생산을 촉진한다는 경제 원리를 제시하며, 나라의 부강은 상업에 달려 있음을 설파했습니다. 그는 놀고먹는 선비를 국가의 큰 좀이라고 비판하고 이들을 상업에 종사시킬 것을 제안하기도 하였습니다. 더 나아가서 중국뿐만 아니라 해외 여러 나라와 통상해야 하며 이를 통해서 상품 유통뿐만 아니라 백성들의 견문을 넓혀 주어야 한다고 주장하였습니다. 박제가의 해외통상론은 개화 사상의 개국통상론에 지대한 영향을 미치게 됩니다.

김정희, 실제 있는 일에서 올바른 이치를 찾다

북학파의 세력이 정조 대의 문체반정 정책으로 위축되자, 실학의 경향이 점차 과학적인 학문 연구 중심으로 변하게 됩니다. 눈으로 보는 듯하고 귀로 듣는 듯한 실험과 실증을 중시하여 '실제 있는 일에서 올바른 이치를 찾는다'는 실사구시實事求是의 학풍이 일게 된 것이지요. 실사구시학파의 대표적인 인물로는 완당阮堂 김정희金正喜(1786~ 1856)를 들 수 있습니다. 김정희는 우리에게 추사체로 널리 알려진 인물이지요. 하지만 김정희는 서예뿐만 아니라, 천문 · 금석金石 · 철학 · 선학禪學 등 다양한 분야에 관심을 갖고 연구했던 학자입니다. 그

김정희의 진영

좀더 알기

✖ 문체반정

　조선 후기 박지원을 비롯한 진보적 문인들이 정통적인 문체를 벗어난 글을 쓰자 정조 正祖를 비롯한 보수파가 이를 바로잡으려 한 것을 말한다. 박지원의 《열하일기》는 다채로운 표현 양식과 독특한 문체를 구사해 당시의 화제작이었다. 박지원의 문체는 독특해 연암체燕巖體라고 불렸다. 연암체의 특징은 소설식 문체와 해학적인 표현이라고 할 수 있다. 정통 고문에 구애되지 않고, 소위 패사소품체稗史小品體라고 불리던 소설식의 표현 방법을 과감히 도입해 쓰고 현실의 생동하는 모습을 묘사했으며 시어詩語의 사용이나 고답적高踏的인 용어와 고사는 쓰지 않았다. 정조는 문체의 흥망성쇠는 정치 현실과 깊은 관계가 있고 진짜 고문古文인 육경六經 정신을 이어받은 글을 지어야 정치 현실이 바로잡힌다고 생각했다. 그래서 《주자서朱子書》를 비롯해 학문과 문학에 본보기가 될 만한 책들을 간행하는 한편, 명청의 문집과 잡서雜書, 그리고 패관 소설의 국내 유입을 금했다. 또 문체가 불순한 자는 과거에 응시하지 못하도록 했고 문체가 불순한 자들에게 자송문自訟文을 지어 바치도록 했다. 박지원도 예외는 아니었다. 이 문화 정책은 당시의 전통적인 순정純正 문학의 전통을 계승하고, 치세治世의 문학을 꽃피우는 데는 어느 정도 기여를 했지만, 당시의 변화하는 현실을 감당할 수는 없었다. 이러한 정조의 문체반정책에도 불구하고 소설적 문체와 사실주의적 표현 기법의 작품은 계속 인기를 끌었다.

김정희가 쓴 현판

는 당시 조선에서 소홀히 하던 금석학을 독립된 학문으로 개척하여 《금석과안록金石過眼錄》과 같은 저술을 남겼고 북한산비가 진흥왕순수비임을 밝혀내기도 했습니다.

김정희는 북학파인 박제가와의 교류를 통해 청의 선진 문물을 받아들였고, 특히 24세 때 연경에서 만난 담계覃溪 옹방강翁方綱(1733~1818)과 연경실擘經室 완원阮元(1764~1849)의 고증학에 많은 영향을 받았습니다. 김정희는 고증을 통해서 전통을 상고하고 올바른 의리를 구하는 학문 태도를 중요시하였습니다. 그래서 특정한 권위에 의지하기를 거부하고 여러 학파를 두루 고찰하였지요. 그는 주관적으로 경전을 해석하는 것을 비판하고 한나라의 훈고학과 송나라의 의리학(도학)이 갖춘 장점을 절충하는 것을 가장 바람직한 방법으로 택했습니다. 그에 의하면, 한대 훈고학은 문자의 훈고를 정밀하게 하여 주관적 허론에 빠지지 않았고 송 대 의리학은 정밀한 도론을 추구하여 옛것을 발전시켰다고 하였습니다. 김정희에 있어서 근본적인 것은 후자였고 전자는 방법론이었습니다.

김정희는 경전 중에서도 심오한 뜻을 담고 있다고 여기던 《역易》에 대해서도, 그 뜻을 고원한 곳에서 찾을 것이 아니라 일상 속에서 찾아야 한다고 보았습니다. 《역》은 점치는 책이 아니라 허물을 줄이는 책이고, 점치는 행위 자체는 백성을 위한 방편이지 군자를 위한 것은 아니라고 하였지요. 영원히 고정된 때는 없어서 순환이 끝이 없는 것이 역의 사상이지만, 그것을 관념적인 것이 아니라 평안할 때 위태로움을 생각해서 미리 예방하고 허물을 고치는 실상을 위한 의미로 받아들여야 한다고 보았습니다.

김정희는 실사구시의 입장에서 여러 학문을 평가하였는데, 양명학은 지나치게 주관적으로 경전을 해석한 혐의가 있고, 노장은 허무에 근거하기 때문에 실사가 있을 수 없으며 따라서 구시할 것도 없다고 여겼습니다. 그러나 불교는 유가와 마찬가지로 사실에서 출발한 학문이며 그 근본은 인륜에 관한 것으로 인정했습니다. 또한 불교에서 말하는 천당지옥설은 사실이나 본질이 있는 것은 아니고 하나의 방편에 지나지 않으며, 불교는 근본적으로 유가와 통한다고 보았습니다. 실제로 김정희는 세도 정치에 화를 입어 몇 차례 유배를 당한 뒤로 선불교에 심취해 말년을 보냈습니다.

김정희의 학문 영역은 매우 넓지만, 그는 이것을 일상에서의 행동인 '예'로 수렴하는 것을 중시하였고 스스로 그렇게 살았습니다. 평소에 많은 호를 지었던 것도 자기를 수양하기 위한 것이었지요. 그는 경학 중에서도 역易과 예禮를 중시하였고 그것을 자기 정신과 실천의 기조로 삼았으며 학문적으로는 실사구시의 방법론을 추구하였습니다. 앞서 살펴본 실학자들처럼 실질적인 경세에 관심을 기울이지는 않았지만, 학문과 삶에서 실질과 올바름을 추구하려 했던 정신은 도덕 정신만 앞세웠던 당시나 사실만을 추구하는 오늘날의 풍토 모두에 시사하는 바가 큽니다.

정약용, 나라를 위해 방대한 저술을 남기다

다산茶山 정약용丁若鏞(1762~1836)을 실학의 집대성자라 부릅니다. 그는 성호 이익을 사숙하여 성호학파를 계승하였고 북학파와 교유하여 그 학문적 경향을 흡수하였으며 서학의 영향도 받았습니다. 그는 '오랜 우리나라를 새롭게 한다'는 기치 아래 수신에서부터 치인에 이르는 학문 체계에 상응하는 방대한 저술을 남겼습니다. 그의 학문은 당시를 살아가는 개인과 사회에 대한 개혁을 위한 하나의 시스템 철학이라고 할 수 있습니다.

정약용은 수신修身을 위하여 《육경사서六經四書》를 주해하였고 치인治人을 위해서 《경세유표經世遺表》· 《흠흠신서欽欽新書》·《목민심서牧民心書》 등을 저술하

다산초당

였습니다. 그는 수신은 자기를 선하게 하는 것이고 치인은 타인을 사랑하는 것인데, 이것이 유학의 근본정신이라고 하였습니다.

그의 경학과 경세학은 이 두 가지를 본말로 해서 하나의 완결된 체계를 이룹니다. 정약용은 경학을 통해서 도덕 정신을 함양하고 이것을 사회적 실천과 기여로 발현해야만 학문적 성취가 끝난 것으로 보았습니다. 물론 이런 체계는 기존의 성리학에서 없던 것은 아니지만, 경학을 통한 수신의 측면에서는 기존의 격물궁리格物窮理와 같은 관념적인 사변을 축출하고 치인의 측면에서는 권위적으로 자행하려는 지배 행위를 배제했습니다. 정약용은 경학의 핵심을 실천에 두고 성리학을 비판하였습니다. 그는 "진정한 유학의 학문이란 본래 치국안민治國安民을 도모하며 오랑캐 같은 외적의 침입을 물리치고 재용을 넉넉히 하며 능히 문무를 겸비하여 무엇이고 감당할 것이 없어야 하는 것이다."라고 확신했습니다.

정약용은 우선 성리학에서 말하는 이리로는 수신과 치인을 이룰 수 없고 오직 상제를 섬기는 소사학昭事學*을 통해서만 이에 도달할 수 있다고 하였습니다. 그는 상제를 섬기지 못하면 아무도 보지 않는 곳에서도 혼자 삼가는 신독愼獨을 이룰 수 없고 그러면 자기중심과 절도를 잃지 않는 중화中和도 이룰 수 없다고 하였습니다. 수신의 바탕에는 반드

소사학
상제를 밝게 섬기는 학문이라는 뜻이다. 정약용이 사용한 개념이다.

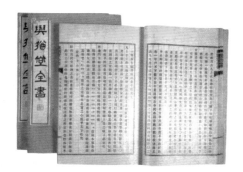

정약용의 문집과 그가 그린 산수화

시 상제가 있어야 한다는 이야기지요.

그리고 그는 인간의 본성은 무엇을 좋아하는 성향인 '기호嗜好'로 정의합니다. 그는 성리학에서 인간의 본성이 선하지만 기질에 의해서 선악이 혼재하고 차이가 생긴다는 논리를 비판합니다. 그는 본성이 선천적으로 주어지는 것처럼 기질도 선천적으로 주어지기 때문에 이와 같은 논리로 한다면 선하지 못함의 근원도 선천적인 것이 되고 기질을 벗어날 수 없다면 선하지 못함도 벗어날 수 없는 것이 되기 때문에, 선을 행하려는 의지가 저하된다고 보았습니다. 정약용은 선천적인 성선론을 주장하면서도 그 속에 오히려 선을 지향하는 길을 막아 버리는 논리가 있는 것은 모순이라고 한 것입니다.

정약용은 이런 실천적 문제의 폐단을 극복하기 위해서 성性을 기호라고 하였습니다. 그는 인간을 대체大體와 소체小體로 나눕니다. 이때 대체는 고차적 정신을 말하고 소체는 인간의 육체와 그 속성을 말하는데, 대체는 덕을 좋아하고 악을 부끄럽게 여기는 선에 대한 지향성의 기호를 갖고 소체는 본능적이고 이기적인 욕구를 지향하는 기호를 갖습니다. 정약용은 이런 기호가 구체적인 사태에 접하여 감응할 때 드러나는 것이 측은지심이나 수오지심 같은 정情이며, 이 정의 요구가 충족되는가의 여부에 따라 쾌감이나 불쾌감 등의 심리 현상이 드러난다고 하였습니다. 그는 마음 자체에 덕이 있는 것이 아니고 단지 선에 대한 지향성만 가지고 있으며 인의예지仁義禮智의 덕은 일이 행해진 이후에 이룩되는 것으로 보았습니다. 특히 인仁은 혼자 이루는 것이 아니라, 사람이 사람 사이의 관계라는 구체적인 상황 속에서 도道를 다하는 것이라 했습니다. 또 상제가 인간에게는 동물과 달리 결단할 수 있는 능력을 주었기 때문에 선과 악, 어느 것을 행하든지 그 공과를 스스로 책임져야 한다고 하였습니다. 정약용은 이와 같이 성선性善의 사실보다도 선을 추구하는 실천을 강조하는 이론을 통해서 인간의 도덕적 가능성을 강조한 수신의 이론을 정립했습니다.

◀ 《목민심서》

정약용은 누구에게나 수신이 중요하지만, 그중에서도 특히 백성을 다스리는 목민관과 왕의 수신을 중시하였습니다. 그는 《목민심서牧民心書》〈서序〉에서 왕의 정치를 분담 받은 목민관은 타고난 능력보다는 여러 수양과 절제 등 후천의 노력과 재능에 따라 백성을 보살피도록 하늘의 명을 받은 것이라 하였습니다. 그렇기 때문에 자기의 사욕을 생각해서는 안 되며 이를 위해 수기와 치인에 철저히 해야 한다는 것이지요. 정약용은 또 군왕의 명령이 백성의 이익과 맞지 않을 때에는 목민관이 상관의 명령을 거부할 수도 있다고 하였습니다. 그는 《경세유표》에서 백성을 위해서 정치가 존재해야 하기 때문에 백성이 농사를 짓는 데 편리하도록 수리 사업과 산림 관리는 물론이고 전통적으로 청의 문물을 수용하기 위해 이용감利用監을 설치해야 한다고 하였습니다.

정약용은 다른 실학자와 마찬가지로 토지 제도의 개혁을 주장하는데, 처음에는 여전제閭田制를 제시했다가 유배지에서 농민 생활을 직접 본 이후로는 정전제井田制를 제시했습니다. 여전제는 공동 농장을 만들고 노동한 만큼 생산 이익을 분배하는 것이고, 정전제는 토지 열 결 중 한 결은 공유지로 하여 국세를 충당하고 나머지 아홉 결은 사유지로 인정하는 것입니다. 여전제가 훨씬 더 급진적인 정책이지요. 정약용은 농민 생활을 직접 경험한 뒤 토지 소유자들의 반발을 줄일 수 있는 좀더 현실적인 정전제를 제안한 것입니다.

정약용은 천자도 대중이 추대하여 된 것이고 본래는 아래에서 위로 뽑아 올리는 것이 순리라고 하여 백성이 주권자임을 밝혔습니다. 또 온 나라 안이 모두 양반이 되어 곧 양반이 없어지는 것이 소망이라고 하면서 봉건적인 신분 계급이 없는 평등한 사회를 지향했습니다. 정약용의 개혁 정신과 제도의 실용적 구상은 백성을 사랑하는 도덕 정신과 상제를 전제로 하는 종교적 관념을 바탕에 둔 것이었습니다.

불교, 회생의 기회를 만나다

17세기 후반부터 국가 지배 이념이었던 성리학, 특히 주자학에 대한 권위가 흔들리면서 실학과 같은 새로운 사상이 전개되고 이전까지 억압당했던 불교도 부흥의 기회를 맞이하게 됩니다. 당대의 큰 성리학 논쟁이었던 호락논쟁에서 인성과 물성이 같다는 낙론의 입장은, 불성은 귀천을 막론하고 인간 누구에게나 내재해 있다는 평등한 입장과 통하는 면이 있었습니다. 그리고 천주님 앞에서는 양반이나 상놈의 신분 차별 없이 만민이 평등하다는 천주교의 교리도 일반 민중에게 상당한 호응을 얻었지요. 이러한 평등 지향의 사상들은 성리학 중심의 사상계를 재편하고 신분 체제를 비롯한 당시의 사회 문화에 대한 재인식을 촉구하는 것이었습니다. 또 민중들은 미륵 신앙이나 도교 및 풍수도참 사상에 기울어 있었습니다. 이런 상황에서 불교에 대한 사회적 인식도 차츰 달라졌습니다.

임진왜란과 병자호란을 거치면서 소실되었던 전국의 사찰들이 이 시기에 대부분 재건되었고 많은 승려들이 대규모 사원 건축 공사를 주관했습니다. 조선 후기의 불교가 대규모 토목 공사를 감당할 만한 인적 자원을 확보하고 있었다는 것은 불교가 그만한 역량과 경제력을 가지고 있었다고 볼 수 있습니다. 또 사원을 재건하는 데는 관청과 유생의 지원이 있어야 가능한 것이었습니다. 유학자들의 인식이 그만큼 많이 달라졌다는 것이지요. 다산 정약용과 추사 김정희와 같은 진보적인 유학자는 불교에 관심을 갖고 승려와 교유하면서 불교 관련 문헌을 짓기도 했

습니다. 정약용은 역대 주요 고승들의 행적과 사상을 기록한《조선선교고朝鮮禪敎考》를 지었고 김정희는 승려인 초의草衣 의순意恂(1786~1866)과 교류하면서 백파白坡 긍선亘璇(1767~1852)과 선 논쟁을 벌이기도 하였습니다.

　　그러나 조선 후기 불교에 대한 사회 인식의 변화가 불교 사상계의 성과로까지 이어지진 못했습니다. 조선 시대 내내 불교에 대한 억압이 극심하였고 학승의 배출도 거의 막혀 버린 상황이었기 때문에, 하루아침에 훌륭한 사상이 나오기는 어려웠던 것입니다. 당시 불교계에서는 선승의 교육 제도를 정비하고 강원講院* 교재에 대한 주석서를 펴냈으며 중국과는 다른 조선 선종의 법맥을 재정리하는 등 다시 불교의 기반을 다지는 작업들이 진행되었습니다. 이런 일련의 과정을 거치면서 서산대사 이후 300년에 경허鏡虛 성우惺牛(1849~1912)와 같은 큰 승려가 나오게 됩니다.

강원
강당講堂. 경經과 논論을 연구하고 학습하는 곳. 재래식 불교 학교를 이른다.

긍선과 김정희의 선 논쟁, 선종의 단계를 구분할 수 있는가

　　긍선의 주요한 저술은《선문수경禪文手鏡》입니다. 《선문수경》은 말 그대로 선사들의 어록(선문禪文)을 손바닥에 거울을 놓고 보듯 그 경지의 깊이를 한눈에 볼 수 있는 책이라는 뜻입니다. 한마디로 선어록의 판독서라고 할 수 있지요. 긍선이 이 책을 서술하게 된 이유는 불교의 중흥기를 맞아, 불교계의 주류를 이루고 있던 선을 바로 보고 배울 수 있는 기준을 세울 필요가 있었기 때문입니다. 선은 언어와 논리를 떠난 것이기 때문에 선 수행자들이 선어록을 통해 그 진의와 깊이를 제대로 파악하는 것은 어려운 일입니다. 당시는 오랜 불교의 침체기를 지나는 동안 뛰어난 조사祖師도 없고 선지식善知識을 바로 볼 수 있는 안목도 없었기 때문에 긍선이 이에 대한 새로운 기준을 제시했던 것이라 할수 있습니다. 기존에는 선종을 두 가지로 나누었습니다. 선을 설한 주체를 기준으로 하면 여래가 설한 여래선如來禪과 조사가 설한 조사선祖師禪으로 구분했고 법명을 기준으로 해서는 언어와 논리로 설한 의리선義理禪과 일정한 격식을 벗어난 격외선格外禪으로 구분하였지요. 그리고 보통 여래선은 의리선과 같은 것으로 보고 조사선은 격외선으로 보았습니다. 그런데 긍선이 이를 부정하고 선종의 단계를 임제의 삼구와 대비해서 세 가지로 나뉘었습니다.

긍선은 일구에 조사선, 이구에 여래선, 삼구에 의리선을 배대하였고 조사선과 여래선을 격외선이라 했습니다. 일구를 터득하면 조사와 부처의 스승이 되는 조사선의 경지를 체득하고, 이구를 터득하면 인간과 천계의 스승이 되는 여래선을 체득하며, 삼구를 터득하면 자기 자신도 구제하지 못하는 의리선의 경계에 머문다고 하였습니다.

이에 대해서 초의 의순은 《선문사변만어禪門四辨漫語》에서 선을 두 가지로 구분하는 전통적인 구분법은 선승들이 후학을 가르치기 위한 방편이었고 여래선은 말과 논리로 열어 들어가지만 말을 떠나 이치를 증득하는 것을 다 포함하기 때문에 이를 조사선보다 아래에 두는 것은 옳지 않다고 하였습니다.

유학자인 김정희도 긍선의 삼종선을 비판했습니다. 김정희는 간화선 자체를 부정했지요. 김정희는 화두 참구만이 수행의 전부가 아니라고 하였고 여기에만 매달리는 것은 오히려 깨우침에 장애가 된다고 보았습니다. 그는 수행의 대안으로 《안반수의경安般守意經》을 제시합니다. 《안반수의경》은 후한 시대에 안세고가 번역하여 중국에 소개하였

조사
부처의 마음을 체득한 선승禪僧, 혹은 한 종파를 처음 세우거나 그 가르침을 계승하여 전한 승려

선지식
불가에서 부처의 가르침으로 인도하는 덕이 높은 스승. 수행에 도움이 되는 지도자를 뜻한다.

격외선
말이나 문자에 따르는 격식을 떠나 마음에서 마음으로 전하는 선법

임제의 삼구
임제의 삼구란 임제가 깨달음에 따라 달라지는 인식의 경계를 세 가지로 나눈 것이다. 일구는 도장을 찍으면 어떤 간격 없이 곧바로 붉은 인주의 글씨가 나타나듯 주관과 객관이 나뉘지 않는 경계를 말한다. 이구는 주관과 객관이 나뉘었으나 오랫동안 흔적이 남지 않는 경지이며, 삼구는 허수아비같이 차별적인 현상계에 끌려 다니는 것을 말한다.

백파대사의 비문

혜능

중국 당나라의 승려(638~713). 시호
는 대감선사大鑑禪士. 육조대사六祖大
師라고도 한다. 중국 선종의 제6조로
서, 남선종南禪宗이라는 파를 형성하
였으며, 그의 설법을 기록한 《육조단
경六祖壇經》이 전한다.

으나 한국에서는 유행하지 않았던 경전입니다. 이 경은 요가적인 전통에 속하는 경으로 호흡법에 관한 내용이 주로 수록되어 있지요. 《안반수의경》에서는 호흡에 의한 점진적인 수행을 강조합니다. 이에 비하면, 간화선은 화두를 통해 단박에 깨치는 돈적頓的인 수행법이지요. 일반적으로 돈적인 방법은 깨우침의 지름길이긴 하지만 소수의 상근기上根機들만이 통과할 수 있는 문이고 점진적인 방법은 이보다 대중적인 것입니다. 조선에서는 화두에 의한 조사선만을 정통 수행법으로 여겼기 때문에 억지로 화두에 집중하거나 화두가 걸리지 않아 방황하는 수도자가 생기는 등 여러 가지 부작용이 많았습니다. 김정희는 바로 이런 점을 지적하여 다른 수행 방법을 제시했던 것입니다.

하지만 긍선에게는 대중적인 수행법으로 일반 사람들도 깨달음을 추구할 수 있게 해야 한다는 김정희와는 다른 문제의식이 있었습니다. 그것은 바로 휴정 이후로 자리를 잡아온 조선 간화선의 전통을 대내외적으로 다시 한 번 재정립하려는 것이었습니다.

조사선에서 깨달음의 체험을 확인하는 과정인 인가印可는 스승과 제자 사이에서 결정되는 일입니다. 모두가 깨달음의 상태에 도달했다고 인정하는 조사만이 자기 제자에게 인가를 해줄 수 있는 것이지요. 그런데 선의 육조 혜능慧能(638~713)* 이후로 여러 종파가 나뉘자, 각종파에서 이루어지는 모든 인가를 보증할 수 없게 되었습니다. 즉 개인적으로 깨달았다고 하는 사람을 평가할 객관적인 기준이 필요하게 된 것이지요. 조선의 법맥도 하나의 종파라고 생각한다면 이런 상황에서 벗어날 수 없었을 것입니다. 긍선은 이런 상황에 대응할 수 있는 기준을 임제의 안목을 빌려 제시했던 것입니다. 그리고 이것은 교종보다 선종을 우선시하고 선종의 여러 종파 중에서도 간화선을 중심으로 하는 임제종을 정통으로 삼아 조선 선종을 재정리하려던 시도였습니다. 그리하여 다시 다가온 불교 부흥의 기회에 조선 불교의 체계를 잡고 그 위상을 높이고자 했던 것입니다.

조선 시대의 도교 사상

관방 도교, 조선에서 설 자리가 없어지다

　조선 시대의 도교는 공식적으로는 불교와 함께 이단으로 치부되었습니다. 조선 왕조에 들어서면서 도교의 재초 의례 처소는 모두 폐지되고 소격서昭格署*만 남았습니다. 소격서에서는 고려 대와 마찬가지로 왕실 및 국가의 재난을 해소하고 복을 빌기 위한 각종 의례를 거행했습니다. 하지만, 그것도 중종 대에 조광조를 위시로 한 유생들의 강력한 주청으로 폐지되었습니다. 유생들이 소격서를 혁파하자고 한 이유는 우선 천지에 대한 제사는 천자만이 지낼 수 있는 것이지, 일개의 제후국인 조선이 지낼 수 있는 것이 아니라는 데 있었습니다. 또 불의의 재변을 막아 달라는 기원보다는 정당한 도덕적 실천을 통해 하늘의 감응을 구하는 것이 바른 길인데, 도교적 재초 의례는 이와 상반된다는 것이었습니다. 여기에 대해 중종은 고래로부터 전해 오는 것을 경솔히 혁파할 수는 없다고 대응하였지만, 다른 정사를 돌볼 수 없을 정도로 연일 계속되는 상소와 농성으로 결국 소격서 혁파를 인정했습니다. 그러다가 기묘사화로 조광조와 일부 사림이 제거되자, 소격서는 잠깐이나마 다시 부활되었습니다. 하지만, 임진왜란 이후에는 소격서 문제를 제기하는 사람이 없어 완전히 폐지되고 말았습니다. 유교 이념이 국가 이념화되었던 당시 상황에서 관방 도교의 존립 기반은 자연히 흔들릴 수밖에 없었고 중화주의가 팽배했던 조선 중기 이후로는 더더욱 설 자리가 없었던 것입니다. 소격서의 폐지로 천지에 대한 제사를 통해서 왕실의 안녕과 국태민안을 기원했던 국가적인 관방 도교는 맥이 완전히 끊기게 되었습니다. 하지만, 민간에서는 나라가 어려울 때마다 여전히 도참비기설이 유행했고 개인의 심신을 수련하는 산림처사적山林處士

소격서

조선 시대에 하늘과 땅, 별에 지내는 도교의 초제醮祭를 맡아 보던 관아. 세조 12년(1466)에 소격전을 고친 것으로, 제단은 서울 삼청동에 있었다.

◀ 허준의 《동의보감》

的 수련 도교가 조선 도교의 명맥을 이어갔습니다. 조선 시대의 수련 도교는 유교와 의학에도 큰 영향을 미쳐 이이 · 이황 등 과거의 유명한 유자들이 도교의 양생법을 활용하여 건강을 지켰습니다. 그리고 조선 중기에 허준許浚이 엮은 《동의보감東醫寶鑑》은 전적으로 도가 의학의 영향을 받았습니다.

수련 도교, 단학파의 계보를 잇다

수련 도교의 중심을 이룬 것은 내단학內丹學을 연구하던 일부 선비 계층으로 단학파라고 합니다. 조선 단학파의 계보와 구성은 한무외韓無畏(1517~1610)의 《해동전도록海東傳道錄》, 조여적趙汝籍(1588?~?)의 《청학집青鶴集》, 홍만종洪萬宗(1645~1725)의 《해동이적海東異蹟》 등 재야의 개인적인 저술 속에 전해집니다. 이 책들은 대체로 조선의 도맥이 신라의 최승우 · 최치원 · 승려 자혜 등으로부터 비롯되고 조선조에 들어와서는 홍유손 · 정회량 · 정렴 등으로 이어진다고 보았습니다. 조선 도교의 시원에 대해서도 단군이나 환인을 기점으로 보는 대동소이한 입장을 취하고 있습니다. 그런데 유독 《해동전도록》에서는 최승우와 최치원의 도교적 연원이 중국 도교의 전설적 인물인 '종리권' 에 있다고 하여 존화적尊華的 입장을 취했습니다. 이것은 조선 중기 이후 중화주의의 영향 때문이라고 볼 수 있습니다. 중화를 숭상하고 가장 높은 문명으로 존중하는 사회적 분위기가 도교의 정통성 문제에 어느 정도 영향을 미쳤던 것이지요. 그러나 조선의 도교는 언제나 중국에 대한 자주의식을 바탕에 두고 있었습니다. 조선의 단학파는 중국의 내단학을 수용하면서도 독자적인 성취를 이루었지요. 특히 정렴의 《용호비결龍

《참동계》

갈홍葛洪(283~343?)의 《포박자》와 함께 도교 수련 및 신선 사상의 기본 경전으로 평가된다. 《참동계》는 위백양魏伯陽(?~?)의 저술이라고 한다. 위백양은 그 생애가 분명히 알려져 있진 않지만, 대체로 후한後漢 환제桓帝(재위 146~167) 대의 인물이라고 한다. 그는 《참동계》에서 청정무구한 삶과 금단술을 신선에 이르는 바른 길로 제시하였다. 여기서 금단술은 단순히 신선이 되기 위해 먹는 금단을 제조하는 것을 설명한 것이 아니라, 호흡 조절과 수련으로 인체의 기운을 돌려서 선천진일지기先天一之氣를 얻는 과정을 비유한 것이라 한다. 《참동계》는 내단설을 위주로 하면서 역易 사상과의 회통을 도모하였다.

虎秘訣》은 도교의 기본 경전인 《참동계參同契》를 비판하면서 쓴 독자적인 수련 입문서로 그 의미가 큽니다. 조선 시대의 단학파는 보통 김시습에 의해 문호가 열리고, 정렴에 이르러 절정을 이루었으며, 그 후 권극중에 의해 이론의 결실을 이루었다고 합니다. 여기서는 정렴과 권극중의 선도 수련에 대해 간략하게 살펴보기로 하지요.

정렴, 내단 수련자들의 입문서를 만들다

조선 시대의 선도 인물 중에서 가장 잘 알려진 북창北窓 정렴鄭𥖝은 중종 원년(1506) 양반 가문에서 태어났지만, 벼슬길에는 관심이 없었습니다. 그래서 대과에는 응시한 적이 없다고 하지요. 그는 천문과 의약에 능통해서 관상감과 혜민서에서 일했었는데, 그것도 다른 사람의 추천에 의한 것이었습니다. 정렴은 포천 현감을 끝으로 벼슬에서 완전히 물러났습니다. 그리고는 양주에 은둔하면서 수련에만 힘쓰다가 명종 4년(1544)에 생을 마쳤습니다.

정렴은 어린 시절부터 총명함과 신통력으로 도계에 두각을 나타냈

정렴의 필적

다고 합니다. 그의 예언과 통찰에 대해서는 아직도 여러 가지 일화가
남아 있습니다. 정렴은 6형제 중에 장남이었는데, 유독 셋째인 십죽헌
十竹軒 정담鄭礜의 부인 구씨를 존중했다고 합니다. 그래서 사람들이
그 이유를 물으니, 정렴은 "앞으로 우리 집안은 모두 제수씨의 자손이
될 것이니, 내 어찌 존중하지 않을 수 있겠는가?"라고 대답했다고 합
니다. 과연 이후로 다른 형제들은 자손이 없어서 정담의 자손들이 정씨
집안의 대를 이었습니다. 또 아버지를 따라 명나라의 사신으로 갔을 때
유구국의 사신이 찾아와 "우리나라에서 점을 치니 진인眞人을 만날 것
이라고 하였는데 당신이 바로 그분입니다."라고 하며 가르침을 청하였
습니다. 그러자 다른 나라의 사신들도 이 소문을 듣고 찾아와 가르침을
청했는데, 정렴이 각국의 언어로 응대를 하여 모두 천인天人이라고 불
렀다고 합니다.

정렴의 선도 수행은 개인적인 취향에서 비롯된 것도 있겠지만, 여러
명의 선사를 배출한 정씨 집안의 가풍에도 영향을 받은 것이었습니다.
그는 사대부 집안의 자손으로서 기본적인 유교적 소양을 갖추었고, 아
울러 도교 이론에 능통했을 뿐만 아니라 불교 선사들과도 널리 교유했
습니다. 한마디로, 정렴은 유 · 불 · 도 삼교에 회통한 인물이었지요.
조선 시대에 한학의 대가였던 계곡谿谷 장유張維는 정렴을 "태어날 때
부터 신령스러워 널리 삼교에 능통하였는데, 수련은 도교와 비슷하고
깨달음은 불교와 흡사하나 윤리는 우리 유교를 근본으로 하였다."라고
평했습니다. 정렴은 실제로 내단 수련과 유교의 생활 원리를 모두 중시
했습니다. 그는 〈가훈家訓〉을 남기면서 초학자는 반드시 《소학》과 《근
사록近思錄》을 익혀야 한다고 하였습니다.

정렴의 대표적인 저작인 《용호비결》은 당시 수련인들이 중국의 내
단서에 의존해서 어렵게 공부하던 실정에서 벗어나 한국 선도의 입장
에서 쉽게 공부할 수 있도록 기획되었습니다. 《용호비결》은 그야말로
한국 선도에 대한 자부심과 주체 의식 없이는 성립될 수 없는 것이었지

《근사록》
중국 송나라 대에, 주자와 그 제자인
여조겸이 함께 편찬한 책(14권)

요. 정렴은 여기서 수련 입문자들이 쉽게 이해하고 익힐 수 있는 수련법을 제시했습니다. 그리고 각 수련 법식에 따른 신체적 징후와 정신적 경지 등 일련의 수련 효과를 명쾌하게 해설했습니다. 그리하여 《용호비결》은 당대뿐만 아니라 후세의 내단 수련자들에게 기본 교과서가 되었습니다. 또 정렴의 막내 동생인 고옥古玉 정작鄭碏은 《동의보감》을 기획하는 작업에 참여해서 내단에 관한 기본 이론을 제공했는데, 그것은 바로 이 《용호비결》에서 제시된 정기신론精氣神論을 바탕으로 한 것이었습니다.

정렴은 여러 방면에서 탁월한 능력을 발휘해서 풍수학의 대가나 의술의 달인 등으로 평가되었고, 근세의 신종교로부터 도통한 예언가로 추앙되었습니다. 아울러 온양 정씨 가문에서는 정렴의 영향으로 조선 도교에서 내로라할 만한 선도들이 많이 배출되었습니다.

권극중, 내단학의 체계를 정립하다

청하靑霞 권극중權克中(1585~1659)은 정렴과 마찬가지로 그리 높지 않은 벼슬을 잠시 하다가 그만두고 학문 연구와 수련에만 몰두했습니다. 권극중도 역시 양반 가문에서 태어나 유교 교육을 받고 자랐지요. 권극중은 율곡학파 계열의 선비인 최명룡崔命龍(1567~1631)에게 성리학을 수학했고, 22세 무렵에는 김장생의 문하에 몇 달간 머문 적도 있었습니다. 권극중은 한동안 예학에 관심을 갖고 공부하다가 인목대비의 폐출*을 보고 실의에 빠지게 됩니다. 권극중이 은둔의 삶을 살며 내단 수련에 침잠하게 된 데에는 이런 사회적 배경이 있었습니다. 그리고 그보다 중요한 내면적 원인은 성리학에 매이지 않고 불교나 도교에도 폭넓은 관심을 가졌던 스승 최명룡의 학문 태도에 영향을 받은 데 있었습니다.

내단 사상에서는 태극이 만물로 분화하는 천도의 변화에 순응하는 것은 사람의 도이고, 수련을 통해 태극으로 복귀하는 것이 선도仙道라

인목대비의 폐출
인목대비는 영창대군永昌大君의 어머니입니다. 1602년(선조 35년) 왕비에 책봉되었다. 광해군이 즉위하자 광해군 대신 영창대군을 추대하려던 소북파가 몰락하고 영창대군이 유배되었는데, 이때 인목대비도 서궁西宮으로 유폐幽閉되었다.

고 합니다. 당시 유학자들은 이러한 내단 수련이 천명을 거스르는 것이라고 비판하였습니다. 조선 시대에 내단 사상을 가장 심도 있게 연구했던 김시습도 내단 사상이 인륜을 소홀히 하는 것이고 장생불사라는 것은 원리적으로 불가능하다고 비판하였지요. 정렴이나 한무외 등은 이런 비판에 대해서 내단 사상이 인륜을 소홀히 하지 않으며, 천명에 복귀하는 것이지 거스르는 것이 아님을 주장하여 내단 사상의 주체를 확립하려 하였습니다. 하지만 이들은 본체론本體論·인성론人性論·수단론修丹論 등 종합적인 이론 체계를 정비하지는 못했습니다. 이런 상황에서 권극중은 내단 사상의 기본 경전인《참동계》에 주석을 가하는 방법으로 내단 사상에 관한 정비된 이론을 밝히고자 하였지요. 이것이 바로《참동계주해參同契註解》입니다.

여기서 권극중은 유교와 도교뿐만 아니라 선불교 철학까지 아우르면서 내단 사상을 체계적으로 정리했습니다. 그는 역의 이론으로 내단 사상의 기초를 확립해야 하고, 불교 선종과 내단이 하나로 귀착되며, 선종에서의 심성 수련과 내단의 기 수련을 함께해야 한다는 세 가지 원리를 제시했습니다. 또 태극太極과 선천일기先天一氣가 인간 속에서 각각 심성의 본질인 성性과 몸과 기운을 규정하는 명命을 이룬다고 했습니다. 그래서 먼저 명을 수련한 다음, 성을 수련한다고 합니다. 즉 몸의 후천적인 기를 선천적인 기로 변화시키는 수명修命의 단계를 거치고 나서 선종에서의 선정禪定처럼 모든 관념을 버리고 도와 하나가 되는 수성修性의 단계를 거쳐 완전한 인간이 된다는 것이지요. 권극중은 후천적인 성명이 이를 통해 영원하고 자유로운 선천적인 성명으로 복귀하면 선인이 된다고 하긴 하였지만, 장생불사長生不死에 대해서는 회의적인 태도를 가졌습니다. 그는 장생불사가 가능한 일이긴 하지만, 별 의미가 없는 것으로 여겼지요. 권극중이 지향한 것은 불생불사不生不死였습니다. 그것은 오래 살거나 죽지 않는 것을 고집하지 않고 삶과 죽음에 매이지 않는 초월적 경지를 말합니다. 그래서 세상에 머무르려면 머물 수 있고 떠나려면 떠날 수 있는 자유를 누리는 것이지요.

　권극중은 현실에 대해서도 나름의 비판 의식을 가지고 있었습니다. 하지만, 이것이 내단 사상과 직결된 것은 아니었지요. 또 우리 도맥의 원천을 단군 사상에서 찾지도 않았습니다. 권극중의 내단 사상과 역사 의식은 민족주의적 감성과는 거리가 있습니다. 그가 성리학을 중시하는 당시의 학문 풍토에서 내단 사상을 정립한 것은 대단히 독창적인 일이지만, 그도 역시 성리학적 역사 의식을 완전히 버리지는 않았습니다.

민간 도교, 기복 신앙과 도참설이 주를 이루다

　관방 도교의 지위를 대신하여 조선 도교의 맥을 이었던 단학파의 활동은 조선 중기를 고비로 쇠퇴하였습니다. 아무래도 전란 이후의 사회 복구와 국가 재건의 분위기에서 내단 사상이 확대되는 것은 기대하기 어려운 일이었을 것입니다. 이런 급박한 현실 속에서 내단의 문제는 일부 선비의 그야말로 개인적인 수련에 그쳤을 테지요. 그리하여 조선 후기에는 민간 도교만이 성행하게 되었습니다. 민간 도교는 이전의 관방 도교가 흡수된 형태거나 이것이 다시 민속과 결합한 것이었지요. 우리 민간 신앙 중에서 옥황상제·칠성신·일월성군신·조왕신 등은 근래까지도 많은 사람들이 신앙했던 신격인데, 모두 도교에서 유래한 것입니다. 여기서 옥황상제는 기존의 천제天帝, 즉 하늘님과 같은 보편적인 신이었고 구체적인 복을 빌어 들어주길 바랐던 열렬한 신앙의 대상은 아니었지요. 사람들이 열렬히 숭배했던 신은 인간 생사의 권능을 지닌 칠성신이었습니다.

　조선 후기에는 칠성 신앙을 소재로 한 《칠성경七星經》이 유행했습니다. 그리고 《삼성훈경三聖訓經》·《과화존신過化存神》·《관성제군오륜경關聖帝君五倫經》 등의 권선서도 널리 읽혔지요. 권선서는 한결같이

《과화존신》
관성교觀聖敎의 경전을 모아 한글로 번역한 책. 조선 고종 17년(1880)에 간행되었다.

충이나 효 등의 유교 윤리를 권선징악적 입장에서 강조하고 이를 잘 실천하면 복을 받고 장수를 누릴 수 있다는 내용이었습니다. 권선서는 결과적으로는 유교 윤리를 민간에 더 깊게 뿌리내리게 하는 역할을 하였습니다. 왕실도 민중을 유교적으로 교화하기 위한 수단으로 권선서의 간행을 적극적으로 권장하였지요. 그러니까 권선서는 이상 사회나 초인을 지향하는 순수한 도교를 내용으로 했다기보다는 유교 이념을 도교적인 형식을 통하여 전파하고자 했거나, 유교 일념의 분위기 속에서 도교가 인정받기 위해 유교와 타협한 것이라 볼 수 있습니다.

또 다른 민중 도교의 한 형태로는 지리도참설을 들 수 있습니다. 지리도참설은 조선 시대 이전에도 민간에서 유행했던 것으로 사회 혼란기나 왕조 교체기 때 주로 성행했습니다. 때론 민심 이반을 목적으로 정치적으로 조작되고 이용되기도 하였지요. 그러나 풍수지리에 관한 것은 민간에서만 유행했다고 할 수는 없습니다. 왜냐하면 왕조가 바뀌고 새 수도를 정할 때나 건축을 할 때에도 정부 차원에서 이를 고려했기 때문이지요. 조선 태조는 새 왕조를 건립한 후에 역성수명易姓受命을 한 왕조를 반드시 천도해야 한다고 주장했습니다. 태조는 처음에 계룡산에 도읍을 정하기로 하고 서운관書雲觀 관원과 풍수지리에 능한 자들에게 산세를 잘 살피게 하였는데, 계룡산 도읍론은 곧 다른 풍수지리설로 반박 당했습니다. 태조는 곧 여러 신료들에게 역대 위인들의 비기를 수집하고 각종 풍수지리서를 종합한 뒤 의견을 말하게 했습니다. 그런데 모두 지리서에 밝지 않아 의견이 다르고 중론이 모이지 않았습니다. 그리하여 음양산정도감陰陽刪定都監을 설치하고 도참지리의 책을 모아 대조하고 분석하는 작업을 한 뒤 여러 차례 고심 끝에 한양으로 도읍을 정하게 되었습니다. 그리고 한양 안에서 궁궐터를 잡고 궁궐을 지을 때도 역시 여러 가지 풍수 이론이 적용되었습니다.

조선 시대에는 지리도참설이 전반적으로 유행하여 각종 서적이 범람했습니다. 한때는 도참서의 발행을 금지하려고 했고, 세조 대에 이르러서는 《고조선비기古朝鮮秘記》·《조대기朝代記》·《주남일사기周南逸士記》·《삼성밀기三聖密記》 등을 비롯한 여러 도참서들을 민가에서 수장하지 못하도록 거둬들이라는 유시를 내리기도 했습니다. 그러나 이런 방책들도 도참지리서의 유행을 막을 수는 없었죠. 급기야 중종대에는 조광조를 죽이기 위해 남곤南袞(1471~1527)과 심정(1471~1531) 등이 궁정 후원의 나무 앞에 꿀로 "주초위왕走肖爲王(조씨가 왕이 된다)"이라는 참어를 만들어 기묘사화己卯士禍(1519)를 일으켰습니다. 또 정여립鄭汝立(1546~1589)*은 《정감록鄭鑑錄》의 "목자망전읍흥木子亡奠邑興(이씨가 망하고 정씨가 일어난다)"이라는 참어를 이용해 난을 일으켰습니다.

조선 시대에는 도참지리에 유명한 사람들이 저술했다고 하는 《무학비결無學秘訣》·《북창비결北窓秘訣》·《북창동기北窓棟記》·《서산대사비결西山大師秘訣》 등의 비결서도 유행했는데, 실제로는 저자가 불확실한 경우가 많았습니다. 그러나 이런 도참지리서나 비결서들은 민중의 고난과 불확실한 미래에 대한 기대 심리에 부응하는 것이었고 일종의 전망이나 이상 사회의 도래를 제시하는 것이었습니다. 일각에서는 이런 도참서들의 내용이 성리학 이념에 대한 대항 이데올로기의 역할을 했다고도 합니다. 또 도참서들의 내용을 토대로 한 사상이 풍부해지면서 동학이나 신흥 민족종교가 발흥하게 되었다고 합니다.

정여립

본래 전라북도 전주 출신이며 자는 인백仁伯이다. 1570년 진사과에 급제하면서 정계에 진출하여 1584년에 홍문관 수찬의 자리에 올랐다. 처음엔 율곡 이이와 우계 성혼의 사사를 받고 서인에 속했으나, 이이가 서거한 후 동인의 편에 섰다. 그리고 이로 인해 왕의 미움을 사자, 스스로 관직에서 물러났다. 이후로 진안군 죽도에서 서실書室을 세워 글 읽기에 힘쓰는 한편, 여러 계층의 사람들을 규합하여 대동계大同契라는 조직을 만들고 활쏘기 연습을 하는 등 무력을 키웠다. 그는 천하가 공물公物이라 누구나 주인이 될 수 있으며, 충신이 두 임금을 섬기지 않는다는 말은 성현의 통론이 아니라는 등 당시로서는 파격적인 사상을 가지고 있었다. 그러다가 서인으로부터 모반을 꾀한다는 고변을 당하고 조정의 체포 소식을 듣고 도주하다가 죽도에서 자살하였다. 이 사건을 계기로 정여립과 관련된 많은 동인들이 사형을 당하거나 유배되었는데, 이것이 기축옥사(1589)다.

쉬어가기

✖ 《정감록》 - 새 시대, 새 사람이 온다

조선 중기 이후로부터 최근까지, 우리나라에서 가장 성행했던 도참서를 들라면 단연 《정감록》을 들 수 있다. 《정감록》 이전에도 여러 예언서가 있었지만, 《정감록》이야말로 가장 여러 가지 형태로, 그리고 가장 오랫동안 많은 사람들에게 영향을 미친 예언서다. 《정감록》 자체가 여러 가지 비기가 한데 모여진 것이라고도 한다. 정감록의 종류는 40~50종에 이르고 정확한 저자의 이름과 원본은 발견되지 않았다. 현재까지 전해지는 것은 몇 개의 필사본과 일제 시대 때 발행된 활자본이다. 왕조실록에 《정감록》이라는 말이 처음 등장하는 것은 1739년(영조 15년)이다. 서북 지방(평안도와 함경도)에서 '정감의 참위讖緯 글'이 파다하게 퍼져서 그 소문의 뿌리를 캐내려고 하였다는 것이다. 《정감록》의 작자는 알려지지 않았지만, 무인을 박대하던 시대 분위기 속에서 무인武人들이 많았고 상무적尙武的 성향이 강했던 서북 지방에서 《정감록》이 등장했다는 것은 그럴 법한 일이다. 왜냐하면 《정감록》의 내용은 체제전복을 주 내용으로 하기 때문이다.

《정감록》은 조선의 조상이라는 이심李沁과 조선 멸망 후 일어설 정씨의 조상이라는 정감이 왕조의 멸망과 출현, 변란기의 도피처 등에 대해 이야기하는 식으로 되어 있다. 그래서 《정감록》은 체제에 불만을 갖고 정권에 도전해 보려는 여러 세력들의 활동 근거가 되었다. 1785년에는 양반과 평민을 포함한 불만 지식인이 《정감록》의 예언을 중심으로 비밀 결사를 조직하고 역모를 계획했다가 발각되는 사건도 있었다. 이들은 오랜 시간을 두고 역모를 도모하여 경상도 하동을 거점으로 하는 전국적인 규모의 조직도 가지고 있었다. 이들의 우두머리였던 문양해는 거사를 위해 《정감록》의 예언을 활용했을 뿐만 아니라, 스스로 여러 예언들을 조작하여 사람들을 규합했다. 하지만 이들 조직은 정권에 의해 제거되고야 만다. 《정감록》의 내용은 개인이 의도적으로 조작하는 것 이외에도 시대 상황과 세계관의 변화에 따라 조금씩 바뀌어 갔다.

대표적인 경우가 해도진인설海島眞人說이다. 해도진인설은 조선이 셋으로 갈라졌다가 바다 한가운데 섬에서 진인이 나와 이를 다시 하나로 통합한다는 내용이다. 진인은 '배를 타고 신병을 거느리고 온다'고 한다. 18세기에는 이러한 해도진인설이 상당히 유행하였다. 앞서 말한 비밀 결사에서도 이 예언을 믿었다. 그런데, 19세기 이후부터는 해도진인설보다도 '곳곳에 부처'가 있고 '모두가 군자'가 되는 신천지가 도래한다는 설이 유행했다. 이런 논리는 신흥 종교들의 공통된 예언이기도 했다. 일제 시대에는 많은 사람들이 《정감록》을 재해석하여 가까운 장래에 한국이 식민지에서 벗어나 독립할 것이며 그러면서 이상 사회가 도래한다고 믿었다. 일본은 《정감록》이 초래할 것으로 예상되는 정치사회적 혼란을 두려워하였다. 하지만 그렇다고 해서 《정감록》을 금서禁書로 하지는 않았다. 오히려 그동안 필사본으로만 전해 오던 《정감록》을 책으로 간행했다. 일본은 《정감록》을 못 보게 막는 것보다 《정감록》의 내용이 허구나 조작임을 자세하게 밝혀서 그것이 완전히 잘못된 것이라는 사실을 드러내는 것이 더 낫다고 생각했다. 또 《정감록》을 분석하면서 한국인은 본래 불합리한 것을 믿는 우매한 민족이기 때문에 타의적인 계몽이 필요하다는 근거를 만들어냈다.

이렇게 해서 《정감록》은 1923년 일본 동경에서 간행되었고, 그것이 다시 한국으로 들어와 유통되었다. 현대의 《정감록》도 이때 간행된 것을 근간으로 한다.

《정감록》
조선 후기에 출현한 《정감록》은 읽어서도 소지해서도 안 되는 금서임에도 불구하고 필사본의 형태로 전국 각지에 퍼졌다. 사진은 100년 전쯤에 누군가가 필사한 것으로 보이는 《정감록》 사본이다(백승종 개인 소장).

6

저항과 자각의 철학을 낳은
일제강점기 시대

19세기 중엽 이후의 조선 사회는 총체적인 난국에 처해 있었

습니다. 지배층은 세도 정치로 혼란스러웠고 나라 안 곳곳에서 민란이 일어났습니다. 게다가 외부적으로는 서구 열강의 통상 요구에 시달렸지요. 이런 난국에 개혁의 기치를 내걸며 등장한 대원군도 조선 사회를 제대로 일으킬 수 없었습니다. 왜냐하면, 진정한 국력 강화보다는 왕권 강화에 집착했기 때문이지요. 대원군은 대외 정책에서 쇄국으로 일관하고 주자학과 다른 모든 학문과 문화 조류를 사학으로 배척하면서 조선의 퇴보를 가속화시켰습니다. 그래서 결국엔 유생들의 반발로 실각해 이후로도 여러 차례 재집권을 꾀하다가 생을 마감하였지요.

조선 말, 이런 사회 상황에 대한 지식인의 대응 논리는 크게 세 가지 방향으로 나아갔습니다. 하나는 서구 열강 세력을 침략 세력으로 규정하고 일체 배격하며 유교 전통을 고수하자는 위정척사衛正斥邪 사상이고, 다른 하나는 서구 문명을 적극적으로 수용하여 근대적 개혁을 시도하자는 개화開化 사상입니다. 그리고 나머지 하나는 민간 신앙을 기반으로 하여 학정에 시달리는 민중을 구하고 제국주의의 침탈을 물리치자는 동학 사상입니다.

위정척사 사상은 세계사의 조류에 역행하는 한계가 있었지만, 훗날 의병전쟁으로 연결되어 민족 해방 전쟁의 중요한 흐름을 형성했습니다. 개화 사상은 조선 말 정국을 주도하는 주요 세력으로 등장했습니다. 대원군 실각 후 문호 개방은 대세가 되어 조선은 미국 · 영국과 차례로 수호통상조약을 맺었고 조선에서는 개화라는 말이 유행할 정도가 되었습니다. 당시 김윤식 · 어윤중 · 김홍집 등 정부의 고위 관료로 구성된 온건개화파는 청나라에 종속된 현실과 민씨 정권의 실체를 인정하고 이들과의 타협을 통해 개화 정책을 추진하고자 했습니다. 하지만 소장파 관료로 구성된 급진개화파는 일본식의 급진 개혁을 추진하면서 청나라에 대해서는 독립적인 자세를 견지하였습니다. 1882년 임오군란 때 잠시 정권을 잃었다가 청군의 개입으로 정권을 되

찾은 민씨 정권이 청에 대해 극도의 사대주의
를 취하고 국가의 재정 위기를 일본의 차관 도
입으로 해결하자는 급진개화파의 교섭 노력
이 무위로 돌아가자 급진개화파의 정치적 입
지가 매우 좁아졌습니다.

급진개화파는 무력을 사용해 이러한 정치
적 낙관을 돌파하고 개혁을 추진하고자 하였
는데, 그것이 바로 1884년 발생한 갑신정변입
니다. 갑신정변은 일본군의 도움으로 이루어
졌으나 다시 청국군의 공격으로 일본군이 철
수하고 서울의 상민과 빈민들이 급진개화파
를 친일파로 인식하고 공격함으로써 삼일천
하로 끝나고 맙니다. 개화 세력은 이 일을 계
기로 잠시 위축되었지만, 동학농민운동에 대
한 대응을 계기로 다시 정권의 전면에 등장하

김옥균

조선 고종 대의 정치가(1851~1894). 근대 부르
주아 혁명을 지향했던 급진개화파의 지도자로
갑신정변을 주도하였으며, 우리나라 개화 사상
의 형성에 크게 기여하였다. 고종 31년(1894)에
상하이에서 자객 홍종우(洪鍾宇)에게 살해되었다.

게 됩니다. 그러나 이후 정권을 주도한 개화 세력의 개혁 추진은 독립적인 것이 아니
었고 일본의 강제에 의한 것이었습니다. 내용상으로는 당시 민중의 요구에 부합하
는 것도 상당 부분 있었지만, 일본의 주도하에 이루어진 한계가 있었습니다. 지배 세
력의 개혁 실패로 민중들이 직접 개혁에 나선 동학농민운동 역시 외세의 개입으로
좌절되고 말았습니다. 이런 상황에서 일본은 청일전쟁에서 승리하고 다시 러일전쟁
에서도 승리하면서 조선 점령을 확정지었습니다.

조선의 지식인들과 민중들은 이제 일본에 대한 저항과 독립을 위해서 각처에서
고군분투하였습니다. 위정척사 정신은 국내외 의병 투쟁에 계승되었고 개화파의 정
신은 애국계몽운동으로 이어졌습니다. 1910년 한일병합을 전후로 국내에서는 의병

한일병합

1910년 8월 22일 한일병합 후 왕족과 총복부 고관들이 함께 찍은 사진. 한복판에 고종 황제가 앉아 있다.

〈절명시〉

〈절명시〉는 황현黃玹(1855~1910)이 목숨을 끊으면서 남긴 작품이다. 1905년 을사보호조약이 체결됨에 따라 민영환閔泳煥 · 조병세趙秉世 · 홍만식洪萬植 등이 자결하고 각처에서 의병이 일어난다. 1909년에는 친구 이기李沂마저 자결한다. 그리고 1910년 8월 한일병합조약이 이루어지자, 그 소식을 들은 황현은 목숨을 끊으면서 〈절명시〉를 썼다.

투쟁이 최고조에 달했습니다. 그러나 일제의 무자비한 무력 탄압 앞에서 무너지고 말았지요.

나라 안에서 더 이상 항일 무력 투쟁을 할 수 없게 되자 많은 의병들이 항쟁의 근거지를 만주와 연해주 등 국경 지대로 옮겨 독립 항쟁을 계속하였습니다. 일제의 탄압 속에서 국내의 비밀 결사는 줄어들었지만, 노동자와 농민을 중심으로 한 파업 등 민중의 대중적인 진출은 계속되었습니다. 그리하여 삼일 운동이라는 거족적인 민족 항쟁의 기반이 되었지요. 삼일운동은 일제의 무단 정치를 문화 정치로 바꾸어 놓았습니다. 일제

는 겉으로는 유화 정책을 펴면서 안으
로는 민족의 역사와 사상을 왜곡시키
고 이를 적극적으로 유포하여 독립 정
신과 민족 의식을 말살시키려 하였습
니다. 그리하여 어용단체와 어용학자
들을 양성하는 데 열중하였습니다.

더 나아가서는 1930년대 후반부터
는 황국신민화 정책을 강화하여 우리

삼일운동 기념 동판화

민족 자체를 말살하기 위해 사상 논의나 연구 자체를 억압했습니다. 조선의 지식인
들은 중국에 임시정부를 세워 외교적인 독립을 꾀하거나 무력 독립 투쟁을 폈습니
다. 또 일제의 강한 억압 정책으로 인해 친일의 노선을 밟게 되는 지식인들도 있었습
니다. 이런 상황에서 일본이 제2차세계대전에서 패망하게 되자 조선도 해방을 맞았
습니다. 많은 독립 운동가들이 오랜 동안 우리 힘으로 독립을 쟁취할 준비를 해 왔지
만, 결과적으로는 국제적인 역학 관계에 힘입어 독립을 맞게 된 것입니다.

해방 이후에는 해방 전부터 있었던 독립 운동 노선의 차이가 강대국의 이념 체제
와 맞물려 정치적 분열로 극대화되었습니다. 그리하여 급기야는 분단의 시대를 초래
하고 말았습니다.

01 제국주의에 대한 대응

위정척사운동, 전통 사상을 고수하다

'바른 것은 지키고 삿된 것은 물리친다'는 위정척사파의 논리 속에서 바른 것은 당연히 유교 문화이고 삿된 것은 천주교를 비롯한 서양 학문의 총체를 말합니다. 위정척사파들은 서학이 인륜 질서의 파괴를 초래하는 것이고 서양의 통상 요구는 국가의 주권을 위협하는 제국주의적 침탈이라 여겼습니다. 당시 서양 사상의 주를 이루었던 것은 실제로 제국주의를 뒷받침하는 논리인 사회진화론과 공리주의였습니다. 이들은 모두 물질문명의 발달을 촉구하는 것이고 약육강식의 논리를 인정하는 것이었지요. 위정척사파의 사상은 인륜적 예의문물禮義文物을 중시하는 본질적 문명론에 입각해 있었기 때문에 이들을 용납할 수가 없었습니다. 위정척사파는 서구의 자본주의 사상이 인간의 정신문명을 피폐하게 만드는 것으로 여겼습니다. 자본 축적과 물질문명의 발

사회진화론

다윈의 생물진화론을 개인과 사회에 적용한 사회 이론으로, 19세기 말에서 20세기 초에 널리 유행했다. 대표적인 사회진화론자는 영국의 철학자·과학자인 허버트 스펜서, 그리고 월터 배젓, 미국의 윌리엄 그레이엄 섬너 등이다. 사회진화론자들은 인간 사회의 생활이란 생존 경쟁이라고 생각했고, 그 투쟁은 스펜서가 제창한 적자생존適者生存에 의해 지배된다고 주장했다. 이들은 인구 변동에 작용하는 자연 선택 과정을 통해 우수한 경쟁자들이 살아남고 열등한 자들은 도태되면서 인구의 질이 계속 향상된다고 믿었다. 또 개인들 사이의 사회적 불평등은 자연적 불평등을 기반으로 발생하기 때문에 정당한 것이라고 보았다. 재산의 소유는 근면·절제·검소와 같은 우월하고 생득적인 속성들과 관련이 있기 때문에 가난한 자는 '도태된 자'로서 도움을 주어서는 안 되고 부자는 생존 경쟁에서 성공한 것이라고 하였다. 사회를 바라보는 관점도 마찬가지였다. 이런 측면에서 사회진화론은 자유방임주의적 자본주의와 정치적 보수주의를 지지하는 데 이용되었다. 또 앵글로색슨족이나 아리안족의 문화적·생물학적 우월성에 대한 믿음을 지지함으로써 제국주의적·식민주의적·인종주의적 정책을 철학적으로 합리화하는 데 이용되었다.

달만을 고수하는 것이 결과적으로는 사회적 혼란과 문명의 파괴를 가져온다고 보았지요. 위정척사파의 서구 문명 비판은 현대에 초래된 많은 사회 문제를 돌이켜 볼 때 선견지명처럼 여겨지기도 합니다. 그러나 당시 상황에서 서구 문명을 모두 배척한 태도나 유교적인 사회 질서를 고수하려 했던 점은 시대의 요구에 잘 부응한 것이라고 보기는 어렵습니다.

위정척사파는 자신들의 뿌리를 도학 사상에 두었습니다. 그리고 중화주의를 표방하였지요. 이들의 중화주의는 조선 중기 소중화론의 맥을 그대로 잇는 것이었습니다. 대표적인 위정척사파인 이항로는 "조선은 중국의 속국이다."라고 말하고 유인석은 "중국과 조선의 국권이 회

복되면 조선은 중국을 섬겨야 한다."라고 했습니다. 이때 중국은 만주족이 이끄는 청나라가 아니라 한족 중심의 중화를 말하지요. 이런 시각은 민족 주체 사상에 반하는 사대주의가 분명합니다. 그러나 이들의 척도는 부국강병에 있는 것이 아니라 인류 문명에 있는 것이었기에 단순한 사대와도 다릅니다. 위정척사파들은 조선이 문명국임을 자부하고 이를 지켜 나가야 한다는 문화적 자존 의식을 가지고 있었습니다. 중국에서 벗어나지 못한 불완전한 주체 의식이지만, 이런 사고는 서구 문명과 일본에 대한 저항 정신을 추동하는 기반이 되었고 의병 조직을 통한 철저한 독립운동을 이끌어 냈습니다.

화서학파의 대표적인 유학자들

화서華西 이항로李恒老(1792~1868)는 학문에만 뜻을 두어 평생 관직에 나가지 않았습니다. 자기 학문의 바탕을 도학으로 삼고 주희의 학설을 신봉하였습니다. 그는 "주자의 말이 아니면 감히 듣지 않으며, 주자의 종지가 아니면 감히 따르지 않는다."고 하였지요. 그리고 주희 이후에 도학을 계승한 사람을 우암 송시열로 보았습니다. 이항로의 척사위정론은 송시열의 숭명배청崇明排淸[*]의 의리론을 계승한 것이지요.

숭명배청
명을 존숭하고, 청을 배척한다.

이항로는 이이의 "기가 아니면 발할 수 없고 이가 아니면 발할 것이 없다."는 논리를 정론으로 여기면서도 '이'와 '기' 사이의 구별을 중시했습니다. 그는 '이'가 '기'에 대해서 존귀하고 크며 우월하다고 하였지요. 이러한 사고는 그의 화이론의 기저가 됩니다. '이'를 지향하는 문화가 중화 문화이고, 다른 문화는 모두 '기'에 해당한다고 본 것이지요. 그리고 '기'의 문화 중에서도 오랑캐의 문화와 서양의 문화는 감각적인 욕구와 욕망만을 부추기는 삿된 것이라는 겁니다. 이항로는 서양

이항로의 진영

과의 통교는 결국 우리 사회를 오랑캐와 금수의 상태로 타락
시킨다고 확신했습니다. 그래서 서학에 동조하는 자들을 가려
내고 서양 문물의 유입과 사용을 금해야 한다고 하였습니다.
아울러 안으로는 부단히 수양할 것을 강조하였지요.

이항로는 무엇보다도 군주의 수양이 중요하며 덕치를 실현
해야 한다는 전통적인 도학적 사고를 고수했습니다. 그는 임
금에게 상소를 올려, 조정 대신들에게 체통을 존중하게 하고
언로를 넓히며, 군사력을 강화하고 인자를 고루 등용하라는
방책을 제시했습니다. 그리고 시대의 요청에 부응하여, 일반
국민 가운데 충절 있는 사람을 골라 평상시에는 풍속을 교화
하고 비상시에는 국가를 보위하게 하자는 의려책義旅策도 내

최익현의 진영

놓았습니다. 그의 의려책은 후일 그의 문하생들이 항일 의병 투쟁을 추
진하는 근거가 되지요.

이항로의 대표적인 제자로는 면암勉菴 최익현崔益鉉(1833~1906)을
들 수 있습니다. 그는 조선이 식민지화의 길을 걷던 시기에 활동했는
데, 그런 배경 때문에 철학적 이론보다는 왜를 배척하는 구체적인 방
법을 모색하고 실천하는 데 더 몰두했습니다. 그는 왜를 배척하자는 상
소 운동을 벌였습니다. 또 1905년 일제가 을사늑약으로 국권을 침탈하
자, 고종에게 을사늑약이 무효임을 선언하고 외교적 해결을 모색하라
는 상소를 올리고 그 〈포고팔도사민布告八道士民〉을 발송하여 전 국민
이 왜에 항쟁할 것을 호소하였습니다. 그는 1906년 일본 정부에 〈기일
본정부寄日本政府〉라는 편지를 보내 일본이 조선에 신의를 저버리며
지은 죄를 16가지 항목으로 적고 일본이 바람직한 국제 관계를 위해 취
해야 할 조치를 제시했습니다. 최익현은 국제 관계의 원칙은 "신의를
지키고 의리를 밝히는 것이 되어야 한다."고 주장했습니다. 그리고 일
본이 주장하는 동아시아평화론은 진정한 의미의 한·중·일 삼국의
공동 번영이 아니라고 비판했습니다. 당시 일본이 내놓은 동아시아평

화론은 사실상 일본의 제국주의적 침략을 합리화하는 수단에 불과한 것이었습니다. 최익현은 이 점을 간파하고 국가 간의 신의를 바탕으로 한 평화론을 주장한 것입니다. 그는 일본이 신의를 저버리고 침략적인 만행을 계속할 경우 스스로도 자멸할 것이라고 경고했습니다.

최익현은 1906년 호남의 태인에서 의병을 일으켜 국권 회복을 꾀했습니다. 그러나 순창 전투에서 진압군이 조선군임을 알고는 '동포끼리 서로 죽이는 일은 차마 할 수 없다' 하여 항전을 중지하고 체포되었습니다. 그리고 일본군 위수영衛戍營에 구금된 이후 일본인이 공급하는 음식을 거부하고 단식함으로써 죽음을 맞게 됩니다.

최익현과 더불어 항일 의병 투쟁을 투철하게 이끌었던 이항로의 문인에는 의암毅庵 유인석柳麟錫(1842~1915)이 있습니다. 그는 화서학파의 척사위정론을 이론적으로 더욱 심화시키고 최후까지 항일 의병 투쟁을 전개한 인물이지요. 유인석은 옛것을 지키려는 자들 때문에 나라가 망한다는 당시의 수구망국론守舊亡國論을 오히려 개화론자들에게 망국의 책임이 있다는 개화망국론開化亡國論으로 반박했습니다. 그는 개화의 실체란 서구 문화에 미혹된 것이고 침략의 속내를 제대로 읽지 못한 것이라고 비판했습니다. 유인석은 국난을 당하여 선비들이 취해야 할 행동 원리는 의병을 일으켜 역당을 쓸어내고 구제도를 지키며 죽음으로써 뜻을 이루는 것이라고 하였습니다.

유인석의 진영

그는 1895년 의병을 일으킨 이래 항일 투쟁을 계속하였습니다. 그리고 을사늑약 이후 국내에서의 의병 활동이 불리하게 되자 연해주로 구국의 근거지를 옮겨 의병 운동을 이끌었습니다. 또 계속해서 러시아와 만주 등지에서 의군을 조직했지요. 그러나 끝내 뜻을 이루지 못하고 이역異域에서 생을 마쳤습니다.

개화운동, 부강한 근대 국가를 꿈꾸다

위정척사파와는 달리 서양 문물을 적극 활용하여 개혁을 이루려 했던 개화파는 실학 사상에 그 뿌리를 두고 있습니다. 개화 사상은 청을 통해 서구 문물과 사상, 당시 국제 정세 속에서의 바람직한 청의 개혁 등에 관한 서적과 담론을 접할 기회가 많았던 오경석吳慶錫(1831~1870)·유홍기劉鴻基(1831~1884?)·박규수朴珪壽(1807~1876) 등에 의해 형성되었습니다. 중국어 역관이었던 오경석은 북학파 실학자인 초정 박제가와 실사구시학파인 추사 김정희의 학문을 추존하였고, 그의 절친한 친구인 유홍기와 함께 중국의 여러 신서들을 읽고 구국에 대한 사유를 함께했습니다. 그리고 박규수는 북학파 실학자였던 연암 박지원의 친손자로 그의 사상을 물려받은 것은 물론이고, 당시 신분이 달랐던 오경석과 고유하면서 개화 사상을 정립했습니다. 이런 박규수의 문하에서 개화파가 형성되었지요. 개화의 의미는 개화파 사상가들의 해석이 조금씩 다르긴 하지만, 1898년 황성신문 창간호 논설에서 개화를 《주역》〈계사전繫辭傳〉의 '개물성무開物成務*'와 《예기》〈학기學記〉의 '화민성속化民成俗*'을 합친 뜻으로 규정한 이후로, 내적으로는 실사구시를 추구하고 외적으로는 근대적 개혁을 추구하는 의미로 통용되었습니다.

1866년 병인양요를 맞아 전국의 유생들이 한결같이 위정척사를 주장할 때, 박규수는 서양과의 통상이 조선을 금수의 나라가 되게 할 것이라는 논리를 비판했습니다. 그는 오히려 동양의 도가 서양에 들어가 그들을 교화시킬 수도 있다고 보았지요. 초기에 개화 사상을 형성한 박규수·오경석·유홍기 등은 조선을 구하는 일대 혁신은 서양 열강의 침입으로 붕괴되어 가는 중국에 조금이라도 의지해서는 실현 불가능하기 때문에 조선이 완전히 자주적으로 부강한 근대 국가를 만들어야

개물성무
만물의 뜻을 깨달아 모든 일을 이룬다는 뜻

화민성속
백성을 교화하여 아름다운 풍속을 만든다는 뜻

▲ 갑신정변의 네 주역
왼쪽부터 박영효 · 서광범 · 서재필 · 김옥균

한다는 생각을 갖고 있었습니다. 또 인간의 욕망을 긍정하고 이로 인한 갈등을 조절하기 위한 법제의 정립이 필요하다고 보았지요. 이들은 무력 침공과 침략에 의한 개항은 반대하였고 서구의 선진 과학 기술을 수용하여 공업과 산업을 일으키고 자본주의 시민 사회를 수립하여 세계 대세와 발맞추어 나가는 준비 작업이 내부적으로 이루어져야 한다고 하였습니다. 그리고 이를 위해서 영민한 양반 자제들을 선발하여 개화 사상을 교육하고 신세력을 형성하고자 했습니다. 이렇게 선발된 청년들이 바로 서재필 · 박영효 · 김옥균 · 홍영식 · 유길준 · 김윤식 · 김홍집 등입니다.

이들 개화파는 개화당을 형성하고 급진적인 방향으로 개화운동을 이끈 급진개화파(또는 변법개화파)와 유학적인 사상 기반 아래서 동도서기적東道西器的 개화를 추구했던 온건개화파(또는 개량개화파)로 나뉩니다. 급진개화파에는 갑신정변을 이끌었던 김옥균과 박영효 등을 들 수 있고 온건개화파에는 김윤식과 김홍집 등을 들 수 있습니다.

급진개화파는 전통적인 유학으로는 더 이상 조선의 현실을 타개할 수 없다는 인식하에서 급진적인 서구화를 추진하였습니다. 이들은 사회진화론을 그대로 받아들여 당시 국제 사회를 양육강식의 시대로 인정하고 이 흐름에 발맞추어 스스로 강자가 되는 것만이 살아남는 길이라 여겼습니다. 급진개화파는 전제군주제를 입헌군주제로 개혁하려 하였고 양반 신분제와 문벌을 폐지하고 자유롭고 평등한 근대 시민 사회를 건설하려고 하였습니다. 그리고 조선도 제국주의 열강과 같이 부국강병을 이루어 승부를 겨룰 수 있어야 진정한 국권을 확립할 수 있다고 보았습니다. 급진개화파가 일으킨 갑신정변의 목표는 우선 청의 속

Hello

사회진화론에 대한 급진개화파의 인식

특히 유길준은 《서유견문西遊見聞》에서 사회진화론적 관점에서 인간 사회의 미개未開·반개화半開化·개화開化라는 3단계 발전론으로 압축되는 문명관을 제시하기도 했다. 당시 약육강식하는 제국주의 열강들의 침략을 목격하고 위기감을 느끼고 있었던 조선의 지식인들은 사회진화론을 하나의 정치 사상으로서 쉽게 받아들일 수 있었다. 전통적 유교 논리는 사회를 발전적으로 파악하지 못하고 오히려 퇴화하는 것으로 인식하여 이상 사회로의 복귀를 추구하는 것이었다. 이에 반해 사회진화론은 기본적으로 사회가 진보한다고 규정하였다. 이런 인식은 유교의 퇴화적 현실 인식을 극복할 수 있다는 자체만으로도 개혁 이념으로 기능할 수 있었다.

당시 지식인들은 우승 열패·적자 생존·생존 경쟁이 자연계나 인간 사회를 움직이는 기본 원리라고 규정했고, 경쟁이 사회 진보의 원동력이라고 하여 당시를 '경쟁 시대'로 인식했다.

박으로부터 벗어나 자주독립국을 건설하는 데 있었습니다. 갑신의 정강政綱은 조선이 중국의 제후국이라는 지위를 깨고 스스로 천자국이 되어 세계 각국과 대등한 위치를 확보하자는 것을 주 내용으로 합니다. 그러나 이들의 자주독립론은 반청독립反淸獨立에만 편중되어 있었습니다. 일본의 흉계에 대한 경계심은 상대적으로 미약해서 일본이 조선의 독립을 도우려 한다는 생각을 가지고 계속적으로 일본의 도움을 받으려 하였습니다. 당시의 상황을 제대로 파악하지 못했던 것이지요. 민중의 동의를 이끌어 내지 못하고 외세에 의존한 이들의 개혁은 결국 실패로 돌아갔습니다.

온건개화파는 갑신정변에 대해 유교 사상을 폄하하고 윤리 강상綱常도 야만이라 하여 도를 바꾸고자 했다고 비판했습니다. 온건개화파들은 서구 문물이 동양을 금수의 나라로 만드는 것이 아니라 동양의 도가 서구를 교화시킬 것이라는 박규수의 논리를 그대로 계승하였습니다.

왼쪽부터 영친왕 · 순종 · 고종 · 귀비엄씨 · 덕혜옹주
이 사진은 한국 사진의 선각자이자 흥완군(대원군의 형)의 손자인 고 이해선(순종의 육촌
형제, 민영환의 사위) 선생의 유품에서 발견되었다.

그래서 정신적인 차원에서 동도를 지키고 여기에 서양의 기를 융합하는 것을 지론으로 삼았지요. 이들은 전통적인 도덕규범을 준수하면서 이것을 지켜 나가는 방편으로 서양의 문물을 수용하자고 하였습니다. 온건개화파는 1894년 이후로 외세에 의존하지 않는 자주개화론을 주장하면서 근대 문물을 더욱 적극적으로 도입하려고 하는 등 현실 적응에 나름대로 노력을 기울였지만, 외세 침략과 내부 갈등으로 큰 성과를 이루어 내지는 못했습니다.

개화 사상은 구시대적 한계를 벗어나지 못한 위정척사 사상의 대안으로서 세계사의 조류를 통찰하고 중국에 의존하지 않고 자주 독립을 추구했던 선구적 이론에서 출발하였습니다. 개화파는 부국강병을 추진하여 서구 열강과 승부를 겨루자는 이상도 가지고 있었지요. 하지만 현실은 이상과는 거리가 멀었습니다. 개화파들은 여러 방면에서 조선이 실력을 양성해야 한다는 결론을 내리고, 결국 신교육을 실시하여 국민이 근대적 의식을 계몽해야 한다는 애국계몽운동과 산업을 육성하자는 식산흥업殖産興業운동을 전개했지요. 실력 양성론은 위정척사 사상처럼 일제에 대항할 수 있는 이론이 되기에는 역부족이었습니다. 또 개화파들은 일본에서 제기된 동양삼국공영론에 매료되어 일제의 침략 의도를 간과한 채 일제와 타협하거나 완전한 친일분자가 되었습니다. 결국엔 이런 토대 위에서 '민족 개조론'까지 등장하여 일제의 식민 지배를 정당화하는 사태까지 발생하게 되지요. 후기의 개화파들은 약육강식의 현실에서 중심을 잃고 자기를 부정하는 결과를 초래하고 말았습니다.

동학운동, 마음속에서 한울님을 구하다

동학은 신분 차별이 엄격하던 풍토에서 신분 때문에 소외된 지식인이 국가와 양민에 대한 구제를 종교 형식으로 구상하여 전파한 민중 종교입니다. 동학이라는 표현은 서학에 대항하는 것으로 민족의 주체 의식을 드러내는 것이지요. 동학은 인내천仁乃天 사상을 표방하여 양반뿐만 아니라 모든 사람이 존엄하며 남녀노소가 모두 자기 안에 한울님(천주天主)을 모시고 있다는 평등론을 제시하였습니다. 그리고 차별과 억압이 횡행하는 선천의 시대가 곧 마감되고 새로운 평등과 정의의 시대인 후천의 시대가 도래하는 후천개벽*이 이루어진다고 하였습니다. 후천은 개인과 사회 모두가 상극적 투쟁을 지양하고 상생하여 인류애가 실현되는 세계라는 것이지요. 동학의 사상은 핍박과 고통이 없는 새 세상을 염원하는 민중의 소망을 그대로 담았습니다. 민중들은 이런 정신을 통해서 고통을 감내하고 외세에 대항할 수 있었습니다.

동학을 창시한 최제우崔濟愚(1824~1864)는 서양의 막강한 힘이 본질적으로 기독교라는 종교에서 근원하는 것으로 여겼습니다. 그리하여 서학에 대항하는 동학을 창도하여 나라와 백성을 구하고자 하였습니다. 최제우는 전통적인 민간 신앙의 대상이었던 한울님을 본격적인 신앙의 대상으로 놓고 공경해야 한다고 하였습니다. 하지만 서학의 창조주와 한울님은 다르다는 것도 강조하였지요. 서학의 천주는 창조주지만, 한울님은 길흉화복의 주재자일 뿐 창조주가 아니라고 합니다. 동학은 만물 탄생을 음양의 이치로 설명합니다. 또 동학의 한울님은 인간과 본질적으로 동질성을 가지지만 서학에서는 이질성이 강조됩니다. 동학은 지상 천국을 이상으로 삼고 현세적인 복락을 추구하지만, 서학은 이를 초월하고자 합니다. 최제우는 초월적인 세계가 아닌 사람의 마음속에서 한울님을 구했습니다. 그는 '사람의 마음속에 한울님이 있

후천개벽
우주의 시간을 선천과 후천으로 나누었을 때, 후천의 시기에는 우주 만물에 전면적인 대개혁이 이루어져 완전히 다른 새 세상이 온다는 이론이다. 우리나라 신종교의 대부분이 후천개벽 사상을 수용하였다. 후천개벽 사상은 일부一夫 김항金恒(1826~1898)에 의해 《정역正易》으로 체계화되었다.

최제우

최시형

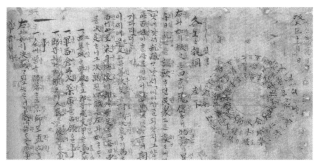

농민군의 봉기를 호소한 사발통문

신원
억울하게 뒤집어쓴 죄를 씻는 것을
말한다.

다'는 시천주侍天主 사상을 갖고 있었습니다.

동학은 윤리·각성·양기가 유·불·선의 특정한 사상 내용이라기
보다는 천도에 본래부터 있던 것이며 각각의 한 요소에만 주목한 것이
유·불·선으로 드러난 것이라고 설명합니다. 그리고 동학이야말로
대도를 잡은 것이라고 하였지요. 동학은 몰락한 양반이나 농민들에 의
해 널리 받아들여져 창도한 지 3년 만에 교단 조직을 이루어 냈습니다.
그러자 조정에서는 동학을 천주교와 마찬가지로 민심을 현혹시킨다
하여 교조인 최제우를 사형하는 등 억압 정책을 폈습니다. 그러나 동학
은 일시적으로 쇠퇴하였다가, 다시 2대 교주인 최시형崔時亨
(1827~1898)을 중심으로 교세가 더욱더 확장되었습니다. 동학의 교세
가 충청도와 전라도 일대로 확대되어 가던 1892년에 동학교도들은 양
도 관찰사에게 교조의 신원伸冤*과 교도 탄압 중지를 요구하는 시위 운
동을 벌였습니다. 그리하여 교도의 탄압을 중지하겠다는 약속은 받아
냈지만, 교조의 신원은 지방 관찰사의 권한 밖이라 하여 얻어내지 못
했습니다. 동학교도들은 다시 궁궐문 앞에 엎드려 교조 신원을 상소하
였지만 실패하였습니다.

동학교도들은 이에 굴하지 않고 견고해진 세력을 바탕으로 교조 신
원뿐만 아니라 내정 쇄신과 탐관오리 징벌, 왜양의 배척까지 요구하였

습니다. 그리고 1894년 2월에는 전라도 고부 지방에서 탐관오리를 직접 징벌하는 농민 봉기가 일어났습니다. 조정에서는 이를 무력으로 진압하려고 하였지만 관군은 잇달아 패하고 당황한 고종은 결국 청에 구원병을 요청하였습니다. 이런 와중에 조선에서 주도권을 잃지 않으려는 일본군 역시 병력을 급파하면서 조선은 양군의 싸움터가 되었습니다. 일본군이 조선의 친정 세력인 명성황후를 제거하고 청일전쟁을 일으키는 등 조선의 지배를 위한 노골적인 공세를 펼치자 전봉준은 다시 동학군을 집결하여 일본군과의 항전에 돌입하였습니다. 1894년 10월의 일입니다.

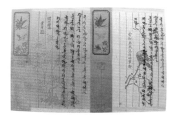

1874년 명성황후의 편지
오라버니에게 심신의 아픔을 적어 보낸 것이다.

2차 동학 봉기는 전국의 동학교도의 호응 속에 이루어진 항일 구국 투쟁이었지만, 관군과 일본군의 연합 부대에 패퇴하고 완전히 궤멸되고 말았습니다. 이후 동학의 잔여 세력들은 위정척사파의 의병운동에 합류하였습니다. 이들은 이념이 달랐지만, 제국주의 침략에 저항하고 국가를 구한다는 공동의 목표 아래 무력 항쟁을 계속하였습니다.

02 종교계의 움직임과 현실 참여

새롭게 일어난 종교들

조선 말기 이후로 국가 질서가 전반적인 붕괴의 위기 속에 놓이자, 민중의 고통은 이루 말할 수 없는 상태에 빠지게 되었습니다. 당시 집권 세력은 이를 해결할 수 있는 능력이 없었고, 사회를 지탱할 수 있는 지도 이념도 없었습니다. 민중들은 민란을 일으키거나 새로운 세상의 도래라는 자신들의 염원을 담은 민족 종교를 신봉하게 되었습니다. 당시의 신흥 종교들은 대부분 단군신앙이나 풍류도, 무속과 민간 신앙 등과 같은 우리 민족의 고유 사상과 접맥되고 있었기 때문에 민중에게 쉽게 다가갈 수 있었습니다.

신흥 민족 종교들은 지배층의 논리로는 해소할 수 없었던 민중의 고난을 어루만져 주었고 삶의 원동력이 되었습니다. 그러면서 항일 구국 운동의 구심점이 되기도 하였지요. 대표적인 경우가 대종교입니다. 대종교는 우리 민족을 앞으로 도래할 세계 변화의 주축으로 여기고 민족의 주체 의식을 강조하였습니다. 일제에 의한 탄압으로 지속적으로 번성하진 못했지만, 항일 운동의 현장 속에서 정신적인 기저를 이루었습니다.

이런 분위기에서 전통 종교에도 개혁의 바람이 일었습니다.

증산교, 조선을 미래의 중심에 놓다

동학에 이어 새로 대두한 종교 가운데 선두에 자리한 것이 바로 증산교甑山敎입니다. 증산교는 증산甑山 강일순姜一淳(1871~1909)이 1901년 당시 나이 31세 때 '천지의 대도'를 깨우쳤다면서 이룬 종교입니다. 증산교의 성립 배경은 동학과 관련이 깊지요. 강일순이 진리를 깨우친 곳은 모악산인데, 모악산은 동학 혁명의 시발지인 고부나 마지막 전투장인 황토현과 매우 가까운 거리에 있었습니다. 그는 24세 때 동학 혁명을 직접 목격하였고 당시 그 혁명이 실패하리라는 것을 예언하면서 부상당한 혁명군을 많이 구출하였다고 합니다. 그리고 자신의 사상을 '참동학'이라 하고, 동학의 주문에 '시천주조화정侍天主造化定'이라한 것은 자신의 일이라고 하면서 동학의 참뜻을 계승하고 있음을 내비쳤습니다. 강일순이 동학 사상을 직접적으로 이어간 것은 아니지만, 해원이라는 개념을 통해 동학과 같은 노선을 지향했습니다.

강일순

그는 자신을 하늘에서 내려온 '옥황상제'라고 하기도 하고 도솔천에 있던 '미륵불'이라고도 하였습니다. 또 자신이 하늘에서 이마두(마테오리치Matteo Ricci)·불타·보살 등의 신명으로부터 온갖 어려움을 해결해 달라는 간청을 받고 내려온 존재라고 하였습니다. 그는 자신의 능력으로 조화로써 천지를 개벽하고 중생을 구제하리라고 선언했습니다. 그리고 이 일을 '천지공사天地公事'라고 했습니다. 천지공사의 내용은 크게 신정정리공사神政整理公事·세운공사世運公事·교운공사敎

천지 공사 하러 내가 간 다.

運公事로 분류되고, 신정정리공사는 다시 해원공사解冤公事 · 신단통일공사神團統一公事 · 기령발수통일공사氣靈拔收統一公事로 나뉩니다. 이 중에서 가장 핵심적인 것이 바로 해원공사입니다. 해원공사는 죽을 때 품은 한을 풀어 주는 것입니다. 해원은 당시 억울하게 죽은 원신과 정의를 위해 목숨을 바친 역신이 많다는 판단에서 성립된 것이지요. 강일순은 원한이 사무친 채로 죽은 영혼은 원귀가 되어 세상을 떠돌며 온갖 재해를 일으키는데, 그 범위는 개인에 국한된 것이 아니고 온갖 질병과 사회 재해, 더 나아가서는 인류 파멸까지 초래할 정도로 넓다고 했습니다. 그러니까 해원공사는 인류의 구원을 위해서는 불가결한 것이고 구시대를 청산하고 새로운 시대를 지향하는 것입니다. 강일순은 해원의 시대는 후천개벽을 통해 이룬 선경仙境의 시대인데 모든 인간의 불평등이 존재하지 않는 시대라고 했습니다. 그리고 더 나아가서는 빈부의 차이까지도 소멸된다고 하였지요.

이 밖에 신단통일공사는 지방신단이 있으면 각 지역 간 · 국가 간 · 민족 간에 갈등과 분쟁이 계속되기 때문에 이를 통일했다는 것입니다. 그래서 통일된 신단을 조화정부라고 하고 수도를 옥경玉京이라고 하는데, 이 신단과 대지의 기령氣靈을 연관지어 자신의 공사에 강력한 힘을 발휘하게 한 것이 기령발수통일공사라고 합니다. 또 세운공사는 증산이 자신의 능력으로 세계의 운세 변화를 미리 정하여 조선이 외세의 지배로부터 벗어나고 새로운 시대 운세의 발흥 기점이 되도록 만들어 놓았다는 것입니다. 그리하여 머지않은 장래에 조선의 국운이 이상적인 선경을 이루도록 했는데, 또 종교의 운세를 정하여 증산교가 이를 이끌어 나가도록 교운공사를 해 놓았다고 했습니다. 말하자면, 증산교가 다른 종교를 누르고 인류를 복락의 길로 이끌도록 했다는 것이지요.

강일순의 사상에서 중심이 되는 해원 사상 속에는 인간 존중 사상과 민중 본위의 신념이 깔려 있습니다. 또 외세를 배척하고 조선을 미래 세계의 중심에 놓은 것에서는 민족의식을 읽을 수가 있지요. 그의 사상은 당시의 시대적 요청에 부응하는 것이었기에 많은 민중의 호응을 얻었습니다. 그리고 후대의 증산교 계통에서는 증산의 민족의식과 맞물려 단군을 받드는 교파가 많이 형성되었습니다.

대종교, 단군을 섬기며 민족의 자존심을 되찾다

대종교大倧教는 우리 민족의 시조인 단군왕검을 숭배하는 종교입니다. 국조의 숭배는 오랜 연원을 가지고 있지만, 신라 후기부터 불교와 유교가 왕성해지면서 쇠약해졌습니다. 하지만 일부 도가 계열의 수행자들에 의해 선도의 원류로 숭배되고 국가적 차원에서는 제천 의식의 형태로 전승됨으로써 그 명맥이 유지되었지요. 대종교는 국조인 단군을 하느님으로 섬김과 동시에 우리 민족의 역사를 동북아 변방의 역사가 아닌 세계사의 주역으로 해석합니다. 대종교는 애초부터 민족의 자의식을 겨냥하고 독립운동을 목표로 만들어진 종교라고 할 수 있습니다.

대종교의 교조는 '단군한배검'입니다. 여기서 '단군'은 '밝은 임금'이란 뜻이고 '한'은 '천天' 혹은 '큰 것', '한울' 등을 의미합니다. 또 '배'는 조상을 말하지요. '검'은 종倧, 신인神人을 말합니다. 대종교에서는 단군한배검이 조화造化·교화教化·치화治化의 큰 덕과 슬기와 능력을 지니고 우주를 창조한 하느님이라고 합니다. 그런데 나반那般과 아만阿曼이라는 두 천손을 자상에 내려 보내 5색 인종과 9족을 번성하게 하고, 이들을 다스리기 위해 한백산白頭山 신단수神檀樹 아래에 내려와 신시神市를 열었고 나라 이름을 '조선'이라고 했다고 합니다. 대종교에서는 우리나라를 이렇게 세계 문화의 발상지이자 중심지로 여겼습니다. 그리고 부여족·여진·몽고·거란 등 동이족 전체를 '배달족倍達族'이라는 하나의 큰 민족 집단으로 분류하고 조상으로 생각하는 범동이족주의를 표방했습니다. 이것은 실제로 만주족을 포섭하여 만주 지역을 탈환하고 그곳에 대조선국을 세우겠다는 실천적 목표를 뒷받침하는 것이었습니다.

대종교에서는 본체인 하나가 셋으로 작용하고 이것이 다시 하나로 돌아간다는 삼일논리三一論理를 중시합니다. 모든 교리와 경전이 셋으로 나뉘지요. 대종교에 의하면, 사람은 태어나면서부터 참성품·참생명·참정기의 세 가지 참된 것을 완전하게 받았는데, 살아가는 동안에 마음·기운·몸이라는 세 가지의 거짓된 것에 이끌려 흐려지고 만다고 합니다. 그래서 세 가지 참된 것을 돌이키기 위해 노력해야 하지요. 세 가지 참된 것을 돌이키면 참사람이 되고 한얼과 일체가 됩니다. 이를 위해서는 잡념을 없애는 지감수련止感修練, 숨을 고르게 하는 조식수행調息修行, 외물과의 접촉에서 유혹을 물리치는 금촉수행禁觸修行을 해야 합니다. 지감수련을 하면 마음이 밝아져 참성품을 보게 되고, 조식수행을 하면 기가 조화로워져서 참생명을 알게 되며, 금촉수행을 하게 되면 몸이 평안해져서 참정기가 보전된다고 합니다.

대종교의 삼대 기본 경전은 《천부경天符經》·《삼일신고三一神誥》·《참전계경參佺戒經》인데, 이들은 순서대로 조화·교화·치화를 논한 것이라고 합니다. 그리고 조화는 도가가 중점을 둔 것이고 교화는 불가, 치화는 유가가 중점을 둔 것이기에 유·불·도 삼교의 근원이 대종교에 있다고 합니다. 또 지감수련에서 불교의 참선이 유래하고 조식수행에서 도가 수행이 나왔으며 금촉법에서 유가의 금기가 나왔다는 것이 대종교의 논리입니다.

대종교단은 1910년에서 1920년대에 만주에서 독립운동을 주도했는데, 이때 만주와 중국 본토에 망명했던 독립운동가의 대부분이 대종교단에 참여했습니다. 독립운동가이자 역사가인 박은식·신채호·안재홍·정인보 등도 직·간접적으로 대종교의 영향을 받으면서 활약했지요. 1대 교주인 나철羅喆(1863~1916)은 일제의 탄압에 저항하여 스스로 목숨을 끊었고, 2대 교주인 김교헌金敎獻(1868~1923)은 1918년에

청산리 전투가 벌어진 곳에 있는 나철 무덤

▶ 나철

〈대한독립선언서〉의 작성을 발의하고 독립운동 대표들과 함께 대종
교 총본사에서 선언식을 거행함으로써 2·8독립선언과 삼일운동의
기폭제를 심었습니다. 또 서일徐一(1881~1921)은 독립 투쟁을 위해
3대 교주의 자리를 사양하고 만주로 건너가 독립군 부대를 편성하여
항일 독립 투쟁을 선도하였습니다.

　대종교는 삼일 철학을 바탕으로 조화를 추구하는 교리를 가지고 있
었습니다. 하지만 이와 함께 민족의식을 고취하고 주체 사상을 고양하
는 토대 위에서 일어났기 때문에 이를 가로막는 일제에 대한 저항 의식
또한 강하게 가질 수 있었습니다. 대종교가 감상적인 민족주의에 치우
쳐 있다는 비판도 있습니다. 하지만 대종교는 하나의 사상을 넘어서 이
미 종교화된 것입니다. 그리고 역사 속에서 항일 투쟁이라는 순기능을
담당하고 우리가 약소국이라는 피해 의식에서 벗어나 민족에 대한 자
긍심을 회복할 수 있는 계기를 마련해 주었다는 점에서 그 존재 의미가
크다고 할 수 있습니다.

원불교, 도시에서 생활 종교를 추구하다

박중빈

정신 개벽

불교는 아니지만, 원불교圓佛敎는 불교의 일부 사상을 이용하여 발흥한 신흥 종교입니다. 원불교는 소태산少太山 박중빈朴重彬(1891~1943)이 창립하였습니다. 박중빈은 글공부를 2년(10~11살)밖에 하지 못했지만, 평소에 명상을 즐겨하다가 26세 때에 '일원一圓'이라는 궁극의 진리를 깨달았다고 합니다. 박중빈은 불교 경전을 비롯하여 유교·도교·동학·기독교의 경전을 구하여 열람하였고 개벽 같은 특정한 사상을 논할 때는 최제우나 강일순을 언급하기도 했습니다. 박중빈은 깨달은 후에 모든 종교 가운데 불교가 제일 근본이 되고 모든 성현 가운데 석가모니가 제일 거룩하다고 여겨 스스로 부처님에게 연원을 정하였다고 합니다. 하지만 불교 사상을 그대로 계승한 것이 아니고 기존의 불교를 비판하면서 독자적인 사상을 전개했습니다.

박중빈은 당시를 지나친 '물질 개벽 시대'라고 판단하였습니다. 물질문명이 발달하는 반면, 그것을 선도해야 할 정신은 쇠퇴하여 물질의 노예가 되고 있다고 비판하였지요. 하지만 물질문명이 앞으로 도래할 도덕 사회에 도움이 된다고 하였습니다. 그래서 "물질이 개벽되니 정신을 개벽하자."고 역설하였습니다. 그는 정신과 물질이 조화된 이상 사회의 건설을 위해서 정신 자세를 개혁하자고 하였지요.

박중빈은 또 유교의 도덕을 수용하여 도리의 주체인 인의를 바탕으로 인심을 바로잡아야 한다고 하였습니다. 윤리 도덕을 강화하려는 그의 의지는 불교의 도덕의식보다 훨씬 개방적이고 적극적이었습니다. 그래서 원불교 경전인 《세전世典》의 목차는 '교육, 가정, 신앙, 사회, 국가, 세계, …' 등으로 되었습니다. 그리고 2대 교주 정산鼎山 송규宋奎(1900~1962)에 이르러서는 충효의 덕목과 예 질서의 강화까지 주장하였지요. 원불교에서는 이에 그치지 않고 일원一圓이라는 진리를 믿고 따르는 것을 생활화하고 중생 제도에 힘쓸 것을 강조하였습니다. 원불교에서 말하는 일원이란 언어로 이름 붙일 수는 없지만 우주의 근원이면서도 부처나 성인의 마음과 일반인의 본성이 되는 하나를 말합니다. 그것은 우주 만물을 생성케 하고 인간을 부처나 성인으로 되게 하지만 생멸이나 업보와 같은 감각으로 지각되는 것이 아니라고 합니다. 그렇지만 깨닫게 될 수는 있으므로 '진리'라고 합니다. 그리고 일원은 구체적으로는 천지와 부모, 동포와 법률이라는 없어서는 안 되는 네 가지 은혜를 내용으로 한다고 했습니다. 이 네 가지 은혜를 자각하고 감사하며 사는 것이 바로 구도의 길이라는 것이지요. 원불교는 산속에서 자기 내면을 수행하는 것이 아니라 도시에서 대중과 호흡하며 진리를 추구하는 구체적인 생활 종교를 표방하였습니다.

전통 종교를 바꾸려 한 사람들

이승희, 유학을 서양의 종교처럼 만들려 하다

갑신정변은 비록 실패로 돌아갔지만. 20세기 초 한국 사상계의 주류는 단연 개화 사상이었습니다. 개화 사상은 사회진화론을 바탕으로 한 것이고 선진 문명의 기반을 이루는 종교는 기독교였지요. 시간이 갈수록 전통 사상을 대표하는 유학은 기독교 사상의 뒷전으로 밀려나고 시대의 낙후된 구학으로 인식되었습니다. 이에 유학자들은 새로운 '자기 변혁'을 모색하기에 이르렀습니다. 유학자들의 개혁 방향은 다양한 형태로 나아갔지만, 그중에서도 유학의 종교화를 주장한 일군의 학자들이 있었습니다. 그것이 바로 '대동교大同敎'와 '공교孔敎'입니다. 중국에서도 유학을 종교화한 '공교회'가 있었습니다. 대동교는 이에 영향을 받기도 하고 자신들만의 새로운 변혁을 시도하기도 하였지요.

대동교는 박은식朴殷植(1859~1925)과 장지연張志淵(1864~1920)[*] 등이

장지연

일제강점기에 황성신문의 주필 및 사장을 역임한 언론인이다. 을사늑약 (1905)을 보고 일본의 흉계를 만천하에 폭로한 〈시일야방성대곡是日也放聲大哭〉이라는 사설을 쓴 것으로 유명하다. 그는 본래 유학자 출신이지만 독립신문·독립협회의 영향을 받고 대한제국의 성립과 개혁을 경험하면서 변법을 통한 개혁론을 주장하게 되었다. 장지연은 유교의 기본 이념을 유지하면서 행정 제도나 법제 등을 변혁해야 하며 우리나라는 스스로 강해지는 '자강自强'의 길을 가야 한다고 하였다.

1909년에 창설한 것입니다. 대동교는 유교를 새롭게 개혁하려는 의도로 조직된 것이고, 한편으로는 친일파가 유교를 이용하는 데 대항하는 의도도 있었습니다. 대동교 창설 이전에 이완용李完用(1858~1926)과 신기선申箕善 등이 유교 확장을 구실로 친일 유림 조직인 '대동학회'를 창설하였기 때문이지요.

대동교의 사상적 연원은 《예기》에 나오는 대동 사상에 있습니다. '대동'은 유교에서 최고의 이상 사회를 이르는 것이지요. 대동 사회는

대동 사회

대동이라는 말은 《장자莊子》와 《여씨 춘추呂氏春秋》 등에서 보이지만 그 개념이 정립된 것은 《예기》 〈예운禮運〉 편에 의해서다. 〈예운〉 편에 의하면, 대동 사회는 1) 천하를 사유화하지 않고 공유물로 하고 2) 사람들은 모두 전체의 이익을 위해 노동하며 노동의 산물인 재화는 모든 사람이 공동으로 향유한다. 3) 노동 능력이 있는 자에게 노동에 종사할 수 있게 하며 노동 능력이 없는 노인이나 어린이는 일종의 사회보장제에 의해 잘 부양한다. 또 4) 통치자는 어질고 능력 있는 자를 선택하여 신의와 화목에 이바지하게 한다. 대동 사회에서는 기본적으로 5) 자기 부모나 자식뿐만 아니라 모든 사람에게 널리 사랑을 베푼다. 6) 악의적인 음모나 모략도 없고 7) 도둑질·횡령 등 질서를 문란하게 하는 자가 발생하지 않으며 8) 전쟁도 일어나지 않는다.

'인仁'을 차별적인 사랑으로 보는 입장에서는 평등 사회를 지향하는 대동 사상이 유교 사상에서 나온 것이 아니라 노장이나 묵가 사상(평등한 사랑을 주장한 제자백가의 한 사상)에서 비롯된 것이라고 하기도 한다. 그러나 '인'은 차별적이라기보다는 단계적인 사랑으로 이해할 수 있다. 또 많은 유학자들이 이상 사회의 모습을 대동 사회로 지향했고 이런 경향은 근대까지 이어졌다. 청나라 말에 캉유웨이康有爲(1858~1927)는 대동의 이상에 대해 저술한 《대동서大同書》에서 남녀의 평등, 가족 제도의 폐지, 인종 차별의 소멸, 사유 재산의 폐지 등이 실현된 일체 평등의 극락 세계를 그렸다. 또 쑨원孫文(1866~1925)의 삼민주의 속에도 대동 사회의 모습이 있었고 마오쩌둥毛澤東(1893~1976)도 종국적인 이상 사회의 모습을 대동 사회라 불렀다. 우리나라에서도 이이를 필두로 한 많은 사상가들이 대동 사회를 지향했다.

화평한 가운데 인간들이 화목하고 도덕적으로 질서가 확립되어 있으며 복지 시설이 완비된 사회를 가리킵니다. 이런 맥락에서 대동교는 당시 유교의 현실적 폐단을 개혁하여 대동의 이상 사회를 실현하려는 신념을 종교적으로 표출한 것이라 할 수 있지요. 박은식과 장지연은 사회 진화론에 의거하여 대동 사회의 성취가 사회 발전 단계의 종착지로서 필연적인 것이라고 했습니다. 박은식은 대동교의 종지를 '인仁을 회복하여 천하의 사람이 태평의 복락을 같이 향유하는 것'이라고 규정하였습니다. 또 장지연은 대동교의 종지로 '교를 펴는 데 보수가 아닌 진화로, 전제專制가 아닌 평등으로, 독선이 아닌 겸선兼善으로, 문약文弱이 아닌 강립强立으로, 단협單狹이 아닌 박포博包로, 허위가 아닌 지성至誠으로'라는 여섯 가지 원칙을 들었습니다.

공교孔敎는 중국 공교회와 관련을 맺고 유교를 종교화하는 데 주력했습니다. 공교 운동을 펼친 대표적인 학자로는 이승희李承熙(1847~1916)와 이병헌李炳憲(1870~1940)을 들 수 있는데, 이승희는 중국에 망명해서 운동을 펼쳤고 이병헌은 국내에서 활동하였습니다.

이승희는 한말 영남 성리학계의 거목인 한주寒洲 이진상李震相(1818~1886)의 아들로 부친의 학통을 계승한 전형적인 성리학자였습니다. 이승희는 국운이 기울자 1908년 62세의 나이로 블라디보스토크로 갔다가 이듬해 만주로 망명하여 한국인 부락을 세우고 독립운동 기지를 마련하였습니다. 그는 한인 공동체의 정신적 구심 역할을 할 목적으로 공교회 조직을 세우고 공교 운동을 시작하였습니다. 이승희는 이理와 태극, 상제를 모두 궁극적인 존재로서 이름만 다른 것으로 보았습니다. 이런 이론의 바탕 아래 성리학적인 사고를 유지하면서 거기에다 종교성을 겸비할 수 있었던 것이지요. 이승희는 한인촌을 세울 때 공교를 생활화하기 위해 〈일칙명日則銘〉·〈일송오강日誦五綱〉·〈오강십목五綱十目〉 등을 지어 매일 아침 낭송하도록 하였습니다. 〈일칙명〉은 '밝고 밝은 상제는 그 명하심이 그침이 없으시며 동하고 정함에 오직 때가

이승희

을사조약이 체결되자 유림儒林 30여 명의 서명을 받아 매국 5적신賊臣의 참형斬刑과 조약의 파기를 상소하고, 일본군 사령부에 강경한 항의문을 보낸 것이 화근이 되어 대구감옥에서 옥고를 치렀다. 1913년에는 베이징을 방문, 각지를 순방하여 중국 명사들을 만나 보고 한국의 자주독립을 역설하다가 병으로 사망하였다.

있으시니 나는 이를 따르는 것을 직무로 삼는다'는 내용이고, 〈일송오
강〉은 '천지를 위해 마음을 세우고 부모를 위해 몸을 세우고, 나의 생
명을 위해 도를 세우고 백성을 위해 극極을 세우고 만세를 위해 모범을
세운다'는 내용을 담았습니다. 이승희는 또 유교가 제도권 교육에서 서
양식 교육에 밀리는 것을 감안하여 〈공교진행론〉을 지었습니다. 〈공교
진행론〉에서는 유교 사상을 학습할 수 있는 교육 제도와 교과목 및 교
육 체계 등을 제시했습니다. 그러나 유교 속에 담긴 보편 정신을 계승
하고 교육하려고 했던 이승희의 공교 운동은 만주 지역에 한정된 것이
었고 중국의 여건이 안 좋아지면서 결국 수포로 돌아가고 말았습니다.

국내에서 활동한 이병헌은 유교를 가장 우수한 종교이자 철학으로
여겼습니다. 그는 당시의 유교를 기독교적 교조 숭배 관념과 교단 체계
로 무장하여 교세 확장에 힘써야 한다고 보았습니다. 또 조선 총독부가
종교령을 내려 유교를 종교에서 제외시키자, 장문의 항의서를 제출하
고 유교의 종교적 성격을 체계적으로 밝히는 저술을 하였습니다. 그는
공자에 대해서는 교당敎堂을 지어서 성심으로 섬기고 성경을 선택, 번
역하여 천하에 배포해야 한다고 하였습니다. 그리고 교사를 정하여 천
하에 경전을 강설할 것을 주장하였지요. 이병헌은 이런 신념을 가지고
자신의 고향인 산청군 단성면 배양마을에 '배산 서당'을 지어 한국 최
초의 공교를 출범시켰습니다. 그러나 그가 사설 문묘에 선현과 조상의
신위를 봉안한 것이 성균관과 향교에서 하는 것과 달랐기 때문에 보수
적인 유학자들의 배척에 부딪쳐 좌절되고 말았습니다.

한용운, 불교계에 합리적인 혁신론을 제시하다

20세기 초, 한국 불교는 유교가 구시대의 유산으로 평가받는 상황에
서 조선 왕조 500년 동안 잃었던 지위를 회복할 수 있는 상황을 맞이했
습니다. 그러나 불교 자체 내에 그에 상응하는 준비가 되어 있질 않았

습니다. 오랜 억압과 사회적 편견 속에서 전통적으로 내려오던 불교의 정수가 이어지기조차 어려웠던 터라, 하루아침에 세상 속으로 나와서 시대 문제를 해결할 능력이 없었습니다. 당시에는 무엇보다도 일본 불교의 침식을 막아 조선 불교 자체를 온전히 지켜 나가는 것이 급선무였습니다. 불교계에는 오히려 조선 총독부에 의탁하여 사찰을 유지하고 일본 불교와 연합을 꾀하는 등 친일을 택하는 일이 성행했습니다. 그리고 일본과 같은 방식으로 처자를 두는 대처승의 모습을 하는 승려들이 많았지요.

이런 상황에서 불교계의 혁신을 제시한 대표적인 사상가가 만해萬海 한용운韓龍雲(1879~1944)입니다. 그의 이론은 가장 체계적이고 상세한 것으로서 당시 불교계의 혁신론을 대표하는 것이었습니다. 한용운은 《조선불교유신론朝鮮佛敎維新論》에서 개혁론을 펴기에 앞서 먼저 자신의 불교관을 밝혔습니다. 그는 대부분의 종교가 신이나 천당의 개념을 들어 사람들에게 큰 희망을 주는데, 그것을 미신적인 형태로 믿게 하는 데 문제가 있다고 보았습니다. 그런데 불교의 천당은 깨달음에 의하여 자기 마음에 건설되는 것이기 때문에 미신성에서 벗어난다고 하였습니다. 그는 부처가 가르친 진여는 누구의 마음에나 다 본유된 보편적인 진리임을 강조하였습니다. 그리고 불교가 종교와 철학을 겸비한 까닭에 현대나 미래에도 건재할 수 있다고 하였지요. 또 불교의 평등주의는 근대의 자유주의·세계주의와 다르지 않고 불교의 구세주의는 이기주의에 반대되는 이타주의임을 설명하면서 모든 사람이 신앙하여 좋은 종교가 불교임을 표명하였습니다.

한용운

한용운은 "유신이란 무엇인가, 파괴의 자손이요, 파괴란 무엇인가, 유신의 어머니다."라고 하여 파괴를 위한 파괴가 아니고 새로운 방향으로 나아가기 위한 변증법적인 파괴를 설파했습니다. 구습 중에서 시대에 맞지 않는 것만 고치자는 것이지요. 그는 구체적인 조목으로 먼저 승려의 교육을 들었습니다. 승려의 목적은 해탈인데, 이를 위해서는

한용운의 생가

'지혜를 자본으로 삼고, 사상의 자유를 법칙으로 삼으며, 진리를 목적으로 삼는' 요령을 배워야 한다는 것입니다. 그는 이 세 가지 요령 중에서도 특히 사상의 자유를 중시하였습니다. 사상의 자유가 없는 자는 노예의 처지로 죽는 사람과 다름이 없다고 하면서 승려는 누구보다도 사상의 자유를 누릴 신분임을 강조하였습니다. 또 승려의 교육 내용으로는 기초적인 '보통학'과 모범적인 '사범학', 그리고 선진 문화를 익힐 '외국 유학'을 들었습니다. 그는 승려들이 전통적으로 행해 온 참선에 대해서도 고요하면서도 정신이 깨어 있는 상태를 지향하는 요점을 지키지 않고 몸을 움직이지 않기만 하면 되는 줄 알거나, 사찰의 명예나 영리를 위해 참선 장소를 설치하는 폐단을 지적하였습니다. 또 염불당念佛堂도 폐지해야 한다고 하였습니다. 그는 염불의 본래 의미는 부처님의 마음을 생각하고 그 배움을 생각하며 그 행위를 생각하여 자기 자신도 그렇게 되도록 하려는 것이라고 하였습니다. 그런데 당시 승려들은 염불의 최후 목적을 정토淨土 왕생에 두고 부처님을 소리 내어 부르기만 한다고 비판했던 것입니다.

한용운은 그 밖에도 불교 사찰의 위치를 산간에서 도시로 바꾸고 적극적인 포교에 나서야 한다고 하였습니다. 불교 사찰 중 기념할 만한 것은 놔두고 그렇지 않은 것은 철거하여 도시에 지어야 한다는 것이지요. 그리고 그동안 승려들이 제대로 인정받지 못한 원인 중에 하나는 바로 노동을 하지 않는 것에 있다고 하여 노동을 통해 승려들의 인권을 회복해야 한다고 하였습니다. 또한 승려들의 결혼 금지를 푸는 것도 불교 부흥의 한 조치로 제안하였습니다. 그의 불교유신론은 당시로서는 너무 혁신적인 것이라 실현성은 떨어졌으나, 그 내용은 상당히 합리적인 것으로 평가받았습니다.

불교 개혁

03 독립 정신을 고취시킨 사람들

개화운동과 민중운동이 실패로 돌아가고 일본이 1905년 러일전쟁의 승리를 시작으로 식민 정책을 본격화하자, 국권 회복이 당면 과제로 떠올랐습니다. 대부분의 지식인들은 국권 회복을 위한 방법으로 국가 전반의 실력 양성을 추진하였는데, 이것이 애국계몽운동입니다. 애국계몽운동은 자주 독립과 자주 국권을 주장한 독립협회를 계승하였습니다. 애국계몽운동의 대표적인 사상가는 남궁억·정교·나수연·박은식 등입니다. 이들은 유학 사상에 기반을 둔 지식인들이었지만, 성리학의 전근대적인 면을 통렬히 비판하고 서구 사상을 받아들임으로써 새로운 사상 체계를 구축하려고 했습니다. 애국계몽 사상가들은 현실적인 차원에서 사회진화론을 받아들였고, 개화 사상가들이 그랬던 것처럼, 부국강병으로 부국강병을 이룬 열국을 넘어서려고 하였습니다.

이와 같은 논리 위에서 애국계몽운동은 친일 성향의 대한협회 계열과, 유교개혁론적 입장인 황성신문 계열, 국수 보전을 강조한 대한매일신보 계열 등 크게 세 방향으로 전개되었습니다. 대한협회 계열은 일

일본과 하나되자
친일단체

본의 보호 정치가 한국을 선진 문명국으로 이끌어 주기 위한 '문명국의 지도'로 인정하고 "한국이 부강해지면 독립시켜 주겠다."는 일본의 약속도 그대로 받아들였습니다. 그래서 일본의 보호하에 실력을 양성하여 독립하자는 논리를 폈고 항일 독립 투쟁에 대해서는 격렬히 비판했습니다. 황성신문 계열도 일본의 한일동맹론과 동양삼국 연대론 등에 대해서는 낙관하였지만, 한국에 대한 일본의 보호 정치는 비판하였습니다. 또 국권 침탈의 원인을 제국주의의 침략성보다 우리의 실력 부족으로 보고 실력 양성만을 유일한 대안으로 보았습니다.

하지만, 대한매일신보 계열은 일본의 보호 정치를 수탈을 위한 정치로 이해하였습니다. 또 1910년 한국의 식민지화가 구체화되기 전까지는 실력 양성으로 국권 회복이 가능한 것으로 여겼지만, 이후로는 불가능한 것으로 여기고 국외에서의 무장 투쟁 노선을 채택하였습니다. 다른 한편에서 비밀 결사 단체인 신민회는 계몽운동과 무력저항운동을 함께 전개했습니다.

애국계몽운동의 실력 양성론은 주로 언론과 교육 활동을 통해 이루어졌습니다. 곳곳에 민족 사학이 설립되고 근대식 시민 교육과 독립 사상 교육이 병행되었으며, 일제의 경제 침략에서 벗어나기 위한 민족 산업 진흥도 추진되었습니다. 하지만 일제의 탄압과 이권 침탈로 큰 성과를 거두지는 못했습니다. 그리고 아쉽게도 계몽운동가들의 상당수는 민족을 개조하여 일본과 하나가 되어야 한다는 식민 논리에 편승하여 친일의 길을 걷게 됩니다.

박은식, 국론을 되살려 독립을 촉구하다

박은식

박은식(1859~1925)은 유교의 개혁을 통해 국권 회복을 꾀했던 민족주의 사상가입니다. 그는 1898년 이전까지 주자학을 연마하던 유학자였습니다. 그러나 지나치게 중국 중심적이고 경직된 주자학과 당시에 국론과도 같았던 위정척사 사상에 회의를 품고 새로운 대안을 모색하게 되지요. 그는 사회진화론을 수용하여 당시 국제 질서가 약육강식의 논리를 바탕으로 형성된다는 것을 인정하고 민족 국가의 생존을 위해서는 자강의 힘을 기르는 것 이외엔 방법이 없다고 여겼습니다. 박은식은 일제가 대동학회를 내세워 유림儒林을 친일화하려고 하자 1909년 대동교를 창건하였습니다. 대동교는 대동 사상과 양명학에 입각하여 유교를 개혁하고 긍정적인 면을 활용함으로써 국권을 회복할 것을 목표로 삼았습니다.

박은식은 주자학보다 간결하고 개방적인 양명학을 바탕으로 국민의 뜻을 하나로 모아야 한다고 보았습니다. 그는 전 세계 학술이 발달하고 있지만, 모두 물질문명을 극단화하는 것에 불과하기 때문에 도덕을 밝히고 인도를 유지하여 균형을 맞춰갈 수 있는 대안으로 양명학이 필요하다고 하였습니다. 양명학에서 말하는 도덕 판단의 주체인 양지가 당시의 사상과 현실의 문제를 판단하고 비판할 수 있는 기준이 된다고 여긴 것입니다. 박은식은 양지를 확충하는 것이 개인과 국가의 차원으로 확장되면, 한국의 독립은 물론 인류 평화가 구현된 대동 사회를 건설할 수 있다고 하였습니다.

독립은 자강으로
…

1910년 이후로 박은식은 중국으로 망명하여 독립운동을 전개했습니다. 그는 국체는 망했지만 국혼國魂이 살아 있으면 부활이 가능하다고 믿었습니다. 독립국은 정신문화인 국혼과 경제·군사·영토·과학 기술 등 물질적 측면을 의미하는 국백이 융합되어 있는 것인데, 국백이 이민족에게 정벌 당한다 해도 국혼이 바로 소멸되는 것은 아니므로 국혼을 되살림으로써 독립을 되찾을 수 있다고 본 것입니다. 박은식은 국혼을 보존하는 길은 국사를 보존하는 것이라 여겨 국사 교육을 중시하였고 《한국통사》와 《한국독립운동지혈사》를 지었습니다. 여기서 박은식은 일본 제국주의 침략의 부당성과 잔학성을 폭로하고 이에 대한

'한국의 독립 투쟁사'를 서술하였지요. 박은식의 역사서는 일본의 금서 조치에도 불구하고 많은 사람들에게 애독되어 우리 민족의 독립 정신을 고취하는 데 크게 이바지하였습니다.

신채호, 민족 중심의 논리로 역사를 보다

신채호

신채호(1880~1936)도 박은식과 마찬가지로 유학을 먼저 공부한 유학자였습니다. 1905년에는 성균관 박사가 되기도 하였지요. 그의 사상에서 가장 중요한 것은 역사의식이었습니다. 신채호는 중국 망명 후에 신민회 계통의 민족주의자와 대종교 계통의 민족주의자로 구성된 광복회에서 활동하면서 고대사 연구에 몰두하였습니다. 그의 역사관은 민족 자강을 바탕으로 한 것이었습니다. 그는 임시 정부의 활동과 이승만의 외교론에 반대하여 완전 독립을 주장했고 1925년경에는 민족 항쟁의 적극 추진을 위해 무정부주의에 관심을 갖기도 하였습니다.

신채호는 제국주의가 자본주의 발달에 의한 시장 개척의 일환으로 진행되는 약육강식의 모습이라는 것을 간파하였습니다. 그리고 제국주의에 대항할 수 있는 진정한 근대의 주체는 '신국민'이라고 보았습니다. 그는 개인의 권리 문제보다도 '아我'의 개념을 확장한 '대아大我'로서의 '신국민'을 강조했습니다. 그는 어떤 개인의 능력이 아닌 국민 전체의 실력이 중요하다고 보았습니다. 또 한국에 고유한 근대 주체가 확립되기 위해서는 문명화를 위한 부국강병도 중요하지만, 이것이 결코 맹목적이고 비주체적인 추종이 되어서는 안 된다는 점을 분명히 하였습니다. 신채호는 우리 민족의 고유성과 주체성을 가지고 근대 국가를 건설할 것을 촉구하고 맹목적인 문명화의 자아를 상실하고 국권을 잃는 것이라 여겼습니다. 그래서 누구보다도 민족사에 주목합니다. 그는 생존을 얻는다 해도 주체성 없는 타자 중심의 논리에 끌려가면 노예 상태에 빠져 살아도 죽은 것이나 다름없다고 하였습니다. 따라서 그는 국사에 대한 주체적 서술로 민족혼을 보존하고 역사의 모범을 제시하려고 하였습니다. 그는 사대주의에 빠져 있는 역사 서술을 비판하고《조선상고사》를 저술하였습니다. 여기서 신채호는 민족사적 시원으로써 단군 고조선의 의의를 강조하고 발해사를 신라사와 동등한 입장에서 남북국 시대로 인식하였

신채호의 저서
1929년 선생이 대련감옥에 투옥 중일 때 발행된 《조선사연구초》(좌)와 역사학자였던 선생이 저술한 역사서 중 하나인 《조선상고사》

습니다. 그리고《삼국사기》·《동국통감》·《동국사략》등 유교사관 내지 존화사관을 비난하였지요. 또《일본서기》에 의거한 임라부경영설과 신라정벌설의 조작적 허구성에 대해 실증적·체계적 비판을 가하였습니다.

신채호는 대금 정벌과 칭제 건원할 것을 주장한 묘청 일파를 낭가郎家라고 하여 전통적인 민족주의 사상의 대변자로 보고 김부식을 유교적인 사대모화주의의 대변자로 대립시켜 서경 전역은 바로 민족자주파인 낭가와 사대주의파인 유가의 싸움이라고 보았습니다. 《삼국사기》이래 반역의 인물로 평가되어 온 묘청을 자주적·진취적 인물로 재평가한 것이지요. 또 역모를 꾀한 반역자로 평가되었던 정여립에 대하여 400년 전에 군신강상설君臣綱常說을 타파하려 한 동양의 위인이라 하였습니다. 신채호는 철저한 민족주의의 입장에서 주자학의 지배논리와 중국사의 고정화된 정통론을 부정하고 민중을 역사의 주체로 삼는 새로운 역사관을 제시하였던 것입니다. 그가 한국의 민중이 주체가 되고 민족의 고유성에 기반한 독립을 추구했던 점은 당시의 다른 계몽운동가들과 구별되는 독특한 점입니다.

04 조선 연구에 몰두하다

　조선 자체에 대한 올바른 인식을 위해 조선을 연구하던 학문을 '조선학朝鮮學'이라고 합니다. 조선학이라는 용어는 1930년대부터 흔하게 사용되었지요. 조선학의 연원을 따지자면 17세기 실학파까지 거슬러 올라갈 수 있겠지만 본격적인 연구는 19세기 말에서 20세기 초에 이루어졌습니다. 우선 1920년대에 국어와 국사 분야의 체계적인 연구가 진행되다가 1930년대에 가서는 다방면에 걸친 연구가 진행되어 조선학이라는 용어가 자연스럽게 자리 잡게 된 것입니다.

　조선학이 흥성하게 된 배경에는 일제의 문화 정책이 있었습니다. 일제는 삼일운동을 계기로 겉으로는 강압이 아닌 유화적인 문화 정책을 시행했지요. 하지만 실질적으로는 어용학자들을 동원해 타율과 정체 사관에 입각한 조선 사상 부재론이나 조선사 왜곡을 유포하여 독립 정신을 말살시키려고 하였습니다. 그 결과 많은 지식인들이 민족주의 노선에 섰다가도 어용 이론에 휘말려 친일의 길을 걷기도 하였습니다. 이런 상황에서 의식 있는 지식인들은 국학 연구에 더욱 박차를 가하였습니다. 물론 국학 연구자들 중에도 최남선이나 이광수와 같이 일제의 민족 말살 정책 앞에서 내선일체를 주장하는 친일 행각을 펼친 자들도 많습니다. 하지만 이 시기의 조선학 연구는 이후 국학 연구의 초석이 되는 귀중한 자료가 되었습니다.

이능화, 조선 사상 전반을 탐구하다

이능화李能和(1869~1945)는 이전까지 소홀했던 분야를 발굴하여 조선 사상 전반에 대한 연구를 진행했던 학자입니다. 그의 저서와 논문은 매우 많은데 그 가운데서도 중요한 것들만 들자면 《조선무속고》·《조선불교통사》·《조선도교사》·《조선해어화사》·《조선유교급 유교사상사》·《조선기도교급 외교사》·《조선신화고》 등이 있습니다.

우선 이능화의 조선 무속 연구는 우리의 무속 사상이 그 어느 사상보다 고유성을 많이 간직한다는 당시의 통념에 부응하는 것이었습니다. 그는 각종 술법과 무축巫祝도 연구하였지만 무엇보다도 단군 조선 이래 조선 말기까지 무속 신앙이 역사상으로 끼친 영향과 함께 그 시대 무습을 문헌이나 무속을 토대로 상세히 살피는 데 힘썼습니다. 이능화는 환웅천왕과 단군왕검을 신격을 가진 인간으로 보고 단군 조선 시대의 종교를 신교神教라고 부르며 그것이 사실상 무교의 원천이라고 하였습니다. 민족의 시조인 환웅과 단군은 하늘을 섬기는 무당의 능력과 통치력을 아울러 지니고 고대의 천제와 씨족의 통치를 행한 제왕이라는 것이 그의 견해입니다. 그리고 이러한 신교에 연원을 둔 무교는 마한·예·백제·부여 등에도 이어지고 유·불·도와 같은 외래 종교에 습합되기도 하고 민간 신앙으로 남아 끊임없이 민중들에게 안위를 주는 것이라고 하였습니다.

《조선불교통사》는 조선 불교에 대한 자료를 풍부하게 수집하여 편

이능화의 《조선불교통사》

년체 형식으로 정리한 것입니다. 여기서 이능화는 조선 불교를 다섯 시기로 구분하였습니다. 즉 불교가 처음 도입된 삼국 시대를 '경교창흥經教創興 시대'로, 신라 헌덕왕 대부터 고려 초까지 약 200년간을 '선종울흥禪宗蔚興 시대'로, 고려 초부터 말까지 400년간을 '선교병융禪教竝隆 시대'로, 조선 초 세종 대 모든 종파를 병합한 조치로 선교 두 종만 남았다가, 선조 대 청허(휴정대사)가 선교를 통일한 조선 시대를 '선교통일禪教統一 시대'로, 마지막으로 일제 강점기를 '선교보수禪教保守 시대'로 구분한 것입니다. 불교를 시대별로 구분하여 통사를 썼다는 것은 당시로서는 획기적인 일이었습니다. 하지만 각 시대별로 불교 사상의 흐름을 정리하지 못한 점은 그의 한계점이라고 할 수 있지요.

이능화는 이미 교단 조직이 끊어져 당시로서는 아무도 관심을 갖지 않았던 도교에 대해서도 정리를 했습니다. 이능화는 한나라 대에 장도릉張道陵(85?~157?)이라는 사람이 노장 사상을 바탕으로 세운 종교인 '오두미도五斗米道'가 고구려 말경에 도입되고 이어 노장 사상이 전래되면서 한국에 도교가 자리 잡기 시작했다고 했습니다. 그는 백제에도 노장 사상이 있었고 신라에는 선파仙派가 많았으며 고려 시대에 최고의 전성기를 누렸다고 했습니다. 그리고 조선 시대에는 왕실이나 궁중의 의례를 통해서 어느 정도 위상을 유지하였고 김시습이나 홍유손으로 이루어진 조선의 단학파가 있었다고 하였습니다. 또 일제 강점기하에서 유·불·선 삼교를 종합한 동학을 비롯한 신흥 종교들을 다루면서 타종교에 습합된 도교적 요소를 밝히려고 하였습니다.

이능화의 연구가 민족의식이나 투철한 비판의식을 통해 이루어진 것은 아니지만, 국학 연구에 체계적인 정립을 시도했다는 점과 당시로서는 새로운 연구 분야를 개척했다는 점은 높이 평가할 수 있습니다.

정인보, 조선의 얼과 역사를 찾다

1930년대 조선학 흥성기의 대표적인 학자로 정인보鄭寅普(1892~
1950?)를 들 수 있습니다. 정인보는 특히 조선의 역사와 실학·양명학
연구에 매진하여 조선학의 내실을 충실히 한 업적이 커서 조선학 연구
기를 대표하는 국학자이자 사상가로 손꼽힙니다.

정인보는 양명학자인 이건방李建芳(1861~1939)에게서 한학과 양명
학을 배웠고 23세 때 한일병합이 이루어지자, 중국으로 자리를 옮겨
동양학을 전공하는 한편 신규식·박은식·신채호 등과 함께 동제사同
濟社를 조직하여 독립운동과 동포계몽운동에 전력하였습니다. 31세
이후로는 대학에서 조선 문학과 한학을 강의하면서 조국의 역사와 사
상에 대한 탐구에 몰두하였습니다. 정인보의 대표적인 저술로는《조선
사 연구》와《양명학 연론》이 있고, 정약용의《경세유표》·《목민심
서》·《흠흠신서》등에 대한 해제와 해설서가 있습니다.

정인보의 진영

정인보의 조선사 연구는 박은식과 신채호의 민족주의 사학과 맥을
같이하는 것으로 일제의 역사 왜곡에 대항하여 조선사의 내재적 발전
동인을 찾아 천명하는 작업이었습니다. 정인보는 이를 '얼' 이라고 표
현하였지요. 그는 유구한 조선의 역사는 '조선 민족의 얼' 로 인해 이루
어진 것이고 민족의 얼은 자주와 자유의 힘을 발휘하는 원천이며 남이
탈취할 수 없는 것이라 하였습니다. 또한 한 개인이 자기 자신을 양지
良知에 의해 스스로 자각하게 하는 '얼' 은 가깝게는 한 민족으로부터
크게 전인류 내지 천지 만물에 이르기까지 일체이고 종족이 존재를 이
어가게 하는 것이라 하였습니다. 그러니까 '얼' 은 자각의 원천이고 민
족이란 이런 자각된 '얼의 모임' 이라는 것입니다. 이것은 조선의 얼을
말할 때도 각자가 민족에 대한 일체감과 민족을 위한 주체적 각성을 갖
지 않으면 안 된다는 것을 내포하는 것이기도 하지요. 정인보는 '얼' 의

정인보의 《조선사연구》

존주론은 주나라를 존중하고 이적을
물리친다는 존주양이(尊周攘夷)의 줄임
말이다. 여기서 주나라는 중화 문명
의 담지자로 선진 문명을 대표한다.
조선 후기 지식인은 주나라의 정통
성을 잇는 문명국을 명明으로 여겼
고 명의 멸망 후에는 조선을 유일한
문명국으로 여겼다. 선진 문명의 내
용은 성리학적 사회 문화였고, 조선
후기의 존주론을 이끌어 가는 학문
의 중심에는 주자학이 있었다.

차원에서는 옛 사람이 곧 우리이고 과거를 살아 있는 과거라고 하여 과
거의 역사가 현재 속에 살아 있다고 하였습니다.

정인보는 '조선의 얼' 의 원초적인 구현을 '홍익인간' 에서 찾았습니
다. 그는 '홍익인간' 이 인간을 본위로 하고 존중하는 정신으로서 곧 단
군 시대부터 민족 생활의 이상으로 삼았던 사상이라고 했습니다. 광개
토대왕비문에 나타나는 '도로써 나라를 다스린다' 는 문구와 최치원의
난랑비서문의 '풍류' 에 대한 언급들이 홍익인간의 가르침을 실천하려
던 증거라고도 하였지요. 그는 풍류란 '부루' 의 음을 본뜬 것이고 부루
는 나라를 의미하는 '벌' 의 옛말이므로 결국 풍류는 국교를 가리킨다
고 해석하였습니다. 그러니까 신라의 국교가 홍익인간의 이념을 실천
하려던 것이었다는 겁니다. 정인보는 이러한 '조선의 얼' 이 당대에는
실학으로 드러난다고 하였습니다. 그래서 여러 실학자 중에서도 이익
과 정약용의 학문을 높이 평가했지요. 그러나 당시 전반적인 상황 속에
서는 '조선의 얼' 이 쇠퇴해진 것을 파악했습니다. 그리고 그 원인을 춘
추대의나 존주론*만 추종하고 헛된 명분만 신봉하던 풍조에서 찾았지
요. 정인보는 쇠퇴해져 버린 '조선의 얼' 을 일깨우는 것은 '본밑 마음'
을 강조하는 양명학을 바탕으로 해야 한다고 하였습니다. 정인보는 정
주학보다 양명학이 월등히 실용적이라고 보고 조선의 양명학 연구에
도 몰두하여 큰 업적을 남겼습니다. 그가 정리한 조선 양명학파의 계보
는 오늘날까지도 유효합니다.

05 강단에서 철학을 강의하는 시대

 삼일운동 이후 서양 학문에 대한 열기가 높아가자 민족진영은 점진적 실력 양성론의 일환으로 민립대학 운동을 활발하게 벌이기 시작했습니다. 그러자 조선총독부는 민립대학 운동의 의지를 무산시키고 한국인들의 교육 열기를 체제 내적인 것으로 돌리기 위한 방편으로 경성제국대학을 설립하였습니다. 경성제국대학은 식민지 관학으로서 식민지 권력 기구에 순종하는 중간 엘리트를 양성하고자 하였습니다. 서양 철학을 비롯한 여러 근대 학문들이 경성제국대학을 통해 더욱 체계적으로 교육되기 시작했습니다. 서양 철학도 단순한 소개의 차원이 아니라 대학이라는 제도적 장치 속에서 지속적으로 연구될 수 있게 되었지요. 여기서 철학 강의가 진행되면서 강단 철학이 시작되었습니다.

 그리고 1933년에는 외국 유학생과 경성제국대학 철학 전공자들을 중심으로 '철학연구회'가 구성되고 《철학》이라는 최초의 철학 전문 학술지가 발행되기도 하였습니다. 하지만 해방 이전의 학문 연구는 일본의 학문 연구 경향을 그대로 답습하는 경우가 많았습니다. 조선의 철

경성제국대학
1924년 일본 정부가 서울(당시 경성부京城府)에 설립한 관립종합대학

학을 대표했던 조선 유학은 일본학자들에 의해 종속적이며 당파적이고 편협한 것으로 규정되었고 이런 인식은 해방 이후에도 상당 기간 지속되었습니다. 당시의 철학 연구는 서양 철학을 중심으로 이루어졌습니다. 《철학》의 연구 논문은 대부분 서양 철학에 관한 것이었지요. 전통 철학이 도외시되긴 하였지만, 당시 철학자들은 나름대로 현실 문제에 뿌리를 두고 이를 해결할 수 있는 방안으로 서양 철학을 연구했던 것이었습니다.

그러나 1937년 중일전쟁 이후 조선 말살 정책이 강화되면서 이마저도 좌절되고 말았습니다. 사상 통제로 철학 연구회의 활동이 중단되고 학술지도 폐간되었습니다. 이후의 철학 연구는 당시에 경성제국대학의 철학 연구실에서 결성한 '철학담화회'를 중심으로 이루어졌습니다. 경성제국대학 철학과는 철학을 전공할 수 있는 유일한 곳이었고 교수진들은 정책적으로 일본인 학자들로만 구성되어 있었습니다. 사립대학에서는 철학이 교양 교육의 일환이었기 때문에 다음 세대의 철학자들을 교육시킬 기회를 갖지 못했지요. 그래서 경성제국대학 철학 연구실은 서양 철학 연구의 중심이 되었고, 이들의 연구는 '대동아 공영체제'가 허용하는 독일의 관념 철학과 실존 철학으로 일본 철학계의 연구를 그대로 옮겨 놓은 것과 다름없었습니다.

이러한 연구 붐은 해방 이후 남한 철학계의 주류를 이루었습니다. 철학 담화회의 구성원들이 해방 이후에도 남한 철학계의 중진을 이루었기 때문이지요. 1920년대 주로 독립운동가들 사이에서 혁명 이론과 투쟁 방법론으로 수용된 마르크스 철학은 철학계에서는 제대로 연구될

일본철학

수가 없었습니다. 저항 이론을 담고 있는 마르크스 철학이 사상 통제 대상의 제1호였기 때문이지요. 마르크스 철학은 해방이 되고 나서야 식민 시대에 저류로 흐르던 다른 사조들과 함께 표면화되었습니다. 이 시기에는 철학자들의 사회 참여도 활발했습니다.

그러나 해방 이후 정국은 민족적 분열로 점철되었고 급기야 6·25전쟁을 통해 분단이 고착화되었습니다. 이 과정에서 철학계는 새로운 학풍이 싹트기도 전에 커다란 혼란에 빠졌으며 냉전의 흑백논리 속에서 마르크스 철학은 남한 철학계에서 자취를 감추게 되었습니다.

쉬어가기

✖ 경허, 피투성이 수행으로 깨치다

근대에 사회적인 측면에서 불교의 개혁을 주장한 인물이 만해 한용운이라면, 거의 끊어진 조선 선불교의 맥을 되살려 선풍의 기치를 바로 세운 인물은 성우惺牛 경허鏡虛(1846~1912)다. 경허는 한국의 근대 선불교에서 그야말로 독보적인 존재라 할 수 있다. 그는 의발을 전수해 주고 깨침을 인가해 줄 선지식도 없이 스스로 닦고 깨우쳤다. 1943년 간행된 《경허집鏡虛集》에서 한용운이 쓴 〈약보〉를 보면, 경허는 태어난 지 사흘이 지나도록 울지 않다가 목욕을 시키자 비로소 울음을 터뜨려 사람들이 모두 기이하게 여겼다고 한다. 불교에서는 완전히 깨달은 사람은 중생을 제도하기 위해 다시 세상에 나올 때, 어머니 태에 들어가고 열 달 동안 머물며 태에서 다시 나오는 모든 과정 속에서 어둡지 않다고 한다. 한용운이 사흘 동안 울지 않았다는 것을 기록한 이유는 바로 여기에 있다. 경허가 완전히 깨닫고는 중생을 위해 다시 온 사람이라는 것이다. 그만큼 경허는 뛰어난 선사였다.

경허라는 이름은 법호이고 성우는 법명, 어릴 때 이름은 동욱東旭이었다. 그는 9살 때 경기도의 청계사淸溪寺에 계허契虛 스님을 은사로 출가하였다. 경허의 출가에는 어머니의 깊은 불심과 형인 태허성원泰虛性圓의 출가라는 배경이 있었다. 그러나 무엇보다도 중요한 것은 당시에 어린 나이에도 불구하고, 그가 아버지의 죽음을 계기로 생사에 대한 문제의식을 갖게 되었다는 것이다. 경허는 청계사에서 비구가 되기 전 단계인 사미승으로서 나무 하고 물 긷고 밥 지으면서 스승을 극진히 공양하였다. 14세가 되도록 글 배울 겨를이 없었다가, 그해에 청계사에서 여름을 보내게 된 한 선비로부터 천자문千字文·통감通鑑·사략史略 등을 배웠다. 이때 경허는 선비가 가르치

경허의 진영

는 대로 배우고 곧바로 다 외워서 선비를 놀라게 했는데, 오래지 않아 선비가 더 이상 가르칠 것이 없는 경지에 이르게 되었다. 선비는 그의 스승인 계허에게 총명하고 비범한 경허를 큰 절로 보내서 공부시켜야 한다고 당부했다. 마침 그해에 계허가 환속을 하게 되면서 경허는 계룡산 동학사로 가게 되었다. 거기서 당시에 조선 제일의 강백이었던 만화보선萬化普善에게서 수학하게 되었다. 이때 경허의 학문은 날로 깊어져 경·율·론 삼장뿐만 아니라, 유학과 노장까지도 정통했다. 한용운은 '널리 내외전內外典을 섭렵하여 정통하지 않은 것이 없어서 이름을 팔도에 떨쳤다'고 하였다.

그는 23세부터 강의를 시작하여 10여 년간 젊은 대강사로 활약하다가 34세 때 수행의 큰 계기를 맞게 된다. 옛 스승인 계허를 찾아가다가 콜레라가 창궐하는 마을에 도달해 죽음에 직면하게 된 일이 그것이다. 경허는 죽음의 벼랑에 이르러서는 문자나 알음알이는 아무 소용이 없다는 것을 절감하고 대발심하여 곧바로 동학사로 돌아왔다. 그리고는 문자를 떠나 오직 의심으로 화두를 타파하는 활구참선活句參禪에 들어갔다. 그가 택한 화두는 '나귀의 일이 가지도 않아서 말의 일이 왔다[驢事未去 馬事到來].'는 것이었다. 경허는 학인들을 모두 흩어 보내고 조실방으로 들어갔다. 조실방 한구석에 대소변을 볼 수 있는 구멍을 뚫어 밖으로 내고 하루 한 끼 공양이 들어올 수 있는 조그만 창문 하나만을 내고는 안에서 문을 폐쇄해 버렸다. 그리고 깨닫기 전에는 조실방에서 나가지 않으리라는 각오로 용맹 정진했다. 밤에 졸리면 송곳으로 허벅지를 찌르고 혹은 칼을 갈아서 턱에 괴며 3개월 동안 처절한 수행을 하였다. 경허의 모습은 상처와 피투성이로 차마 눈뜨고 볼 수 없는 지경이었다.

그는 간절한 마음으로 화두를 참구하여 화두를 들지 않아도 화두가 현전하여 참구한다는 마음조차 없는 경지에 이른 어느 날, "소가 되어도 고삐 뚫을 구멍이 없다."는 말을 듣고 활연대오豁然大悟하였다. 하지만 여기서 끝난 것이 아니었다. 선가에서는 깨달음을 점검받는 것을 중요하게 여긴다. 그래야만 잘못 깨친 것과 얕게 깨친 것을 바르게 지도받을 수 있다는 것이다. 당시에는 경허의 깨달음을 인가해 줄 밝은 선지식이 없었다. 그래서 경허는 천장암에서 보임장양保任長養을 하기로 했다. 보임장양은 진여불성을 깨친 뒤에 다시 숲 속이나 토굴에서 자취를 감추고 성태聖胎를 오래오래 기르는 것을 말한다. 경허는 천장암에서 손수 지은 누더기 솜옷을 입고, 1년 동안 한 번도 눕지 않고 공양에 들거나 대소변을 보는 일 외에 바위처럼 앉아 움직이지 않았다.

그리고는 마침내 1881년 이가 들끓고 있는 누더기를 벗어 버리고 다음과 같이 오도송 悟道頌을 불렀다.

홀연히 코뚜레를 꿸 콧구멍이 없다는 말을 듣고
몰록 삼천대천세계가 내 집임을 깨달았네
유월 연암산 아랫길에
들사람 일없이 태평가를 부르는구나

이후에 경허는 인연따라 중생교화를 베풀면서 많은 일화들을 남겼다. 일반인의 입장에서는 파계라고 헐뜯을 만한 일도 많았다. 술 마시고 고기를 먹고 문둥병에 걸린 여자와 몇 달을 동침하기도 하였으며 여인을 희롱한 뒤 몰매를 맞기도 하였다. 그러나 그의 기행은 일체의 걸림 없이 범부들을 교화하고자 한 것이었다. 그의 제자 한암은 뭇사람들이 진정한 깨침 없이 경허의 행동만을 따라하는 것을 경계했다.

경허는 여러 절에서 불사를 이루고 불법을 전하였다. 그는 부처의 법은 나고 죽음이 없는 이치이고 중생이 곧 부처이며, 선과 교는 둘이 아니고 일체의 이론을 배제한 간화선을 통해서 깨쳐야 한다고 하였다. 어느 곳 어느 때라도 의심하고 의심하되, 고양이가 쥐 잡듯이, 목마른 이 물 찾듯이, 늙은 과부가 자식 잃은 후에 자식 생각 하듯이 간절하게 수행에 정진해야 한다고 하였다. 이런 경허의 선지식이 더 빛을 발하는 것은 그가 항상 대중 속에서 선을 실현하려고 하였다는 것 때문이다. 그는 인연이 닿는 대로 바로 그 자리에서 깨칠 수 있는 계기를 마련해 주었다. 그리고 늘 보살이 티끌세상 속에서 중생과 함께하며 중생을 교화하는 화광동진和光同塵에 뜻을 두었다.

경허는 만년에 제자인 만공에게 전법게를 주고는 그야말로 본격적인 화광동진에 들어갔다. 그는 이름을 박난주朴蘭洲라고 하고, 머리를 길러 속인의 차림을 하고는 평안도로 갔다. 그리고 거기서 김탁이라는 독립운동가를 만나 그의 집에 거처하면서 아이들에게 글을 가르쳤다. 그러다가 1912년에 다음과 같은 열반송涅槃頌을 남기고 입적하였다.

마음달이 외로이 둥그니
빛이 만상을 삼켰도다
빛과 경계를 함께 잊으니
다시 이것이 무슨 물건인고

경허의 법제자는 대표적으로 수월(1855~1928)·혜월慧月(1862~1937)·만공滿空(1871~1946) 등을 들 수 있다. 이들은 흔히 세 달[三月]이라고도 한다. 주로 만주 지방에 머물렀던 수월은 북녘에 뜬 상현달이 되고, 영남 지방에 머물렀던 혜월은 남녘 하늘의 하현달이 되고, 만공은 호서 지방에 머물면서 보름달이 되어 각각 경허의 선풍을 계승했다.

만공의 진영

7

한국 현대 철학의 흐름

제2차세계대전의 종결과 함께 맞이한 해방은 연합국의 승리와
더불어 한민족의 끈질긴 항일 독립 투쟁의 결과였습니다. 그러나 연합국의 도움으로
얻은 해방은 강대국의 간섭이라는 또 다른 난제를 남겨 놓았습니다. 한국의 지식인
들은 이 속에서 결국 분열되고 말았지요. 남한에서는 대한민국, 북한에서는 조선민
주주의 인민공화국이라는 두 개의 정부가 세워지면서 분단의 시대가 시작되었습니
다. 북한의 조선노동당은 통일을 기대하고 남침을 감행했지만, 전쟁의 결과는 상처
뿐이었습니다. 또 분단에서 빚어진 이념 대립은 남한과 북한 모두에게서 사상의 자
유를 앗아가 버렸습니다. 분단 이후, 남한의 현대사는 독재 정권과 민주를 원하는 민
중의 대립과 투쟁으로 얼룩졌습니다. 그리고 북한은 사회주의 이상으로 한발 나아가
는 듯했지만, 곧 현실의 벽에 부딪쳤습니다.

　남한에서 대한민국 정부를 수립한 초대 이승만 정권은 식민지 시대의 잔재를 제대
로 청산하지 못했습니다. 남한 현대사의 질곡은 여기서부터 시작되었다고 해도 과언
이 아닙니다. 올바른 반성 없는 역사는 계속해서 분열과 혼란을 낳았고 거듭되는 독
재 정권의 출현을 봐야 했습니다. 그 속에서 민주를 원하는 민중은 맨몸으로 부딪치
면서 고통 받았습니다. 남한은 성립 초기부터 미국의 경제 원조에 크게 의존했는데,
이 때문에 정치와 경제 분야에서 철저하게 미국의 통제를 받았습니다. 그러면서 미
국의 문화를 우월한 것으로 받아들이는 풍조가 생겼지요. 남한의 민중들은 어려움
속에서도 정말 '잘사는 길'을 찾아 나섰습니다. 1970년대 이후부터 고도의 경제 성
장을 이루어 냈고, 양심적인 지식인들이나 학생들도 함께 민주주의를 정착시켜 나갔
습니다. 그리하여 1993년에는 '문민정부'가 탄생했고 1998년에는 수구 세력과 손을
잡긴 했지만, 민주화 투쟁에 앞장섰던 사람들이 정부를 구성하게 되었습니다. 경제
적으로는 1990년대 말에 IMF 위기를 만나는 어려움이 있었지만 그것도 잘 이겨 냈습
니다.

한편, 분단 이후 분열을 거듭했던 남한과는 달리 북한은 성공적으로 전후 복구 사업을 마쳤습니다. 남한이 4·19 혁명과 5·16 군사정변으로 이어지는 혼란을 겪고 있을 때, 북한은 사회주의 경제의 기초를 마련하고 다시 경제 개발 계획을 추진하여 소기의 목표를 달성했습니다. 그러나 1960년대 중반부터 중국과 소련의 분쟁으로 공산권이 분열되기 시작하고 쿠바 사태와 베트남전 등으로 위기감이 고조되자, 벽에 부딪쳤습니다. 소련으로부터의 경제 원조는 줄어들고 자주국방을 위한 군사비 부담은 계속 증가했습니다. 북한은 중소 분쟁에 대한 입장 표명을 '주체와 자주노선' 으로 정하고 자력갱생을 추구했습니다. 그리고 김일성 중심의 조선노동당은 총체적인 난관을 항일 유격대식으로 돌파하기 위해서 모든 사람이 주체 사상으로 무장한 일사분란한 체계를 만들어 냈습니다. 그것은 바로 신격화된 수령 중심의 북한식 사회주의 체제였습니다. 북한식 사회주의 체제는 사회통합력을 강하게 만들었지만, 이런 획일화되고 정체된 사회 속에서 성장을 기대하기는 어려웠습니다.

1980년대부터는 경제 침체가 본격화되었고 1990년대에는 사회주의국가들의 붕괴에 맞서 독자적인 사회주의 노선을 고수하다가 외교적인 고립을 맛보았습니다. 북한은 1990년대 후반부터 자본주의 사회와 적극적인 교류를 추진하였습니다. 미사일과 핵 문제로 긴장을 조성하긴 했지만, 이들은 모두 국내외적인 위기에서 벗어나기 위한 방편이었습니다.

현재, 북한의 지도부는 대외 개방과 시장 도입을 통한 경제 회생의 길을 모색하고 있습니다. 단 북한의 '우리식 사회주의' 의 가치를 훼손하지 않는다는 원칙하에서 말이지요. 북한의 개혁과 개방은 남한에게도 중요한 문제입니다. 개혁의 성공 여부에 따라 남북 관계가 달라지고 통일의 시대, 통일의 철학도 기대할 수 있게 되기 때문입니다.

01 전통 철학과 서양 철학의 만남

전통 철학, 우리의 철학을 우리의 눈으로 보다

해방 후 남한에서는 강단 동양 철학이 본격적으로 전개되었습니다. 이 시기에는 유·불·도를 중심으로 하는 전통 철학에 대한 오랜 비판의 영향을 받아 서양의 근대적 학문 방법론 위에서 이를 분석하는 것이 중심이 되었습니다. 중국에서는 이러한 작업이 이미 1920년대부터 본격화되었지요. 우리나라의 현대 동양 철학은 이러한 중국의 성과를 받아들이는 데 주력하였습니다. 또 식민지 시기에 경성제국대학을 중심으로 형성된 한국 철학의 부재론이나 정체론을 극복하기 위한 노력이 기울여졌습니다. 일제 어용학자들뿐만 아니라 민족적 지식인들도 유교와 전통 일반을 봉건적인 잔재요, 청산의 대상으로 보았기. 때문에 전통 철학에서 긍정적인 면을 찾고 현대적 시점에서 이를 되살리는 작업이 필요했습니다.

해방 이후 이 문제에 적극적으로 관심을 기울인 학자는 기당幾堂 현상윤玄相允(1893~?)과 경로卿輅 이상은李相殷(1905~1976)이었습니다. 현상윤은 1949년 철학 사상을 중심으로 쓴 철학사인《조선유학사》를 발간하였습니다. 그는 이 책에서 종래에 부정적으로 평가되었던 주자학을 한국 유학과 철학을 대표하는 것으로 주장하였습니다. 조선 주자학의 역사적 공과를 떠나 순수 철학적인 측면에서 이를 평가한 것이지요. 또한 기존까지의 평가와는 정반대로 퇴계를 한국 유학의 최고봉으로 보았습니다. 이상은도 퇴계학에 관심을 갖고《퇴계의 생애와 학문》이라는 입문서와 함께 상당수의 논문을 발표했습니다. 이상은의 연구는 퇴계 철학 본래적 의미에 충실하면서 현대적 의의를 모색하는 데 소홀하지 않아 퇴계학 연구에 대한 새로운 지평을 열었습니다. 이상은은 또 〈유교 이념과 한국의 근대화 문제〉에서 유교 이념이 한국의 근대화를 결코 저해한 것만은 아니고 민주화 등에도 오히려 도움이 된 점이 있다고 했습니다. 그리고 유교를 중심으로 전통 철학을 현대적으로 재해석할 것을 주장했습니다. 1950~1960년대에는 한국의 철학사를 정리하는 작업도 함께 진행되었는데, 완성된 철학사를 제대로 펴내지는 못했습니다. 이런 와중에 북한에서 먼저 정진석鄭鎭石 · 정성철鄭聖哲 · 김창원金昌元의 공저로 된《조선철학사(상)》가 나왔습니다.

현상윤

1970년대로 접어들면서 전통 철학 연구자들이 늘어나고 정신문화연구원과 같은 연구 기관이 설립되면서 활발한 연구가 진행되었습니다. 국학 전반에 걸쳐 연구 열의가 높아졌지요. 전통 철학 연구의 대상도 양명학 · 경학 · 실학 등과 같이 다양한 분야로 넓혀졌습니다. 불교계에서는 한국 불교의 흐름을 다시 역사적으로 개관하면서 깊이 있는 연구를 준비하는 단계에 머물렀습니다. 유학 분야에서 가장 활발한 연구를 한 사람은 지산智山 배종호裵宗鎬(1919~1990)와 도원道原 유승국柳承國(1923~)입니다.

배종호는《한국유학사》를 저술하였고 1980년대에는《한국 유학의

배종호의 진영

과제와 전개(Ⅰ,Ⅱ)》·《한국 유학 자료 집성》·《한국 유학의 철학적 전개(속)》 등을 간행했습니다. 이 책 속에서 배종호는 서양 철학적 개념과 방법을 사용하여 조선 성리학의 쟁점을 체계적으로 밝히려고 하였습니다. 유학의 용어 구사부터 서양 철학에 너무 의존한다는 비평이 있었지만, 그에게는 실상 철학이라면 서양 철학만 떠올렸던 당시 분위기에서 동양 철학을 학계에 이해시키고 동학인을 늘려 나가려는 의도가 있었습니다. 저술이 많은 편은 아니지만, 유승국은 한국 유학의 원류를 탐구하면서 유교의 대중화에도 힘썼습니다. 대표적인 저술은 《한국의 유교》와 《유학 사상의 연원적 탐구─인방문화人方文化와 관련하여》입니다. 유학 원류에 대한 그의 탐구는 '갑골문과 금석문' 자료를 비롯하여 한국과 중국의 각종 고문헌을 섭렵한 자료로 이루어졌습니다.

1980년대 이후로는 내부적으로 민주화 운동이 진행되고 외부적으로 개혁과 개방의 시대를 맞은 중국의 동양 철학 연구물들이 국내에 소개되면서 좀더 객관적이고 과학적인 연구가 시작되었습니다. 이 시기에는 한국공자학회·동양철학연구회·한국도교사상연구회·한국사상사학회·퇴계학연구소·남명학연구소 등 다양한 학회와 연구소가 건립되었습니다. 그리고 '한국철학회'가 1970년대부터 기획했던 《한국철학사》가 간행되었습니다. 불교계도 고익진을 중심으로 활발한 연구가 진행되었고, 송항룡과 차주환에 의해 한국 도교 철학의 흐름이 정리되기도 했습니다.

이 시기에는 국제 학술 교류도 활발해져 퇴계 이황의 사상 연구가 국제적인 차원에서 이루어지고 율곡 이이의 학문이 해외에 소개되기도 하였습니다. 또 국제 교류에 발맞추어 한국 철학 방법론에 대한 고찰이 심도 있게 진행되었습니다. 이완재 등 5명이 공동 집필한 《한국에서 철학하는 자세들》은 '한국 철학, 가능한가', '한국 사상은 무엇인가', '동양 철학을 어떻게 할 것인가' 등 문제의 심각성을 깨닫고 '세계 속의 한국 철학'을 진지하게 고찰했습니다.

1990년대에는 한국 철학 및 중국 철학 전공 박사가 대량 배출되면서 연구물들이 더욱 많아졌습니다. 그러나 그러다 보니 연구물의 질에 대한 반성의 소리도 나오기 시작했습니다. 이 시기는 어느 정도 한국 철학 연구가 축적된 상황이었기 때문에 기존의 연구물에 대한 반성도 일어났습니다. 특히 조선 성리학사를 다룰 때 '주리主理'와 '주기主氣'의 개념을 사용하는 것이 문제가 되었습니다. 주리와 주기의 개념은 일제 시대에 다카하시 도루가 사용한 방법론을 무비판적으로 답습해 온 것이고 북한의 일원론이나 이원론의 구분이 더 설득력 있다는 견해가 나왔습니다. 천원天原 윤사순尹絲淳(1936~)은 유학 본래의 천지인天地人 삼재三才 사상적 틀을 발전시켜 한국 성리학을 탐구하는 것이 바람직하다는 주장을 하기도 했습니다. 불교 분야에서도 다양한 연구와 함께 국내 불교학계의 인문학적 기반이 약하고 사회 쟁점 분석에 큰 관심을 두지 않는다는 점, 중국에 대한 한국 불교의 독자성을 강화하려는 의식이 약하다는 점 등의 반성이 있었습니다. 유학과 불교에 비해 전공자들이 적었던 도가 분야는 1997년에 결성된 '도가철학회'에 의해 연구에 활기를 더했습니다. 1990년대 이후로는 유학과 불교를 비롯한 한국 사상 전반에 대한 외국학자들의 연구도 활발해졌습니다.

전통 종교, 정체성의 고민에 빠지다

유교, 종교화에 실패하다

해방 이후에도 남한의 전통적인 종교들은 개혁의 몸살을 앓았습니다. 유교에서는 심산心山 김창숙金昌淑(1879~1962)을 중심으로 어용 유림을 성균관에서 축출하고 난립한 유림 조직을 재편하는 등 유교의 개혁을 추동하는 움직임이 보였습니다. 김창숙은 유교 이념을 바탕으로

김창숙의 진영

한 육영사업의 일환으로 성균관대학을 설립하면서 유교의 현대화를 꾀하고 사회 개혁에 발맞춰 가는 행동주의 유학을 표방하였습니다.

그러나 조선 시대를 대표했던 유교는 조선의 몰락과 함께 개혁과 비판의 대상이 되어 왔고 성균관재단과 유도회를 둘러싼 유림 간의 분규가 지속되면서 쇠퇴의 길을 걸었습니다. 유림의 활동은 지금까지도 현상 유지에 급급하면서 가족법 개정 반대 시위, 전통 예법을 오늘에 되살리기 위한 예절 학교 운영 등에 머물러 있습니다. 또 일부 유림들 사이에서 유교를 종교로 인정하지 않는 분위기가 형성되면서 유교 활동이 애매해지기도 했습니다. 이런 이유에서 1990년대에는 유교의 현대화와 함께 종교화 사업이 진행되었습니다. 그러나 유교를 종교로 보지 않는 인식은 일반 대중에게 더욱더 확산되는 추세였으므로 실효를 거두지는 못했습니다. 그러나 종교적인 차원이 아닌 순수한 학문적 차원에서는 유학 연구가 가장 활발하게 이루어졌습니다.

불교, 분열 속에서도 선승을 배출하다

불교도 조선 시대와 같은 침체에서는 벗어났지만, 폭력 사태가 일어날 정도로 이권을 둘러싼 내부 분열이 극심했기 때문에 민중들에게 외면을 당하는 경우가 많았습니다. 해방 전후의 사회적 분위기는 전통을 구시대의 유물로 보고 물질적으로 발달된 서구 문화를 합리적인 신문명新文明으로 보는 것이었습니다. 이런 상황은 최근까지 계속되었지요. 이 속에서 불교계가 사상적으로 발전하는 것은 매우 어려운 일이었습니다.

그러다가 1981년에 조계종 종정이던 성철性徹(1911~1993)이《선문정로禪門正路》를 내면서 다시금 선계 논쟁이 일어났습니다. 성철은《선문정로》에서 보조국사 지눌의 돈오점수설을 놓고 "몹쓸 나무가 뜰 안에 났으니 베어 버리지 않을 수 없다(독수생정毒樹生庭 불가불벌不可不

伐).”라고 하였습니다. 한국 불교계의 정맥으로 존숭되는 지눌을 당대 불교계의 탁월한 지도자로 추앙받던 성철이 이와 같이 비판하자 섣불리 논의에 개입하는 사람이 없었습니다.

성철의 생가

그리고 10년이 지난 1990년에 가서야 비로소 '돈오점수頓悟漸修'와 '돈오돈수頓悟頓修'의 문제가 학술적으로 논의되었습니다. 성철이 지눌을 비판한 것은 돈오점수의 '돈오'가 참된 깨달음이 아니라는 것입니다. 완전한 깨달음이라면 닦음, 즉 '점수'가 필요 없다는 것이지요.

지눌은 당시 불교인들이 도를 닦지 않고 사상적 혼란을 겪는 문제를 해결하기 위해 수도 중심의 체계적인 이론을 제시했습니다. 그에게 도를 닦는 것은 불경을 읽고 참선을 행하며 이타행을 실천하는 것입니다. 지눌이 구상한 올바른 수도 이론은 자기 체험과 불경 읽기를 통해 일시에 오는 내면적 변화를 깨우침으로 인정하고 좀더 궁극적인 깨달음을 위해 참선과 같은 닦음을 계속해 나가야 한다는 것입니다. 지눌의 수도 이론은 '불경 읽기 → 해오解悟(돈오頓悟) → 점수漸修 → 증오證悟'의 구도로 짜여져 있습니다. 여기에 대해서 성철은 지눌이 말한 돈오, 곧 해오가 진정한 깨달음이 아니라면, 그것은 똑바로 깨치지 못한 거짓 선지식이므로 지해知解에 불과하며 참된 깨달음에 오히려 방해가 된다고 하였습니다. 그러니까 해오에 아무리 점수를 가해도 증오가 오지 않는다는 것입니다.

성철은 깨달음이란 일시에 완성되는 것이라 하였습니다. 그에 의하면, 궁극적 깨달음에 최대의 장애는 깨달음이 아닌 것을 깨달음으로 착각하는 것입니다. 그래서 성철은 오로지 공안참구公案參究, 즉 화두를 머리로 생각하는 것이 아니라 몸으로 부딪쳐 참구하는 방법으로 단번에 깨달아야 한다고 하였습니다. 더 깨칠 것이 남아 있는 깨달음, 더

닦을 것이 남아 있는 깨달음이란 진정한 깨달음이 아니라는 것이지요. 이 문제에 대해서 학자들은 성철의 돈오돈수설은 진정한 깨달음이란 무엇인가 하는 근본적인 정의를 내리는 것이지, 현실적인 인간 수행론으로는 받아들일 수 없다고 비판했습니다. 지눌의 돈오점수설이 오히려 '깨침의 본질' 을 한 인간으로서 매일매일 어떻게 살아야 하느냐 하는 넓은 의미의 수행 이론이 된다는 것이지요. 이에 비해, 성철의 돈오돈수설은 깊은 산속에서 수도자들이 용맹 정진하는 것 같은 특수한 수행 이론이라고 합니다. 깨달음에 대한 성철의 문제 제기는 정체되어 있던 한국 불교계에 다시금 중흥의 발판을 제공하는 획기적인 일이었습니다.

도교, 수련 도교가 환영받는 시대를 맞다

민간 신앙을 포함한 도교는 불교나 신흥 종교와 습합된 상태로 신앙되었지만, 비합리적인 미신으로 지탄받았습니다. 하지만 수련 도교의 부분은 현대로 올수록 관심을 받았습니다. 그것은 1980년대 말부터 정치와 경제가 안정되면서 대중적인 관심이 사회나 국가가 아닌 개인적인 욕구로 돌아가는 사회 변화에서 비롯되었습니다. 일반 대중이 자기 자신을 성찰할 수 있는 분위기가 성립된 것이지요. 이런 분위기는 '몸의 관리' 로 나타났습니다. '몸의 관리' 는 단순한 외모지상주의에 그치는 것이 아니고 좋은 음식과 건강에 대한 관심으로 이어졌습니다. 그래서 대체 요법 · 식이 요법 · 친환경 농산물 · 심신 수련 등이 유행하게 됩니다.

특히 심신 수련 단체의 출현은 서구에서 1970년대부터 유행한 뉴에이지 종교와 종교계의 신영성 운동과 같은 맥락으로 볼 수 있습니다. 한국에 이러한 종교 문화가 형성된 것은 1980년대에 국선도 · 한국단학회연정원 · 단학선원 · 정신세계원이 설립되면서부터입니다. 이들

심신 수련 단체는 치유와 영성이라는 기조로 기 수련·초월명상·요가 등의 수련법을 전하면서 대중 속에 자리를 잡아갔습니다. 초기에 형성된 수련 단체인 국선도·한국단학회연정원·단학선원(현재의 단월드)은 민족의 정통성을 강조하면서 기 수련을 조직적으로 보급했습니다. 또 정신세계원은 대중 강좌의 형식을 통해 여러 가지 다양한 수련법을 국내에 소개해 왔습니다. 그러다 1990년대 중반부터는 민족성에 기반을 하지 않고 선교·불교·그리스도교·무속·UFO 신앙 등 다양한 종교적 요소들을 흡수한 수련 단체들이 생겼습니다. 그 대표적인 수련 단체가 수선재樹仙齋지요. 수선재에서는 수련의 목적이 모든 경락과 혈기를 풀고 마음을 맑게 하여 본래적인 하늘 사람의 모습을 회복하는 데 있다고 합니다.

　이러한 수련 단체들은 자기 관리가 중요한 삶의 양식으로 부각되는 현대 사회에서 개인의 만족감과 심신의 안정감을 찾아 주는 역할을 하고 있습니다. 또 치유와 영성의 결합으로 정신 분석학이나 의학, 심리학의 경계를 무너뜨리며 대체 요법의 효과도 만들어 냈습니다. 하지만 다른 한편으로는 자본주의와 결합한 영성의 상품화로 수련의 본래 의미를 잃게 되는 경향도 있습니다. 수련 단체들은 스스로 종교가 아니라고 합니다. 그러나 수련 문화가 형성되는 바탕이 기성 종교와 무관하다고 할 수는 없습니다. 수련 단체의 형성은 현대 종교 문화의 새로운 흐름으로 봐야 할 것입니다.

서양 철학, 다양한 조류를 수용하고 비판하다

　6·25 전쟁 이후 남한에서는 유럽의 경우와 마찬가지로 실존 철학이 서양 철학계의 주를 이루었습니다. 전쟁 이후의 정신적 공황이 개인의 실존과 불안에 대한 심취를 고취시켰지요. 철학도뿐만 아니라 전쟁 속

에서 삶의 부조리와 절망을 느꼈던 지식인들 사이에서 실존주의와 실존 철학은 시대 사상과 같은 호소력을 지녔습니다. 경직된 냉전 체제 속에서 당시 사회주의나 민족주의 이념은 완전히 배제되었지요. 이러한 상황에서 실존주의는 역사 현실보다 개인의 자아에 빠져드는 경향을 대변했습니다. 아울러 해방 전부터 서양 철학계의 중심을 차지한 독일 관념론이 1960년대까지 남한 철학계를 지배했습니다.

그런 가운데 1953년에 '한국철학회'가 발족되고 초창기 철학자들과의 연속성을 유지한다는 의미에서 《철학》이라는 이름의 학술지가 발간되었습니다. 1950년대 말에는 다수의 철학자들이 미국과 독일에서 공부를 마치고 돌아옴으로써 철학의 관심 영역이 과학 철학과 현대 논리학 등으로 차츰 확대되었습니다. 이러한 분위기는 미국 문화의 수용이라는 불가피한 추세가 작용한 결과이기도 합니다. 전쟁 이후로 정치·경제·사회 등 모든 분야에서 미국과의 관계가 긴밀해졌고, 장학금을 제공하여 미국 유학을 장려하는 등 미국 정부의 정책적인 배려가 있었기 때문이지요.

이후로 한국의 서양 철학계는 독일 철학과 영미 철학을 중심으로 자리를 잡아갔습니다. 그리고 연구 활동도 개인이 아닌 학회를 중심으로 이루어지게 되었지요. 1970년대에는 철학적 관심이 좀더 다양해지고 세련되었으며 서양 철학계의 현황도 수시로 소개되었습니다. 학회 활동이 더욱 활성화되고 공통의 토론이 빈번해졌지요. 아울러 서양 철학의 다양한 조류를 수용하는 데서 한발 더 나아가 이를 비판적으로 이해하려는 움직임이 일기 시작했습니다.

1970년대에 본격적으로 도입된 분석 철학은 철학의 개념과 논의의 틀을 새롭게 점검하고 비판하는 토대를 마련해 주었습니다. 이러한 비판적 성찰은 그간의 철학 연구가 축적한 성과에서 비롯된 것이지만, 철학을 사회적 활동으로 보고 치밀한 논증과 정확한 언어를 통해 독단적인 철학을 무력화시키는 분석 철학의 역할이 컸습니다. 또 1970년대에는 사회 철학에 대한 관심이 대두하였습니다. 고도 성장의 부정적인 여파가 사회적으로 문제화되면서 한국 사회 현실에 대한 실천적 관심이 고조된 것이지요. 이러한 토대 위에서 롤즈의 사회정의론이나 마르크스 철학이 많은 이들의 논의 대상이 되었습니다.

특히 마르크스 철학은 1980년대에 활발했던 민주화 운동에 힘입어 다시금 깊이 있게 연구되기 시작했습니다. 민주화 운동이 활발했던 시기에는 시민 사회의 여러 집단들에 대한 자율을 억압하고 모든 것을 국가의 통제 아래 두려는 정치권력의 압력 또한 컸습니다. 그래서 그에 따른 저항운동도 온건한 것보다는 급진적인 이념을 가지는 것이 더 호소력이 있었지요. 이런 차원에서 마르크스주의는 다양한 지식인층에게 광범위하게 수용되었습니다. 이 시기의 마르크스 철학은 순수한 철학보다는 활동가들의 실천 이념으로 받아들여졌습니다. 마르크스 철학이 학술적 연구의 대상으로 자리 잡은 것은 1990년대 소련과 동유럽의 현실 사회주의가 붕괴되고 남한의 민주화운동 이념이 동요되는 과정을 거친 후에야 비로소 이루어졌습니다.

마르크스의 진영

기독교, 주체적인 수용의 길을 모색하다

해방 이후부터 남한에서 가장 호응을 얻은 종교는 기독교였습니다. 남북전쟁을 계기로 한국에 주둔한 미국과 미국의 문화 때문에 날마다 상승일로에 있었지요. 기독교 문화는 신문화를 대변하는 것 같았습니다. 초기에 기독교는 한국에서 의료 사업 · 교육 사업 · 여성 운동 등 여러 가지 개혁 · 계몽운동을 폈고 민중들로부터 환영을 받았습니다. 하지만 이후의 한국 기독교인들은 민족의 위기와 변화 속에서 기독교를 주체적으로 발전시키지는 못했습니다. 대부분 미국식 기독교 문화를 그대로 답습하고 미국의 보수적인 선교사들의 신학을 추종했지요.

유영모의 진영

함석헌의 진영

주체적으로 기독교를 수용하기 위해 노력하고 실천했던 개척자들은 몇 안 되었습니다. 유영모柳永模(1890~1981) · 함석헌咸錫憲(1901~1989)과 같은 인물들이 바로 그 대표적인 인물이지요. 이들은 서구의 기독교 사상을 동양 사상의 틀에 접목시키고 그 결과를 몸소 실천했습니다. 이들의 사상은 기독교의 개혁과 함께 1970~1980년대의 사회 운동에도 많은 영향을 미쳤습니다. 유영모와 함석헌의 사상을 간략히 살펴보면 다음과 같습니다.

유영모는 영원한 생명인 얼나靈我이자 우주 전체의 생명이 그리스도이지, 어느 시대의 어떤 인물만이 그리스도는 아니라고 했습니다. 그러니까 예수나 석가모니는 태어난 곳이 다를 뿐, 다 같은 얼나이자 그리스도가 되고 더 나아가서 누구든지 하느님의 성령을 받고 얼나를 찾으면 그리스도가 될 수 있다고 했습니다. 또 유영모는 하느님의 나라가 영원한 생명인 얼나의 나라인데, 그것은 생전에 찾고 대를 이어 찾아야 할 것이라고 했습니다. 성경 구절에 나오는 '아버지의 나라가 오게 하시며 아버지의 뜻이 하늘에서와 같이 땅에서도 이루어지게 하소서' 라는 대목은 얼나를 나의 마음속에 보내 달라는 기도라고 했지요. 이런 맥락에서, 종말론적인 시각으로 그리스도의 재림을 기다리는 것은 잘못되었다고 했습니다. 그는 예수를 독생자로 인식하고 하느님을 예수만의 아버지로 규정하는 배타적 구원관을 거부하고, 우리 모두는 영원으로의 끝인 하느님의 진리를 깨달아 자신이 그 영원한 끝을 이루는 '가온찌기' 를 이루어야 한다고 하였습니다.

함석헌은 스승인 유영모의 영향을 받아 주체적인 '씨올 사상' 을 전개했습니다. 함석헌의 사상은 동양 종교에서 말하는 하늘과 인간의 합일 · 홍익인간 · 인내천과 같은 인본 사상에 뿌리를 두었습니다. 함석

헌은 스승인 유영모가 《대학》 강의를 하다가 '민民'을 '씨올'로 옮긴 데서 '씨올'이라는 말로 자기 사상을 정리했습니다. 백성 민民자를 그대로 쓰지 않고 '씨올'로 옮겨 쓴 이유는 '민'이라는 말 속에 지배와 피지배의 관계, 봉건 제도의 흔적이 남아 있기 때문이었습니다. 또 순 우리말을 사용해 우리의 주체성을 살리자는 것이었지요. 함석헌은 이처럼 봉건 제도와 지배 권력에 저항 의식을 갖고 아래로부터의 주체성을 중요하게 생각했습니다. 함석헌의 '씨올'은 인위적이고 제도적인 틀과 규정에 매이지 않는 사람의 참 생명을 말합니다. 또 '맨 사람', '나我대로 있는 사람', '난生 대로 있는 사람'이자 민중을 의미하기도 하고 우주적 중심을 의미하기도 합니다. 함석헌의 씨올 사상은 나를 중심에 놓고 지금 바로 여기의 삶에 집중하는 것입니다. 그는 한 알의 씨올이 죽음으로써 전체 생명이 살아나듯이, 인간의 씨올도 죽음을 통해 새 생명으로 살아난다고 보았습니다. 또 내 안에 절대적 존재가 있으므로 나 스스로 고난의 짐을 짐으로써 나와 세상이 구원에 이른다고 하였습니다. 그에게 고난이나 죽음은 필요한 과정입니다. 그는 우주 자체가 "'신의 로고스logos'가 자기를 포기하고 영원한 자리에서 내려와 만물 속에 거함으로써 성립된 것이다."라고 하였습니다.

　그러니까 함석헌은 우주가 신의 로고스의 죽음에 의해 탄생된 것이고, 이것은 자기 포기라는 고통을 수반한 신의 사랑을 의미한다고 파악했던 것이지요. 이런 의미에서 그는 고난을 저주스러운 피해나 응징이 아니라 사람을 완성해 자유에 이르게 하는 '창조적 수고'라고 하였습니다. 장차 올 '하느님의 나라'도 창조적 수고자들에 의해서만 도래하는 것이기 때문에, 조선 민족은 이를 극복하고 평화의 주인이 되어야 한다고 보았습니다. 함석헌의 이러한 역사관은 민중 사관과 연결되어 민중이 고난을 통해 정의와 평화를 이루는 풀뿌리 민주주의의 주인이 되어야 한다고 하였습니다. 유영모와 함석헌의 사상은 젊은 신학자와 의식 있는 종교인들에게 깊은 인상을 남겨 주었습니다.

02 북한 철학계의 동향

전통 철학, 비판적 계승을 철칙으로 삼다

분단 이후 북한에서 전통 철학을 연구해 온 기본 원칙은 비판적 계승에 있었습니다. 북한의 철학자들은 전통 철학을 사회주의적 생활 조건과 민족 특성에 맞게 창조하고 발전시켜 비판적으로 계승해야 한다고 하였습니다. 그리고 비판의 잣대는 계급성과 역사성이라고 하였습니다. 우선 어떤 사상이 어떤 계급의 요구와 이해관계를 반영하고 있는지를 따지고 외세와의 관계 속에서는 민족의 이해를 반영한 것인가 아닌가를 따진다고 합니다. 그리고 한 사상이 나오게 되는 역사적 배경에 대한 분석이 소홀하면 사상에 대한 지나친 긍정이나 부정이 나오게 되므로 이를 중요하게 다루어야 한다고 합니다.

북한 철학계에서는 전통 철학을 마르크스 역사 발전의 5단계설에 맞추어 구분했습니다. 그래서 고조선을 노예 사회로 보고, 삼국 시대부터 17세기까지는 봉건 시대로 보며, 실학파의 활동 시기를 봉건 사회 분해기로 보고, 동학·척사위정·개화파·의병운동·애국계몽기는 자본주의적 관계 발전기로 보았습니다. 그리고 마르크스 철학이 들어온 1920년대 후반부터를 현대 철학의 발전 단계라고 하였습니다. 북한의 철학계는 철학사를 유물론과 관념론의 대립 투쟁으로 해석하여 각 시대마다 이러한 대립 구도를 설정하고, 전체적으로는 유물론적 세계관이 승리하는 것으로 보았습니다. 그래서 불교 안에서는 교종과 선종의 투쟁이 있었고, 14세기 전후에는 불교와 주자학의 투쟁이 있었다고 하였습니다. 그리고 조선 시대에는 서경덕 중심의 유물론과 퇴계 중심의 관념론이 대립하다가 다시 관념론의 진영 안에서 퇴계 중심의 주리론과 율곡 중심의 주기론이 대립하였다고 합니다. 이 같은 분석 논리는 이理는 관념적이고 기氣는 유물적이라는 도식을 낳았기 때문에 기를 강조한 철학을 중시했습니다.

1950년대에는 철학 논쟁이 자유롭게 이루어지고 중국 철학과의 연관성도 따졌습니다. 기가 물질인지 정신인지를 따지는 논의, 실학의 연원을 이이李珥까지 소급할 것인가 아니면 직접적인 선구자들에 국한할 것인가를 따지는 논의, 동학과 갑오농민전쟁의 관계에 대한 토론, 도덕적 유산과 공산주의 도덕의 계승에 관한 토론 등 다양한 논의가 있었지요. 그러나 1960년대 중반 이후로 주체 철학이 강화되고 교조적인 해석이 주도적 위치를 차지하면서 자유로운 토론 문화가 없어졌습니다. 주체 철학의 성립에 맞추어 민족주의가 강조되면서 철학사를 서술할 때도 고조선과 삼국 시대, 발해의 철학 등 고대 분야에 대한 분량이 늘었습니다.

북한의 전통 철학 연구는 1960년대 이후로 대부분의 연구가 사회과학원철학연구소에 의해 동일한 시각에서 이루어진다는 문제점을 안고 있습니다. 또 우리 전통 철학과 긴밀한 관계가 있는 다른 나라의 철학에 대한 연구가 없다는 문제도 있지요. 하지만 철학 사상을 사회경제적

토대 위에서 분석하고 철학 사상의 학파를 독창적으로 분류한 점은 긍정적으로 평가할 수 있습니다.

주체 철학, 유일 사상으로 자리 매김하다

주체 사상탑

　북한의 현대 철학에서 중심이 되는 것은 단연 주체 철학입니다. 북한은 남한과는 달리 주체 사상이라는 단일한 사상만을 철학의 유일한 주제로 삼아왔습니다. 북한의 주체 사상은 1960년대 중후반까지, 사회주의 건설 과정에서 사대주의와 교조주의에 대항 이념으로 발생하여 북한의 자주성을 표현하는 이론으로 정립되었습니다. 이 시기에는 주체 사상을 '마르크스-레닌주의의 창조적 변용' 이라고 하였지요. 그러다가 1967년부터 〈주체 사상에 대하여〉라는 논문이 발표되는 1982년까지는 주체 사상의 체계화가 진행되는 과도기가 있었습니다. 그리고 김정일이 후계자로 공식 인정되면서 그의 논문을 바탕으로 현재의 주체 사상이 완성되었습니다. 북한의 주체 사상은 이렇게 세 단계를 거쳐 변화했습니다.

　초기의 주체 사상은 북한 사회주의 건설에서 김일성과 그 반대파의 대립 속에서 형성되었습니다. 교조주의와 사대주의는 김일성파가 반대파를 겨냥한 말인데, 마르크스-레닌주의의 고전을 절대 지침으로 삼고 한 나라의 구체적 실정을 무시하는 경향을 말합니다. 당시의 철학계는 마르크스-레닌주의를 실천적 관점과 실사구시의 태도에서 연구해야 한다면서 김일성의 노선을 지지하는 이론을 제시했습니다. 그러나 아직까지 주체 사상에 종속된 것은 아니었습니다. 여전히 철학사 연구나 소련 철학의 성과가 소개되고 역사 유물론적 논의가 진행되었지요. 주체 사상이란 용어가 처음 쓰인 것은 1962년부터이고 철학 논문 제목으로 등장한 것은 1965년이었습니다.

1960년대 후반부터 1970년대에 이르러 주체 사상은 북한 공산당의 지도 사상으로 자리를 잡았습니다. 이때 주체 사상은 단순한 실천 지침이 아니라 역사 철학의 차원으로 격상되고 '가장 정확한 마르크스–레닌주의' 혹은 '마르크스–레닌주의를 극복한 새로운 세계관'으로 설정되었습니다. 그리고 주체 사상이 적용되는 범위도 북한 현실에 국한된 것이 아니라 국제 공산주의 운동의 노선이 되었습니다. 또 '수령의 유일 영도 체제'가 법적으로 제도화되고 이론적으로 정당화되면서 '김일성 혁명 사상'의 중심 이론이 되었습니다. 과도기의 주체 사상은 김일성 유일 사상의 체계를 정당화하는 이론적 기초로 등장하면서 현시대의 혁명과 건설에서 반드시 지켜야 할 근본 원칙과 입장으로 보편화되었습니다. 이 시기의 주체 사상은 중국 문화혁명 당시 마오쩌둥 사상과 이념적 대결을 벌이면서 더욱더 추진력을 얻었습니다.

그러다가 1982년 김정일이 〈주체 사상에 대하여〉란 논문 속에서 주체 사상의 기본 체계를 제시하고, 이에 대한 연구 논문이 쏟아져 나오면서 주체 사상의 체계가 구체적으로 완성되었습니다. 1985년에는 《위대한 주체 사상 총서》전 10권이 발간되었습니다. 여기서 주체 사상은 더 이상 마르크스–레닌주의의 하위 개념이 아니라, 그것의 한계를 극복하고 대체한 것으로 정립되었습니다. 그리고 주체 사상보다 더 포괄적인 사상과 이론, 방법의 전일적인 체계로서 '김일성주의'라는 새로운 개념이 등장하게 되었지요. 주체 사상은 김일성주의의 철학 원리로 체계를 갖추게 되자 주체 사상이 사용하는 개념을 독자적으로 확립하는 작업이 진행되었습니다. 북한의 철학 학술 잡지인 《철학 연구》는 1986년 이후로 주체 철학의 개념을 분석하는 논문을 주로 실었습니다. 그리하여 인간 행동을 지배하는 여러 심리적 개념들과 사상 의식에 대한 논의가 주를 이루었습니다.

북한의 철학은 오늘날까지도 주체 사상이 제기하는 문제들을 이론적으로 분석하는 데 주력하고 있으며 이데올로기적 문제를 정당화하는 역할을 해 오고 있습니다. 유일 사상이 지배하는 사회에서 철학은 그것을 뒷받침하는 이론을 제공하는 것에 그칠 수밖에 없었던 것이지요.

종교, 공개적인 탄압에서 선전용 도구로

해방 이전에는 남한 지역보다 북한 지역에 종교 인구가 더 많았습니다. 왜냐하면 북한 지역에 외래 종교가 먼저 전래되었기 때문이지요. 하지만 사회주의 체제에서는 종교를 '인민의 아편'으로 여기고 타도 대상으로 삼았기 때문에 북한도 정권을 수립함과 동시에 많은 종교인들을 탄압하고 숙청하는 정책을 폈습니다. 1950년대와 1960년대 사이에 북한에서는 모든 교회와 사원이 철폐되고 모든 종교 의식도 사라졌습니다. 그리하여 북한의 주민들은 종교의 자유와 신앙의 자유가 무엇을 의미하는지도 모르는 상태가 되었지요.

그러다가 1972년 개정 헌법에 '공민은 신앙의 자유와 반종교 선전의 자유를 가진다'는 이중 조항을 만들었습니다. '반종교 선전의 자유'는 종교를 탄압해 온 기존의 관행을 공인한 것이고 '신앙의 자유를 갖는다'는 것은 외부에 보여 주기 위한 조항이었습니다. 1972년 남북 대화가 시작되면서 남한의 종교인과 종교 단체와의 교류를 의식해 만들었던 것이지요. 북한은 이후로 조선불교도연맹·조선기독교연맹·조선천도교연맹 등 유명무실했던 종교 단체의 활동을 재개했습니다. 그리고 역시 이들의 활동은 순수한 종교와 신앙을 위한 것은 아니었고 다분히 정치적인 목적을 가지는 것이었습니다. 남한의 종교인·종교 단체들과 통일 전선을 형성하기 위한 전술에 불과했던 것이지요. 이런 분위기는 1980년대까지 계속 이어졌습니다. 당시에는 해외 교포 종교인들이 북한을 많이 방문했기 때문에 이들과 회담을 갖고 함께 통일 전선 전술을 이어갈 필요가 있었습니다. 북한은 종교인들을 적극적으로 활

용하기 위해서 조선종교인연합회나 조선천주교인
협회 등을 신설하고 종교인들을 국제 종교 회의에
참석시켰습니다. 그리고 국내에서는 교회와 사원
을 복원하고 여러 가지 종교 행사를 다시 시행했습
니다. 1990년대에 국제적으로 사회주의 체제가 몰
락하고 냉전 체제가 붕괴되는 상황이 벌어지자 북
한에서도 형식상으로나마 종교가 부활되는 시기를
맞게 됩니다.

미사를 보고 있는 사람들(좌)과
조선기독교연맹에서 발행한 성경

　1998년 개정 헌법에서는 '반종교 선전의 자유'
를 삭제하고 '공민은 신앙의 자유를 가진다' 는 조항만 남겨 놓았습니
다. 따라서 공식적으로 종교를 인정한 것이지요. 하지만 역시 이것도
북한이라는 체제를 유지하는 한에서만 가능한 것입니다. 1992년 개정
조항에는 이어서 '누구든지 외세를 끌어들이거나 국가 질서를 해치는
데 이용할 수 없다' 는 단서가 있습니다. 여기서 국가 질서란 주체 사상
을 중심으로 하는 수령 영도 체제를 말합니다. 북한에서는 주체 사상과
수령이 종교적으로 숭배됩니다. 이런 상황 속에서는 어떤 종교든 제 역
할을 하기가 어렵습니다. 북한 자체가 하나의 종교 단체와 같기 때문에
제 신앙을 가지고 활동을 하다 보면 체제와 부딪치게 되어 있지요.

　현재 북한의 대표적인 종교는 천도교입니다. 북한에는 천도교 인구
가 가장 많습니다. 북한의 천도교는 단군과 관련해서 북한의 정통성을
확보하고 신성시하는 활동을 주도하고 있습니다. 1993년 단군과 단군
부인 무덤, 단군 시대의 성곽 발굴 작업에도 천도교의 활동이 컸습니
다. 천도교에서는 단군을 5011년 전에 실존한 한 개인으로 보고, 평양
이 단군의 출생지이자 최초의 도읍지라는 것 등의 왜곡된 역사 이론을
뒷받침했습니다.

　현대 북한의 종교는 과거와 같은 탄압에서는 벗어났지만, 여전히 대
외 이미지와 통일 전선의 수단으로 활용되는 수준에 머물러 있습니다.

주민들의 심성 속에 순수한 종교성이 있을 수는 있지만, 어쨌든 공식적으로 활동하는 종교인들과 종교 단체는 모두 북한 체제를 옹호하고 유지시키는 역할을 하고 있습니다.

쉬어가기

✖ 불교의 수행법 – 몸으로 하는 철학

불교는 크게 북방 불교와 남방 불교로 나뉜다. 보통 북방 불교는 대승 불교라고 하고, 남방 불교는 소승 불교라고 한다. 북방 불교에 속해 있는 우리나라는 간화선을 전통으로 하지만, 최근 들어 남방 불교의 연구와 수행법에 대한 관심이 높아지고 있다. 이런 현상은 불교 연구의 폭이 넓어지면서 부처님의 말씀과 계율을 중시하여 북방 불교에 비해서 초기 불교의 모습을 더 잘 간직하고 있는 남방 불교를 통해 근본 불교의 이해를 높이고자 하는 경향에서 비롯된 것이다. 그리고 또 서구에서 젠ZEN 문화라는 이름으로 다양한 불교 형태가 유행하면서 그 영향을 받은 것도 무시할 수 없는 사실이다.

알다시피 간화선에서는 화두를 참구하는 것을 가장 확실한 수련법으로 간주하지만, 남방 불교에서는 마음 챙김(정념正念) 수행, 곧 위빠싸나 수행을 중시한다. 먼저 간화선에서는 바른 자세와 바른 호흡과 바른 참구를 참선의 요체로 삼는다. 다음은 '바른 자세'다.

1) 장소 : 한가하고 고요한 곳
2) 몸가짐 : 허리띠를 느슨하게 하고 몸가짐을 가지런히 한다.
3) 방석 : 두텁고 부드러운 방석을 깐다.
4) 앉는 자세 : 결가부좌, 또는 반가부좌. 먼저 오른발을 왼쪽 허벅지 위에 얹고 왼발을 오른쪽 허벅지 위에 놓는다.
5) 손 : 오른손을 왼발 위에 놓고 왼손을 오른쪽 손바닥 위에 놓은 다음, 두 엄지손가락을 가볍게 맞댄다.
6) 혀 : 위로 구부려서 윗잇몸 또는 입천장에 가볍게 댄다. 이때 나오는 침은 금방 삼키지 말고 입 안에 고일 때까지 기다렸다가 호흡을 들이쉴 때 조용히 삼킨다.
7) 몸 : 천천히 몸을 전후좌우로 가볍게 흔들어 몸을 바르게 하여 단정하게 앉는다. 왼쪽이나 오른쪽으로 기울이거나 앞으로 구부리거나 뒤로 젖히지 않으며, 몸을 지나

치게 곤두세워 호흡을 급하고 불안하지 않도록 한다, 단정하게 하되 자연스럽게 해야 한다.

그리고 호흡은 단전호흡을 기본으로 한다. 준비 호흡은 본 호흡으로 들어가기 전에 숨을 가득 깊이 들이쉬어서 잠시 머물렀다가 내쉬는 것이다. 이를 두세 번 해서 폐 속의 묵은 공기를 완전히 내보낸 다음에 바로 본 호흡으로 들어간다. 본 호흡은 숨을 조용히 깊이 8부쯤만 들이쉬어서 단전이 볼록해진 상태에서 잠시 머물렀다가 다시 가늘고 길게 8부쯤만 내쉬어 단전이 차츰 홀쭉해지도록 한다. 이렇게 계속하되 무리가 없이 조금씩 조절하면서 해야 한다. 그러면서 공안을 드는데, 공안은 머리로 드는 것이 아니고 단전에 두고 참구한다. 호흡을 들이쉬었다가 내쉬면서 '이 뭐고' 하는 알 수 없는 의심을 관조하는 것이다. 처음에는 숨을 내쉴 때마다 단전에 공안을 들지만 차츰 공부가 익숙해지면 숨쉴 때마다 매번 그렇게 할 필요 없이 의심을 관조하다가 문득 다른 생각이 나면 그때 다시 공안을 든다. 그리고 더 공부가 되면 공안을 아침에 한 번씩만 들어도 되는 경지가 온다고 한다.

다음으로, 위빠싸나는 현상 이전의 것까지 꿰뚫어보는 것을 말한다. 여기서는 공안이나 의심을 들지 않고 호흡을 하면서 자기의 몸과 마음을 관찰한다. 몸과 마음의 변화를 '알아차리는 것'이 중요하다. 그러다 보니 위빠싸나는 일상생활이나 걸으면서, 혹은 앉아서 하는 모든 수행에서 다 활용될 수 있다. 몇 해 전 틱낫한 스님이 한국을 방문하고 걸으면서 수행하는 모습이 텔레비전에 방영된 적이 있었다. 그때 보여 준 수행이 걸으면서 하는 위빠싸나다. 호흡은 자연스럽게 하고 순간순간의 움직이는 동작에 마음을 집중시킨다. 걷는 수행의 경우를 한번 보자.

1) 우선 조금 느린 속도로 걷되 적당한 거리(10~20미터)를 왕복한다.
2) 처음에 걸으려고 하는 의도에서 시작하여 주요 동작들에 마음을 챙긴다.
3) 좌선에서 행선으로 바꿀 때, 처음 5분 정도는 굳어 있는 다리를 풀어 주기 위해서

보통의 걸음으로 걸으며 '왼발', '오른발' 하면서 각 걸음을 알아차린다.

4) 다리의 근육이 풀리면 걷는 속도를 느리게 하여 움직이고 있는 다리 동작의 각 단계를 '들음', '나아감', '놓음'이라는 3단계로 나누어 알아차린다. 더 천천히 걸으면 단계를 좀더 세분화해서 동작과 몸의 감각들을 면밀히 관찰하여 어느 순간에 어떤 감각들이 생겨나고 사라지는가를 알아차려 본다.

이렇게 하면 마음 집중의 상태를 넘어서 번뇌가 다 끊어지는 마음 챙김, 곧 알아차리는 단계가 오고 마음의 청정함을 얻으며 깨닫게 된다고 한다. 현대인들이 부담 없이 쉽게 접근할 수 있는 수행 방법이다. 또 수행 형태는 일정 기간 동안 집중적인 수행을 하는 안거安居와 일상생활에서의 수행 두 가지로 나뉜다. 이는 간화선에서도 마찬가지다. 안거할 때는 생활규범(계戒)과 마음 집중(정定)과 지혜(혜慧)가 조화를 이루는 생활을 하면서 집중적으로 마음의 향상을 위해 노력한다. 그리고 일상생활에서는 마음 챙김을 기본으로 하여 질서 있는 생활을 해 나가며, 시간을 정해서 틈틈이 마음 집중 수행을 해 나간다. 세상일에 부딪칠 때 항상 자기 자신과 모든 존재들의 행복을 기원하는 마음을 갖는다. 수행을 여러 번 해 본 사람들은 이렇게 하면 할수록, 수행을 하지 않고는 살 수 없다고까지 말한다. 수행에 푹 빠진 사람들의 경우에만 그렇다고 할 수도 있지만, 수행을 하면서 몸과 마음을 정리하는 데 익숙해지면 그야말로 생활이 되어서 그만둘 수 없다고 한다. 물론 처음부터 혼자 할 수는 없고 경험 많은 선배 수행자들을 찾아 해 보는 것이 좋을 것이다.

찾아보기

참고문헌

강석주·박경훈 공저, 《불교근세백년》, 민족사, 2002

고영진, 《조선시대 사상사를 어떻게 볼 것인가》, 풀빛, 1999

고영진, 《조선중기 예학사상사》, 한길사, 1996

고운기, 《우리가 정말 알아야 할 삼국유사》, 현암사, 2002

곽철환 편저, 《시공불교사전》, 시공사, 2003

금장태, 《한국유학의 노자 이해》, 서울대학교출판부, 2006

기수연, 《후한서 동이열전 연구》, 백산자료원, 2005

김교빈, 《양명학자 정제두의 철학사상》, 한길사, 1995

김낙필, 《조선시대의 내단사상》, 한길사, 2000

김성보 외, 《북한 현대사》, 웅진닷컴, 2004

김영두, 《퇴계와 고봉, 편지를 쓰다》, 소나무, 2003

김용섭, 《조선후기 농학사상 연구》, 일조각, 1988

김준석, 《조선후기 정치사상사 연구》, 지식산업사, 2003

나카자와신이치, 김옥희 옮김, 《곰에서 왕으로》, 동아시아, 2003

나카자와신이치, 김옥희 옮김, 《신화, 인류 최고의 철학》, 동아시아, 2003

미조구찌유우조·마루야마 마쯔야키·이케다 토모히사 편저, 김석규·김용천·박규태 옮
    김, 《중국사상문화사전》, 민족문화문고, 2003

박경미 외, 《서구 기독교의 주체적 수용》, 이화여자대학교출판부, 2001

방학봉, 《발해 불교와 그 유적 유물》, 신성출판사, 2006

배종호·최창규 외, 《정암도학연구논총》, 정암논총간행위원회, 1999

백승종, 《한국의 예언문화사》, 푸른역사, 2006

서문성, 《사찰이야기》, 미래문화사, 2006

서중석, 《한국현대사》, 웅진지식하우스, 2006

역사문제연구소, 《한국의 역사》, 웅진씽크빅, 2005

유교사전편찬위원회, 《유교대사전》, 박영사, 1990

유실하, 《전통문화의 구성 원리》, 소나무, 1998

윤사순·이광래 공저, 《우리사상 100년》, 방일영문화재단, 2001

이경숙·박재순·차옥숭 공저, 《한국생명사상사의 뿌리》, 이화여자대학교출판부, 2001

이덕일, 《교양한국사》, 휴머니스트, 2005

이덕일, 《송시열과 그들의 나라》, 김영사, 2000

이동준, 《유교의 인도주의와 한국사상》, 한울아카데미, 1997

이상익, 《서구의 충격과 근대 한국사상》, 한울아카데미, 1997

이유경, 《원형과 신화》, 이끌리오, 2004

이이화, 《역사 속의 한국불교》, 역사비평사, 2002

이춘식, 《중화사상의 이해》, 신서원, 2002

오모하마 아끼라 지음, 이형성 옮김, 《범주로 보는 주자학》, 예문서원, 1997
정병조 · 이석호 공저, 《한국종교사상사》, 연세대학교출판부, 1991
정옥자, 《조선후기 역사의 이해》, 일지사, 1993
정재서, 《이야기 동양신화》, 황금부엉이, 2004
정재서, 《한국도교의 기원과 역사》, 이화여자대학교출판부, 2006
조민환, 《유학자들이 보는 노장철학》, 예문서원, 1996
존카터 코펠, 《한국문화의 뿌리를 찾아》, 학고재, 1999
주강현, 《우리 문화의 수수께끼》, 한겨레신문사 1996
지두환, 《조선시대 사상사의 재조명》, 역사문화, 1998
최근영 편저, 《한국고대사의 재조명》, 신서원, 2001
최영성, 《최치원의 사상 연구》, 아세아문화사, 1990
최영성, 《한국유학통사》, 아세아문화사, 2006
최영진, 《조선조 유학 사상사의 양상》, 성균관대학교출판부, 2005
카마타 시게오, 신현숙 옮김, 《한국불교사》, 민족사, 1998
퇴계 이황 편저, 이윤희 역해, 《활인심방》, 예문서원, 2006
편집부 편저, 《한국문집총간》, 경인문화사, 1997
편집부 편저, 《한국문집총간 해제집》, 경인문화사, 2003
한국사상사연구회, 《도설로 보는 한국 유학》, 예문서원, 2000
한국사상사연구회, 《조선 유학의 개념들》, 예문서원, 2002
한국사상사연구회, 《조선 유학의 학파들》, 예문서원, 1996
한국종교연구회, 《한국종교문화사 강의》, 청년사, 1998
한국철학사상연구회, 《강좌 한국철학》, 예문서원, 1995
한국철학사연구회, 《한국철학사상사》, 심산문학, 2003
한국철학회, 《한국철학사》, 예문서원, 2002
한영우 선생 정년 기념 논총, 《한국사 인물 열전》, 돌베개, 2003
한종만, 《한국불교사상의 전개》, 민족사, 1998
한중광, 《경허》, 한길사, 1999
황광욱 · 정성식 · 임선영 공저, 《한 권으로 읽는 한국철학》, 동녘, 2007

논문류
강돈구 · 고병철, 〈대종교의 종교민족주의〉, 단군학연구 제6호
김경집, 〈퇴옹 성철의 개혁사상 연구〉, 불교학연구 제11호
김문준, 〈우암 송시열의 철학 사상에 관한 연구〉, 성균관대학교대학원 박사학위 논문,
    1996
김방룡, 〈백파의 삼종선사상 및 조선후기 불교계에 끼친 영향〉, 동양철학 제24집
김봉열, 〈개화사상 · 개화파의 새로운 인식〉, 사학연구 제62호, 2000
김상일, 〈슈메르 어원에서 본 환인의 유래〉, 감리교신학대학교 신학과세계, 신학과세계,
    1985
김성우, 〈조선사회의 사회경제적 변화와 시기 구분〉, 역사와현실 제18호, 1995

김재용, 〈동북아시아지역 창조신화의 비교 연구〉, 한국고전연구, 1996

김준석, 〈조선후기 국가재조론의 대두와 그 전개〉, 연세대학교대학원 박사학위논문, 1991

박상언, 〈현대 한국종교 문화의 변동 양상과 성격〉, 종교연구, 2003

박완신, 〈북한의 종교 정책과 종교 실태〉, 북한학보 제21집, 1996

송인창, 〈단재 신채호의 철학사상과 현실인식〉, 한국사상과문화 제17집

신용하, 〈개국론의 대두와 개화사상의 형성〉, 동양학 제28집, 1998

심경호, 〈강화학파의 가학 비판〉, 양명학 제13호, 2006

안중길, 〈의천의 교관쌍수사상의 형성 배경〉, 한국불교학 제27집

오세정, 〈한국신화의 원형적 상상력의 구조〉, 한국어문학연구회 제49집, 2005

유영희, 〈탈성리학의 변주〉, 민족문화연구 제33호

윤이흠, 〈한국 고대종교의 통합적 이해를 위한 연구〉, 한국의종교사상, 2001

이경구, 〈호락논쟁을 통해 본 철학논쟁의 사회정치적 의미〉, 한국사상사학 제26집, 2005

이병욱, 〈의천사상의 구조·사회적 성격·계승〉, 한국종교사연구 제9집

이상성, 〈정암 조광조의 도학사상 연구〉, 성균관대학교대학원 박사학위 논문, 2000

이상익, 〈위정척사과 민족의식의 특성〉, 한국철학논집 제11집

이유진, 〈중국신화의 역사화와 대일통·욕망〉, 중국어문학논집 제25집

이유진, 〈중국신화의 역사화와 윤리화〉, 중국어문학논집 제27집

이재원, 〈단군신화의 언어 상징 고찰〉, 국제어문, 제12·13 합집, 1991

임석재, 〈우리나라의 천지개벽신화〉, 비교민속학 제7집, 1991

임재해, 〈신화에 나타난 우주론적 공간 인식과 그 상상 체계〉, 영남어문학회 제28집

왕희자, 〈단군신화의 천부인 삼개三個와 일본 아마테라스신화의 삼종三種의 신기神器 연
         구〉, 국제 비교한국학회, 비교한국학, 1997

정영훈, 〈대종교와 단군민족주의〉, 단군학연구 제10호

조성산, 〈18세기 호락논쟁과 노론사상계의 분화〉, 한국사상사학 제8집

조현설, 〈한국 창세신화에 나타난 인간과 자연의 문제〉, 한국어문학연구회 제41집, 2003

지두환, 〈추사 김정희의 역학사상〉, 한국사상과문화 제16집

최일범, 〈매월당 김시습의 생애와 철학사상〉, 계간사상, 1996

홍원식, 〈애국계몽운동의 철학적 기반〉, 동양철학연구 제22집, 1998

홍윤아, 〈20세기 초 중국과 신화학의 만남〉, 중국어문학집 제23집

청소년을 위한 한국철학사

초 판 1쇄 | 2007년 7월 15일 발행
초 판 8쇄 | 2014년 4월 10일 발행

지 은 이 | 김윤경
펴 낸 이 | 최용철
펴 낸 곳 | 도서출판 두리미디어

등 록 번 호 | 제10-1718호
등   록   일 | 1989년 2월 10일
주   소 | 서울시 마포구 성지3길 74
전   화 | (02)338-7733
팩   스 | (02)335-7849
홈 페 이 지 | www.durimedia.co.kr
전 자 우 편 | duribooks@hanmail.net

ⓒ 김윤경 2007, Printed in Korea
ISBN 978-89-7715-171-0 (43150)